Rainer Schmidt

Mit Mose durchs Jahr

Rainer Schmidt

Mit Mose durchs Jahr

Ein Begleiter durch die Schatzkammer der Torah

Schwengeler

In Liebe gewidmet meiner Frau Gabriele

ISBN-Nr: 3-85666-450-5
Nr. 450

Umschlag und Gesamtherstellung:
Cicero-Studio, Hinterburgstrasse 8, CH-9442 Berneck

INHALT

Einleitung

Das vorliegende Buch über den *Pentateuch,* über die fünf Bücher Mose, dient einem dreifachen Ziel. Es ist als Andachtsbuch, als Lesebuch und als Studienbuch gedacht.

Es bietet einen Überblick über den Inhalt der fünf Bücher Mose, verweist auf geistliche Grundlagen darin, zeigt die Erfüllung von Verheissungen und priesterlichen Handlungen in Jesus Christus und stellt einen Bezug zu unserem heutigen Leben her.

Das Buch lässt sich in einem Zug durchlesen, um in kurzer Zeit Einblick in die fünf Bücher Mose mit seinen wichtigsten Inhalten zu erhalten. Es stellt andererseits ein Hilfsmittel dar, um wöchentlich einen Abschnitt gemäss der vorliegenden Einteilung parallel zu dem Bibeltext zu lesen, um somit in einem Jahr die gesamten fünf Bucher Mose eingehend betrachten zu können. Diese Lesung der fünf Bücher Mose in einem Jahreszyklus wird im Judentum praktiziert und die Einteilung dieser wöchentlichen Lesung liegt dem vorliegenden Buch zugrunde. Es wurde die Bezeichnung der seit Jahrhunderten festliegenden Wochenabschnitte *(Paraschat Ha'Schavua)* übernommen und der anhängende Kalender gibt Orientierung, an welchem *Schabat* der jeweilige Wochenabschnitt gelesen wird.

Das Buch ist kein Bibelkommentar, sondern enthält neben einer kurzen Übersicht über die Kapitel Ausführungen zu bestimmten Schwerpunktthemen des jeweiligen Abschnittes. Es soll vor allem eine Anregung und Hilfe zum persönlichen Bibelstudium sein. Da über die zitierten Bibelstellen hinaus in jedem Abschnitt auch auf andere Stellen hingewiesen wird, ist es unabdingbar und im persönlichen Interesse, mit der Bibel in der Hand dieses Buch zu lesen. Das Nachschlagen der verschiedenen Bibelstellen bringt dem Leser die Einheit zwischen *Tanach* (AT) und Neuem Testament nahe.

Über die Betrachtung des jeweiligen Bibeltextes hinaus enthält jeder Abschnitt eine Begriffserklärung. Dabei wird entweder auf einen Begriff, einen Namen oder einen Gegenstand aus dem Text

Bezug genommen, oder ein mit dem Text in Zusammenhang stehendes Thema näher ausgeführt.

«Mit Mose durchs Jahr» ist das Resultat persönlichen Erlebens. Seit acht Jahren lebe ich mit meiner Frau in Israel. Dieser andauernde und intensive Kontakt mit dem Judentum hatte zur Folge, dass ich die jüdische Praxis, wöchentlich einen Abschnitt der fünf Bücher Mose zu lesen, ebenfalls übernahm. Bis dahin waren mir, wie sicher vielen Bibellesern, die wichtigsten Ereignisse und bestimmte Geschichten daraus bekannt. Doch zu vielem anderem, wie beispielsweise Geschlechtsregister, Listen von Ortsangaben, Gesetze für die Darbringung von Opfern, Vorschriften für die Priester, «veraltete» Bestimmungen für das Alltagsleben usw., hatte ich keinen oder wenig Bezug. Bei dieser regelmässigen und intensiven Beschäftigung mit den fünf Büchern Mose entdeckte ich eine Vielzahl geistlicher Schätze darin, die meinen Glauben stärkten. Ich lernte mehr über das Wesen Gottes und lese diesen Teil der Bibel seither mit weitaus mehr Interesse und grossem Gewinn.

Beides möchte ich durch dieses Buch weitergeben, verbunden mit dem Gebet und der Hoffnung, dass jeder Leser ähnliche Erfahrungen machen möge.

Wieso sollen wir uns mit den fünf Büchern Mose so intensiv beschäftigen? Dies ist das Gesetz, mit dem wir als Gläubige des Neuen Bundes nichts mehr zu tun haben. Durch den Glauben an Jesus Christus sind wir aus Gnaden gerettet, Er hat das vollkommene Opfer gebracht. Warum also Zeit damit verschwenden, um über Opfergesetze und die strikte Befolgung der Gebote Gottes zu lesen? Dies sind die Gebote des Alten Bundes, doch Jesus hat uns ein neues Gebot gegeben, allein damit sollten wir uns beschäftigen. So oder ähnlich mögen die ersten Gedanken mancher Leser sein. Das Wort «Gesetz» ist eine Übersetzung und gibt nicht die eigentliche Bedeutung des an den jeweiligen Stellen im hebräischen Grundtext der Bibel stehenden Wortes wieder. Dort steht *Torah,* eine Bezeichnung abgeleitet von der Wortwurzel *Jerah,* was mit «lehren» zu übersetzen ist. Es entstammt Vers 11 im 10. Kapitel des dritten Buches Mose, wo es heisst: *«Und damit ihr die Söhne Israel all die Ordnungen, die der HERR durch Mose zu euch geredet hat, lehrt.» Torah* meint «Lehren», «Unterweisen», «Anleiten» und genau dies tat Jesus, taten die Apostel. Unser Herr Jesus lehrte und unterwies das Volk, Er legte ihnen die eigentliche Bedeutung der Gebote aus. *Torah* hat eine viel tiefere und weitergehende Bedeutung als nur «Gesetz», ein Wort, das eher einen negativen Klang hat. Die Jünger und die Urgemeinde besassen kein Neues Testament. Das Wort Gottes, das ihrer Lehre, ihren Zusammenkünften zugrunde lag, war die hebräische Bibel, war der *Tanach,* der heute als das Alte Testament bezeichnet wird. Das Wort *Tanach* setzt sich aus den drei hebräischen Buchstaben *Tav, Nun* und *Kaf* zusammen. *Tav* steht für *Torah,* die fünf Bücher Mose, *Nun* für *Nevi'im,* die prophetischen Bücher, und *Kaf* für *Kotvim,* die Schriften, also die geschichtlichen und poetischen Bücher des AT.

Die *Torah* fordert uns auf, das Wort Gottes immer vor Augen zu haben. Darüber zu reden, es zu lehren, an die Kinder weiterzugeben, dann wird uns dies zum Segen.

Wir sollen täglich über die *Torah* nachsinnen, heisst es in Josua 1,8. *«Wie liebe ich deine Torah! Sie ist mein Nachdenken den ganzen Tag»,* schreibt der Psalmbeter in Ps. 119,97. In einigen deutschsprachigen Bibelübersetzungen wird das in Sprüche 1,8 und 6,20 vorkommende Wort *Torah* mit «Weisung», «Lehre», «Belehrung» und «Gebot» wiedergegeben. *«... verwirf nicht die Weisung (Torah) deiner Mutter.»*

Das hebräische Wort für «Jünger» lautet *Talmid* und bedeutet auch «Schüler». Dies sind wir als Christen, Schüler und Lernende in der Nachfolge Jesu. Der HERR sagt in der Bergpredigt, dass Er nicht gekommen ist, um das Gesetz (die *Torah)* aufzulösen, sondern zu erfüllen, und dass jeder Buchstabe davon so lange Gültigkeit besitzt, bis dass Himmel und Erde vergehen (Matth. 5,17–18). Im Lichte des Evangeliums ist sie kein Laststein, sondern eine Hilfe für die Gemeinde Gottes und das Leben jedes Gläubigen.

Am bedeutendsten jüdischen Trauertag, dem 9. Tag des Monats *Av,* an dem die Juden der Zerstörung der beiden Tempel und manch anderer Tragödien, die über das Volk während der Geschichte hereinbrachen, gedenken, ist es verboten, in der *Torah* zu lesen, weil dies normalerweise eine Freude ist, die jedoch an diesem Trauertag unangebracht erscheint. Wenn Jesus predigte *«Nicht von Brot allein soll der Mensch leben, sondern von jedem Wort, das durch den Mund Gottes ausgeht»,* dann zitierte Er damit die *Torah,* (Matth. 4,4; 5. Mose 8,3). Er berief sich immer wieder auf die *Torah* in Seinen Gesprächen mit den jüdischen Führern Seiner Zeit (Joh. 5,39–47; 8,17) und deshalb sollten auch wir die *Torah* gut kennen.

Das Apostelkonzil in Jerusalem legte fest, dass bestimmte Gebote der *Torah* auch von nichtjüdischen Gläubigen der Gemeinde Jesu zu beachten seien (Apg. 15). Die Verteidigungsrede des Stephanus vor der jüdischen Religionsautorität basierte auf der *Torah* (Apg. 7). Jesus (hebr. *Jeschua)* ist der in der *Torah* verheissene Erlöser für das jüdische Volk, für die ganze Welt. Er war durch und durch Jude und auch äusserlich als solcher zu erkennen, wie auch die Begegnung mit der Samariterin am Jakobsbrunnen zeigt (Joh. 4,9). Jesus trug an seinem Gewand Quasten, so wie es in der *Torah* für die Juden geboten ist, und besuchte jeden *Schabat* die Synagoge (Luk. 4,16). Es ist daher wertvoll, auch die äusseren jüdisch-religiösen Symbole kennen zu lernen, wozu die Erklärungen in diesem Buch dienen. Es ist wichtig, dass wir uns mit dem jüdischen Glauben auseinandersetzen, zu unseren Wurzeln zurückkehren und die Verbindung zwischen dem christlichen und jüdischen Glauben entdecken.

Genau dazu fordert Paulus uns auf. In Römer Kapitel 11, Verse 17–24 schreibt der Apostel, dass wir uns nicht rühmen sollen, dass wir nicht stolz sein sollen gegenüber den Juden, denn als wilde Zweige sind wir eingepflanzt in den Ölbaum.

Vor allem kommt in der *Torah* Gottes Liebe zu dem Volk Israel zum Ausdruck, des Volkes, das Er als Seinen Augapfel bezeichnet und das Er niemals fallenlassen wird. Diese Haltung Gottes, Seine unwandelbare Liebe und Treue zu Israel, soll auch für unsere Einstellung gegenüber dem jüdischen Volk Richtschnur sein. Dazu will dieses Buch beitragen.

Das Heil Gottes hat seine Wurzeln in der *Torah.* Diese zu entdecken sowie das Wesen und die Grösse Gottes kennen zu lernen, zu Seiner Ehre und zur Stärkung des eigenen Glaubens, dies wünsche ich jedem Leser.

Rainer Schmidt

Hinweise

Die zitierten Bibeltexte entstammen der revidierten Elberfelder Bibel. Worte, die sich auf Gott beziehen, wurden ausserhalb des zitierten Bibeltextes gross geschrieben, wie z. B. «Er», «Ihn» oder «Seine».

Namen biblischer Personen werden in der Form wiedergegeben, wie sie gewöhnlich in Deutsch übersetzt wurden. Der eigentliche hebräische Name wird in Klammer angefügt. Ausnahmen bilden Namen, die in Hebräisch mit dem Buchstaben *Hey* enden, bei denen jedoch in deutschen Übersetzungen (im Gegensatz zu englischen Bibelübersetzungen) am Ende der Buchstabe «h» weggelassen wurde. Beispiele hierfür sind die Namen *Sarah, Morijah* oder *Leah*. Im Gegensatz zu dem zitierten Bibeltext wurde am Ende der Namen ein «h» hinzugefügt. Bei Aussprache der hebräischen Namen und Worte liegt die Betonung jeweils auf der zweiten Silbe. Ein «ch» in der Schreibweise eines hebräischen Namens wird ausgesprochen wie z. B. in «lachen» oder «noch».

Eine Zusammenfassung der hebräischen Namen der in diesem Buch vorkommenden biblischen Personen findet sich im Anhang I. am Ende des Buches.

Es empfiehlt sich, vor Beginn des Studiums der Wochenabschnitte, Anhang I. und Anhang II. zu lesen.

Torah-Lesung

An jedem *Schabat* liest das jüdische Volk auf der ganzen Welt einen speziellen Abschnitt der fünf Bücher Mose, der *Torah*. Man nennt dies *Paraschat Ha'Schavua* oder «Wöchentlicher *Torah*-Abschnitt». Jeder Abschnitt hat einen Namen, der von seinem Anfangswort hergeleitet ist. Durch diese fortlaufende Lesung der verschiedenen Abschnitte wird innerhalb eines Jahres die gesamte *Torah* durchgelesen.

An einem Tag, dem letzten Tag des Laubhüttenfestes, an *Simchat Torah,* dem Tag der «*Torah*-Freude», wird der letzte Abschnitt von 5. Mose beendet und unverzüglich mit *Bereschit,* dem ersten Abschnitt von 1. Mose fortgefahren. Dadurch wird zum Ausdruck gebracht: Das *Torah*-Studium erfolgt ohne Unterbrechung.

Jeweils im Anschluss an die Lesung des *Torah*-Abschnittes wird ein entsprechender Text aus den prophetischen oder geschichtlichen Büchern des *Tanach* gelesen, den man *Haftarah* nennt, was so viel bedeutet wie *«Abschied von der Torah»*.

Die Praxis der wöchentlichen Lesung des *Torah*- und *Haftarah*-Abschnittes findet sich auch im Neuen Testament. Apg. 13,14 berichtet, dass Paulus und Barnabas nach Antiochien kamen und dort am *Schabat* in die Synagoge gingen. In Vers 15 heisst es dann: *«Aber nach dem Vorlesen des Gesetzes und der Propheten ...»*

Danach predigte Paulus aus der *Torah* und nahm vermutlich den gelesenen Wochenabschnitt als Grundlage. Die Praxis der wöchentlichen Lesung wird auch in Apg. 15,21 erwähnt. Jesus tat dies ebenfalls. In Lukas 4,17 wird berichtet, dass er in der Synagoge von Nazareth aus dem Buch des Propheten Jesaja vorlas. Dies war der *Haftarah*-Abschnitt nach der *Torah*-Lesung.

Die Einteilung der Abschnitte für die *Torah*-Lesung in frühester Zeit ist nicht exakt nachzuvollziehen. Die Lesungen erfolgten an mehreren Wochentagen und waren nicht ausschliesslich auf den *Schabat* begrenzt. Im «Babylonischen Talmud» (abgefasst im 3. Jh.

n. Chr.) wird über einen Dreijahreszyklus mit 153, 155 oder 167 Abschnitten für die Juden im *Land Israel* gesprochen. Dem jüdischen Leben in Babylon und anderen Gemeinden der Diaspora lag jedoch ein Jahreszyklus mit 54 Abschnitten zugrunde.

Diese Tradition wird auch heute noch praktiziert. Anlässlich von jüdischen Festen werden besondere Texte für den jeweiligen Feiertag gelesen. Fällt dieser auf einen Schabat, so entfällt die normale *Torah*-Lesung und wird am darauffolgenden *Schabat* fortgesetzt. Aus diesem Grund, sowie unter Berücksichtigung des jüdischen Mondkalenders, bei dem in einem Schaltjahr ein dreizehnter Monat hinzugefügt wird, ist die Anzahl der *Schabatot* (Mehrzahl von *Schabat),* die zur Lesung der *Torah*-Abschnitte zur Verfügung stehen, unterschiedlich. Deshalb ist die *Torah* von vornherein in mehr Abschnitte eingeteilt, als ein gewöhnliches Jahr Wochen hat. Um sicherzustellen, dass die jährliche Lesung an *Simchat Torah* endet, werden daher je nach Bedarf zwei kleinere Abschnitte zusammen an einem *Schabat* gelesen.

Kapitel 1

1. Mose
Genesis

Bereschit – *«Am Anfang»*

1. Mose 1,1–6,8

Haftarah-Abschnitt: Jesaja 42,5–43,10

Der Jahreszyklus der *Torah*-Lesung beginnt mit dem ersten Wochenabschnitt. Er trägt die Bezeichnung der ersten Worte der Bibel: *Bereschit,* übersetzt «Am Anfang». *Bereschit* ist nicht nur das erste Wort der Bibel und der Name dieses Wochenabschnittes, sondern auch die Benennung des gesamten ersten Buches Mose, dem Buch Genesis.

Dies rührt daher, dass nicht nur der Wochenabschnitt, sondern auch die fünf Bücher der *Torah* nach dem ersten Wort in dem jeweiligen Buch benannt sind. Ursprünglich lautete der hebräische Name für dieses Buch «Buch der Schöpfung». Dies wurde in Griechisch mit «Genesis» = «Ursprung» wiedergegeben, erstattet es doch Bericht über die Schöpfung der Welt, den Beginn menschlichen Lebens und das Entstehen einer Gesellschaft.

Das Buch *Bereschit* bildet gleichzeitig auch die Grundlage all dessen, was in der Heiligen Schrift folgt. Es ist das Fundament der Offenbarung Gottes und Seiner Heilsgeschichte mit den Menschen. In der Einleitung der Scofield Bibel zu diesem Buch heisst es: *«Mit dem 1. Buch Mose beginnt auch die allmähliche Selbstoffenbarung Gottes, die in Christus den Höhepunkt erreicht. Das Problem der Sünde und ihre Einwirkung auf den Zustand des Menschen auf der Erde und auf sein Verhältnis zu Gott, ferner die göttliche Lösung dieses Problems werden hier im Wesen behandelt. Das 1. Buch Mose gehört unbedingt zu dem Aufbau des Neuen Testamentes, in dem es über sechzigmal in siebzehn Büchern zitiert wird. Darum können wir im tiefsten Sinne des Wortes sagen, dass die Wurzeln aller späteren Offenbarungen in der Tiefe des 1. Buches Mose liegen, und wer die Offenbarung des Neuen Testamentes wirklich verstehen will, muss hier beginnen.»*

Der *Torah*-Abschnitt *Bereschit* beinhaltet die Schöpfung in Kapitel 1 und 2, den Fall des Menschen in Kapitel 3, Kain und Abel sowie den Beginn der ersten Zivilisation in Kapitel 4, die Herrschaft des Todes und das Register der Familie Seths in Kapitel 5 und den Beginn des Gerichtes Gottes in den ersten Versen von Kapitel 6.

Sicher ist der Inhalt dieses ersten Teiles der Heiligen Schrift den meisten Lesern mehr oder weniger bekannt. Viel wurde darüber geschrieben und diskutiert, besonders über die Schöpfung. Geht doch das wörtliche Verstehen des Schöpfungsberichtes nicht konform mit dem, was in Schulen und Universitäten der ganzen Welt heute gelehrt wird. Liberale Theologen und Bibelkritiker versuchen ihre Botschaft zu übermitteln, dass der biblische Schöpfungsbericht nur im übertragenen Sinne, also bildlich, zu verstehen sei und nicht im wörtlichen Sinne.

Dabei benötigen jedoch diejenigen, die der sog. Evolutionstheorie anhangen, einen weitaus grösseren Glauben als die, die an die wörtliche Wiedergabe des Schöpfungsberichtes in der Bibel glauben.

Bei der Betrachtung des Wochenabschnittes *Bereschit* will ich nicht näher auf diese Diskussion eingehen, sondern einige andere Aspekte dieses Textes hervorheben.

1. *«Am Anfang schuf Gott (hebr. Elohim) die Himmel und die Erde»* (1,1). In der Heiligen Schrift finden wir verschiedene Namen, mit denen Gott genannt wird. Jeder dieser Namen repräsentiert einen bestimmten Wesenszug Gottes. Der erste Name, in dem Gott sich offenbart, ist *Elohim*. Dies ist der einzige Name, in dem Gott uns im ersten Kapitel der Bibel begegnet, in nahezu jedem Vers. Unter diesem Namen sehen wir Gott, gemäss Seinem eigenen Willen, an einer noch dunklen und konturenlosen Schöpfung arbeiten, bis alles geordnet und «sehr gut» ist. Dies ist der Name Gottes, den wir vor allen anderen Namen kennen lernen. In diesem Namen begegnet uns die erste Gottesoffenbarung der Heiligen Schrift; sie zeigt uns Einen, der, wenn alles noch dunkel und durcheinander ist, Licht und Leben schenkt.

Gott besitzt viele Eigenschaften, die durch seine unterschiedlichen Namen zum Ausdruck gebracht werden. Wenn wir in der Bibel *Elohim* lesen, begegnet uns immer der Charakter Gottes als Schöpfer. *El* selbst ist bereits eine Bezeichnung für Gott und bedeutet «mächtig» oder «stark». *Him* ist die Pluralform und weist uns bereits im ersten Vers der Bibel auf Gott Vater, Sohn und Heiliger Geist hin. Wir finden diesen Hinweis ebenfalls in 1. Mose 3,22, wo es heisst:

«Und Gott der HERR sprach: Siehe, der Mensch ist geworden wie einer von uns, zu erkennen Gutes und Böses.» Wer ist mit «uns» gemeint? Wiederum Gott Vater, Sohn und Heiliger Geist. Weitere diesbezügliche Schriftstellen sind 1. Mose 11,7 u. Jes. 6,8.

Was Johannes in der Einleitung seines Evangeliums über den Ursprung des Lichtes und des Lebens berichtet, erinnert nicht nur an den Schöpfungsbericht in Genesis, sondern schenkt auch das Verständnis darüber, was *Elohim* bedeutet (Joh. 1,1–18).

2. Im Schöpfungsbericht heisst es am Ende eines jeden Tages: *«Und es wurde Abend, und es wurde Morgen: ein Tag.» «Und es wurde Abend, und es wurde Morgen: ein zweiter Tag»*, usw.

Dies verdeutlicht, dass in Gottes Ordnung von Tag und Nacht der neue Tag nicht um Mitternacht, nicht um 0:00 Uhr beginnt. Der neue Tag beginnt bereits am Vorabend, wie es auch heute noch im Judentum praktiziert wird.

3. In diesen ersten Kapiteln der Bibel gibt Gott bereits klare Anweisungen für die Ehe. *«Und Gott der HERR sprach: Es ist nicht gut, dass der Mensch allein sei; ich will ihm eine Hilfe machen, die ihm entspricht»* (2,18). In anderen Übersetzungen heisst es: *«... eine Hilfe machen, seines Gleichen»*, oder *«... eine Gehilfin machen, die um ihn ist»*. Das hier verwendete hebräische Wort *nagdo* bedeutet: jemanden «vergleichbar mit» oder «in Beziehung mit» oder *«ihm entsprechend»*.

Diese Worte offenbaren, dass die Ehe keine Interessengemeinschaft ist, in der jeder Teil die gleiche Position innehat. Es bedeutet vielmehr, dass Mann und Frau in ihren verschiedenen Rollen, in ihren emotionalen und körperlichen Unterschieden voneinander abhängig sind, und dass sie nur in der Akzeptanz der Unterschiede zu einer neuen Einheit werden können. Als diese neue Einheit gehen sie durch das Leben, nicht als zwei separate Einheiten nebeneinander.

In einer Zeit, in der Gleichberechtigung und Emanzipation nicht mehr bloss Schlagworte, sondern bereits zu Wertmassstäben unserer Gesellschaft geworden sind, wird die Gott gegebene unterschiedliche Stellung von Mann und Frau ignoriert. Das biblische Ehebild sieht den Mann nicht als Patriarchen oder Despoten, die Frau nicht als gefügige Arbeitskraft mit dem Nebeneffekt des Kindergebärens, sondern als Ganzheit, in der jeder Teil eine unterschiedliche Rolle wahrnimmt, die sich aber einander ergänzen. Ist dies nicht der Fall, zerfällt die Einheit. Es gibt keine Über- oder Unterordnung im autoritären Sinne, beide sind gleichwertig vor Gott und sollen sich gegenseitig ehren. Allerdings übt jeder eine unterschiedliche Funktion aus und hat unterschiedliche Aufgaben, ganz in dem Sinne, wie Paulus dies in Eph. 5,22–33 und Kol. 3,18–19 schreibt (siehe auch 1. Petr. 3,1–7).

4. Gott betont dies erneut einige Verse später. *«Darum wird ein Mann seinen Vater und seine Mutter verlassen und seiner Frau anhängen, und sie werden zu einem Fleisch werden»* (2,24). «Ein Fleisch», «Eine Einheit» meint, dass nun etwas Neues entstanden ist. Selbst wenn sie noch unter einem Dach mit den Eltern leben, haben sie doch die Obhut der Eltern verlassen und sind eine selbständige und unabhängige Familie geworden. Nach der Eheschliessung liegt es in der Verantwortung des Mannes, dass er sein Elternhaus tatsächlich verlassen hat und seine Pflichten in der neu entstandenen Einheit/Familie wahrnimmt. Die Frau ordnet sich dem Mann unter und er «hängt ihr an». Dies ist ein wunderbares Bild dafür, dass sich beide einander ergänzen in ihren unterschiedlichen Gaben und Fähigkeiten.

5. Wir begegnen in unserem Wochenabschnitt auch dem ersten Mord: Kain erschlug seinen Bruder Abel (4,8–15). In der Folgezeit

wurden die gesellschaftlichen Verhältnisse noch schlimmer. Die kainitische Zivilisation blühte. Städte wurden gebaut, Landwirtschaft betrieben, das Handwerk entwickelt, eine Kultur entstand und die Menschen genossen ihr Leben (4,16–22). Doch bei aller Fortentwicklung vergassen die Menschen Gott. Der Schöpfer existierte nicht in den Gedanken und Taten der Menschen, er spielte keine Rolle für sie. Trotz des Fortschritts war ein moralischer Verfall zu verzeichnen und der Mensch war sich selbst Gesetz (siehe Kap. 4,23–24). Die erste Zivilisation auf dieser Erde war reif zum Gericht und ging später durch die Flut unter.

Adam und Eva hatten neben Kain und Abel noch weitere Kinder, darunter den Sohn Seth (4,25), durch dessen Nachkommen, genauer gesagt durch Noah (hebr. *Noach),* Gott das Menschengeschlecht rettete. Der HERR rettete jedoch nur diejenigen, die an IHN glaubten, wie es der Schreiber des Hebräerbriefes in Kap. 11, Verse 1–7 mitteilt. Alle Übrigen gingen im Gericht Gottes zugrunde. Birgt diese Zeit der ersten Zivilisation auf dieser Erde nicht eine Vielzahl von Parallelen zur gesellschaftlichen Situation unserer Tage?

Auch heute verzeichnet die Menschheit grosse Errungenschaften und der technologische Fortschritt scheint uns mit geradezu rasantem Tempo zu überrennen. Doch auch heute ist Gott in allen Errungenschaften ausgeschlossen, auch heute sind wir Zeugen eines moralischen und ethischen Verfalls und auch heute ist die Welt gerichtsreif. Dieses Gericht wird genauso sicher kommen wie einst das Gericht durch die Sintflut. Doch so wie damals, bietet Gott auch heute eine Möglichkeit, dem drohenden Gericht zu entgehen. Er sandte Seinen Sohn in diese Welt, geboren in das jüdische Volk, Jesus, den verheissenen Erlöser. Und so wie Henoch und Noah durch ihren Glauben gerettet wurden, weil sie «mit Gott wandelten» (5,24 u. 6,9), so ist jeder vor dem künftigen Gottesgericht gerettet, der an Jesus Christus glaubt.

«Jetzt aber ist ohne Gesetz Gottes Gerechtigkeit geoffenbart worden, bezeugt durch das Gesetz und die Propheten: Gottes Gerechtigkeit aber durch Glauben an Jesus Christus für alle, die glauben. Denn es ist kein Unterschied, denn alle haben gesündigt und

erlangen nicht die Herrlichkeit Gottes und werden umsonst gerechtfertigt durch seine Gnade, durch die Erlösung, die in Christus Jesus ist» (Römer 3,21–24).

Adam und Eva

Warum wurden die ersten Menschen Adam und Eva genannt?

Der hebräische Urtext der Bibel gibt die Antwort darauf. Der Eigenname *Adam* bedeutet «Mensch» und versehen mit dem Artikel *Ha* stellt *HaAdam* «Menschheit» dar. Die hebräische Bezeichnung des ersten Menschen weist damit bereits auf seinen Ursprung hin, denn «Erde» heisst *adamah* und der Mensch wurde aus dem Staub der Erde gebildet (1. Mose 2,7).

Die Gehilfin, die Gott für Adam schuf, hiess *Chavah,* was mit «Eva» übersetzt wurde. *Chavah* kommt von dem Wort *chai* und bedeutet «leben». Dies war die Bestimmung von Eva/*Chavah,* sie wurde zur Mutter allen menschlichen Lebens (1. Mose 3,20). Die Verbindung der beiden, die Einheit zwischen Mann und Frau, geht ebenfalls bereits aus dem hebräischen Text der Heiligen Schrift hervor: *Isch* und *Ischah* – Mann und Frau.

Noach – *«Noah»*

1. Mose 6,9–11,32

Haftarah-Abschnitt: Jesaja 54,1–55,5

Dieser *Torah*-Abschnitt lässt sich überschreiben mit «Von der Flut bis nach Babel». Er beinhaltet Gottes Gericht durch die Sintflut in den Kapiteln 6–8, Seinen Bund mit Noah in Kapitel 9, Noahs Familie und die Völkertafel in Kapitel 10 sowie den Turmbau zu Babel und die Abstammungslinie Abrams (der später von Gott Abraham genannt wurde) in Kapitel 11. In diesem Abschnitt der Heiligen Schrift findet sich eine solche Fülle von bedeutenden Ereignissen und geistlichen Aspekten, dass es schwer fällt, einzelne Aspekte für eine kurze Betrachtung herauszugreifen. Zwei Themen, die sich in der ganzen Bibel wiederfinden, beherrschen auch diesen Abschnitt: Gottes Liebe und Treue sowie das Scheitern des Menschen und seine Sünde. Diese ersten Kapitel der Bibel verdeutlichen bereits ein geistliches Prinzip, das bis zum Ende der Tage seine Gültigkeit besitzen wird: Die Sünde des Menschen ruft Gottes Gericht hervor, aber wenn wir Gnade finden in Seinen Augen und die Gerechtigkeit erlangen, die vor dem Allmächtigen gilt, werden wir gerettet.

Aus welchem Grund wurde die erste Zivilisation auf Erden, einschliesslich aller Lebewesen mit Ausnahme von Noah, seiner Familie und den Tieren, die er mit in die Arche nahm, zerstört? Wir lesen darüber am Ende des vorangegangenen Wochenabschnittes, in 1. Mose 6,5–7: *«Und der HERR sah, dass die Bosheit des Menschen auf der Erde gross war und alles Sinnen der Gedanken seines Herzens nur böse den ganzen Tag. Und es reute den HERRN, dass er den Menschen auf der Erde gemacht hatte, und es bekümmerte ihn in sein Herz hinein. Und der HERR sprach: Ich will den Menschen, den ich geschaffen habe, von der Fläche des Erdbodens auslöschen, vom Menschen bis zum Vieh, bis zu den kriechenden*

Tieren und bis zu den Vögeln des Himmels; denn es reut mich, dass ich sie gemacht habe.»

Der HERR war *«bekümmert in Sein Herz hinein»,* wegen der Boshaftigkeit der Menschen. Gott schuf den Menschen nach Seinem Bilde, Ihm ähnlich. Der Mensch war dazu bestimmt, in Heiligkeit und Vollkommenheit vor Gott zu wandeln, doch er scheiterte und verfehlte seine Bestimmung. Grund für die Bosheit des Menschen war sein Ungehorsam. Gott gab ihm einen freien Willen und die Menschen taten das Gegenteil von dem, was der Schöpfer ihnen geboten hatte. Die Folge war, dass sie gottlos wurden und das Gericht über sie kam.

Es gab jedoch eine Ausnahme unter den Menschen zur Zeit des Gerichtes, Noah, nach dem dieser Wochenabschnitt benannt ist. Im letzten Vers des vorangegangenen Abschnittes heisst es, dass Noah Gnade (auch mit Gunst zu übersetzen) in den Augen Gottes fand.

Wie erlangte er die Gunst Gottes, aus welchem Grunde wurde er vor der Flut gerettet? Der erste Vers dieses *Torah*-Abschnittes gibt die Antwort darauf: *«Noah war ein gerechter Mann, untadelig war er unter seinen Zeitgenossen; Noah lebte mit Gott»* (6,9). In Hebräer 11,7 findet sich eine weitere Begründung. Noah war gottesfürchtig und glaubte dem Wort des HERRN, dass er nur durch die Arche vor dem kommenden Gericht gerettet werden konnte. Nach der Flut schloss Gott einen Bund mit Noah und eine neue Zivilisation entstand.

Von Noahs Nachkommen stammen alle Menschen auf Erden ab. *«Und Gott sprach zu Noah und zu seinen Söhnen mit ihm: Und ich, siehe ich richte meinen Bund mit euch auf und mit euren Nachkommen nach euch. Ich richte meinen Bund mit euch auf, dass nie mehr alles Fleisch ausgerottet werden soll durch die Wasser der Flut, und nie mehr soll es eine Flut geben, die Erde zu vernichten»* (9,8–9; 11).

Doch wiederum war keine Gottesfurcht bei den Menschen vorhanden und sie lebten nicht mit dem HERRN, wie Noah es tat, *«... denn das Sinnen des menschlichen Herzens ist böse von seiner Jugend an ...»* (8,21).

Die Ereignisse in der zweiten Zivilisation, nach der Flut, stellen nahezu eine Wiederholung der Sünde im Garten Eden dar, wo Adam und Eva wie Gott sein wollten. Die Menschen sprachen zueinander: *«Wohlan, wir wollen uns eine Stadt und einen Turm bauen, und seine Spitze bis an den Himmel! So wollen wir uns einen Namen machen, damit wir uns nicht über die ganze Fläche der Erde zerstreuen!»* (11,4). Darin wird die Absicht des menschlichen Herzens offenbar. Stark und mächtig zu sein, Ruhm zu erlangen, jedes Problem selber zu lösen, letztendlich, *zu sein wie Gott*.

Der Allmächtige wusste um dieses Ansinnen des menschlichen Herzens: *«Und der HERR sprach: Siehe, ein Volk sind sie, und eine Sprache haben sie alle, und dies ist erst der Anfang ihres Tuns. Jetzt wird ihnen nichts unmöglich sein, was sie zu tun ersinnen»* (11,6). Deshalb sagte der HERR: *Nein*. ER stoppte der Menschen Unternehmen und strafte sie durch die Verwirrung der Sprache, unter der die Welt noch heute leidet.

Der Ort, an dem die Menschen versuchten, diesen Turm zu bauen, heisst Babel (hebr. Bavel) und bedeutet «Verwirrung» oder «Durcheinander». Dies war das Resultat. Durch die Geschichte hindurch war die Menschheit geprägt von Verwirrungen und Durcheinander, von Feindschaft untereinander und zwischen den Völkern.

Verwirrung und Durcheinander sind auch die Oberbegriffe unserer Tage. Die politischen Führer der Welt besitzen keine Lösungen für die andauernden Konflikte und die zukünftigen Herausforderungen. Die Menschheit unterliegt einer Degeneration der moralischen und ethischen Werte. Jedem aufmerksamen Beobachter des Zeitgeschehens ist dies offenbar. Es ist wie in den Tagen Noahs: *«Die Erde aber war verdorben vor Gott, und die Erde war erfüllt mit Gewalttat»* (6,11). Diese Darstellung der damaligen Zeit stellt auch eine recht gute Beschreibung der Zeit dar, in der wir heute leben.

Die Jünger fragten Jesus einst nach den Zeichen Seiner Wiederkunft und der HERR antwortete ihnen: *«Von jenem Tag aber und jener Stunde weiss niemand, auch nicht die Engel in den Himmeln, auch nicht der Sohn, sondern der Vater allein. Aber wie die Tage Noahs waren, so wird auch die Ankunft des Sohnes des Men-*

schen sein. Denn wie sie in jenen Tagen vor der Flut waren: Sie assen und tranken, sie heirateten und verheirateten bis zu dem Tag, da Noah in die Arche ging und sie es nicht erkannten, bis die Flut kam und alle wegraffte, so wird auch die Ankunft des Sohnes des Menschen sein. Dann werden zwei auf dem Feld sein, einer wird genommen und einer gelassen» (Matthäus 24,36–40).

Die Verhältnisse in dieser Welt sind ein klares Zeichen für die Wiederkunft Jesu und sollten nicht Anlass zu Trauer und Hoffnungslosigkeit geben, sondern dazu führen, dass wir unser Vertrauen noch fester auf den HERRN setzen.

Noah wurde durch Glauben vor dem Gericht Gottes gerettet, durch Vertrauen und Gehorsam in Gottes Wort. *«Durch den Glauben baute Noah, als er eine göttliche Weisung über das, was noch nicht zu sehen war, empfangen hatte, von Furcht bewegt, eine Arche zur Rettung seines Hauses. Durch ihn verurteilte er die Welt und wurde Erbe der Gerechtigkeit, die nach dem Glauben ist»* (Hebräer 11,7).

Mögen die Menschen doch die Geschichte ernst nehmen! Gottes Gericht wird erneut über diese Welt kommen und es gibt nur einen Weg, davor gerettet zu werden: Glaube an Jesus Christus und die Sündenvergebung durch Sein Blut.

«... bei der Offenbarung des Herrn Jesus vom Himmel her mit den Engeln seiner Macht, in flammendem Feuer. Dabei übt er Vergeltung an denen, die Gott nicht kennen, und an denen, die dem Evangelium unseres Herrn Jesus nicht gehorchen; sie werden Strafe leiden, ewiges Verderben vom Angesicht des Herrn und von der Herrlichkeit seiner Stärke, wenn er kommt, um an jenem Tag in seinen Heiligen verherrlicht und in allen denen bewundert zu werden, die geglaubt haben; denn unser Zeugnis an euch ist geglaubt worden» (2. Thessalonicher 1,7–10).

Kanaaniter – Philister / Palästinenser

Es fällt oft schwer, Zugang zu den Geschlechtsregistern zu finden. Doch auch diese Abschnitte des Wortes Gottes haben ihren Stellenwert und können gerade in aktuellen Fragen oft eine Hilfe bieten. So auch im israelisch-arabischen Konflikt. Die Philister waren ein Seefahrervolk, das vermutlich seinen Ursprung in der Ägäis hatte und die Südküste des Landes Israel besetzte. Ihr Gebiet wurde Philisterland – Philistiä genannt. Die Römer bezeichneten im 2. Jahrhundert das gesamte von ihnen kontrollierte Gebiet als *Syria Philistiä,* woraus der Name Palästina abgeleitet wurde, den Grossbritannien als Mandatsmacht nach dem I. Weltkrieg dem Gebiet der heutigen Staaten Israel und Jordanien gab. Die dort lebenden Menschen, Juden und Araber, wurden Palästinenser genannt.

Heute wird diese Bezeichnung ausschliesslich für die in Judäa, Samaria und Gaza lebende arabische Bevölkerung verwendet. Vielfach wird ihr Ursprung mit den Philistern und Kanaanitern in Verbindung gebracht, die zu biblischer Zeit auch im Lande Israel lebten.

Das Geschlechtsregister in Kapitel 10 dieses *Torah*-Abschnittes verdeutlicht, dass keine Verbindung zwischen den Kanaanitern oder den Philistern und den heute als Palästinensern bezeichneten Arabern besteht.

Noah hatte drei Söhne, Sem, Ham und Jafet. Abraham, der gemeinsame Vorvater von Juden und Arabern, ist ein Nachkomme von Noahs Sohn Sem, wohingegen die Kanaaniter, wie auch die Philister, von Noahs Sohn Ham abstammen (1. Mose 10,6–14), also einer völlig anderen Linie angehören.

Lech Lecha – *«Geh aus»*

1. Mose 12,1–17,27

Haftarah-Abschnitt: Jesaja 40,27–41,16

Dieser *Torah*-Abschnitt befasst sich mit dem Ruf Gottes an Abram (hebr. Avram) in Kapitel 12, dessen Trennung von Lot in Kapitel 13 und die Rettung Lots durch Abram in Kapitel 14. Im nächsten Kapitel lesen wir über den Bund Gottes mit Abram, während Kapitel 16 über Hagar und Ismael berichtet. Am Ende des Abschnittes wird der Bund Gottes bestätigt und Abram empfängt einen neuen Namen.

Nach den Bündnissen mit Adam und Noah schloss Gott einen weiteren Bund mit Abram. Nach den ersten Bündnissen scheiterte die Menschheit an sich selbst, an ihrer eigenen Boshaftigkeit und dem Versagen gegenüber dem Schöpfer. Nun beginnt ein neuer Abschnitt in der Heilsgeschichte. Gott erwählt und offenbart sich einer bestimmten Person und deren Nachkommen, durch die alle Geschlechter auf Erden gesegnet werden sollen.

In der Tat hat die Welt dem jüdischen Volk viel zu verdanken. Nicht nur viele Errungenschaften in Kultur und Wissenschaft, sondern vor allem das Wort Gottes, die Bibel, verdanken wir diesem Volk – und über allem: Der Erlöser der Welt wurde in dieses Volk und in diesem Land geboren.

Der HERR rief Abram und sprach zu ihm: *«Und ich will dich zu einer grossen Nation machen, und ich will dich segnen, und du sollst ein Segen sein! Und ich will segnen, die dich segnen, und wer dir flucht, den werde ich verfluchen; und in dir sollen gesegnet werden alle Geschlechter der Erde»* (12,2–3). In diesen Worten gibt Gott der Welt eine bedingungslose Segensverheissung durch Abrams Samen, durch das Volk Israel, das ein Werkzeug der Offenbarung Gottes wurde. Völker wie auch Einzelpersonen, welche die Juden gut oder schlecht behandelten, empfingen Segen oder hatten unter dem Fluch zu leiden. Die Weltgeschichte verdeutlicht die Wahrheit dieser Gottesverheissung von biblischer Zeit an bis in unsere Tage.

Die zweite entscheidende Neuerung dieses Bundes ist die Rechtfertigung aus Glauben, die Paulus später im Römerbrief aufgreift. Abram war aus Glauben gerechtfertigt, 13 Jahre bevor er beschnitten wurde und das äussere Zeichen des Bundes trug (1. Mose 15,6; 16,16; 17,1). Darin kommt zum Ausdruck, dass allein der Glaube zählt.

Ein wesentlicher Teil der göttlichen Verheissung war die Gabe des Landes. *«Und der HERR erschien dem Abram und sprach: Deinen Nachkommen will ich dieses Land geben»* (12,7). Und erneut in Kapitel 13, Vers 15: *«Denn das ganze Land, das du siehst, dir will ich es geben und deinen Nachkommen für ewig»,* (siehe auch Kapitel 17, Vers 8). In Kapitel 15 findet sich eine weitere Bestätigung der Landverheissung: *«Ich bin der HERR, der ich dich herausgeführt habe aus Ur, der Stadt der Chaldäer, um dir dieses Land zu geben, es in Besitz zu nehmen»* (Vers 7).

Obwohl das Land ein solch bedeutender Teil in Gottes Verheissung an Abram war und der HERR dies bereits mehrfach wiederholt hatte, zweifelte Abram und fragte: *«Herr, HERR, woran soll ich erkennen, dass ich es in Besitz nehmen werde?»* (15,8). Daraufhin bestätigte Gott die Landverheissung noch eindrücklicher, indem er einen Bund mit Abram schloss. Dieser musste einige Tiere zerteilen und die Teile einander gegenüber legen. Es war so üblich in der damaligen Zeit, wenn zwei Parteien einen Bund miteinander schlossen. Die Beteiligten schritten durch die zerteilten Tiere hindurch und waren fortan an den Bund gebunden durch das Blut der Tiere. Sollte eine Seite den Bund brechen, würde es ihr ergehen wie den zerteilten Tieren.

Es ist bemerkenswert, dass nur Gott, sichtbar durch Feuer, durch die zerteilten Tiere hindurchging (15,17). Das heisst, Gott hat sich nicht nur Abram gegenüber bei diesem Bundesschluss offenbart, sondern diesen auch «ratifiziert». *«An jenem Tag schloss der HERR einen Bund mit Abram und sprach: Deinen Nachkommen habe ich dieses Land gegeben, vom Strom Ägyptens an bis zum grossen Strom, dem Euphratstrom»* (15,18). Die Landverheissung ist ein zentraler Bestandteil dieses Bundes.

In Jeremia 31,35–37 vergleicht Gott diesen Bund mit dem Fortbestand der Erde. *«So spricht der HERR, der die Sonne gesetzt hat zum Licht für den Tag, die Ordnungen des Mondes und der Sterne zum Licht für die Nacht, der das Meer erregt, dass seine Wogen brausen, HERR der Heerscharen ist sein Name: Wenn diese Ordnungen vor meinem Angesicht weichen, spricht der HERR, dann soll auch die Nachkommenschaft Israels aufhören, eine Nation zu sein vor meinem Angesicht alle Tage. So spricht der HERR: Wenn die Himmel oben gemessen und die Grundfesten der Erde unten erforscht werden können, dann will ich auch die ganze Nachkommenschaft Israels verwerfen wegen all dessen, was sie getan haben, spricht der HERR.»*

Auch im Neuen Testament finden wir Gottes Bund mit Israel bestätigt. In Römer 9,4–5 schreibt Paulus: *«... die Israeliten sind, deren die Sohnschaft ist und die Herrlichkeit und die Bündnisse und die Gesetzgebung und der Gottesdienst und die Verheissungen.»* Paulus spricht dabei nicht in der Vergangenheit, dass dies alles Israel gehörte, nein, er spricht in der Gegenwart, denn es gehört ihnen noch immer. Zwei Kapitel später, in Römer 11,1, stellt Paulus die konkrete Frage: *«Hat Gott etwa sein Volk verstossen?»* Sofort gibt er selbst die Antwort: *«Das ist ausgeschlossen.»* In Römer 15,8 lesen wir, dass Jesus in diese Welt kam, zum Diener des jüdischen Volkes wurde, um die Verheissungen, die den Vätern gegeben wurden, zu bestätigen. Dies beinhaltet auch die Landverheissung.

Warum wurde Abram von Gott erwählt? Aus dem gleichen Grund, aus dem Noah und Henoch vor dem Gericht Gottes gerettet wurden (1. Mose 5,24 u. 6,9), aufgrund des Glaubens. Er war gehorsam und glaubte Gott, wie es im Hebräerbrief (11,8–9) nachzulesen ist: *«Durch Glauben war Abraham, als er gerufen wurde, gehorsam, auszuziehen an den Ort, den er zum Erbteil empfangen sollte, und er zog aus, ohne zu wissen, wohin er komme. Durch Glauben siedelte er sich im Land der Verheissung an wie in einem fremden und wohnte in Zelten mit Isaak und Jakob, den Miterben derselben Verheissung.»*

Es gibt nur einen Weg, um die Gerechtigkeit, die vor Gott gilt, zu erlangen, durch Glauben: Glaube an Seine Erlösung durch Jesus Christus, die der Vater im Himmel für jeden Menschen bereitet hat. *«Jetzt aber ist ohne Gesetz Gottes Gerechtigkeit geoffenbart worden, bezeugt durch das Gesetz und die Propheten. Gottes Gerechtigkeit aber durch Glauben an Jesus Christus für alle, die glauben»* (Römer 3,21–22). Jeschua HaMaschiach, Jesus der Messias, wurde in das Volk Israel hineingeboren und wurde zum Retter für alle Menschen, die an Ihn glauben. ER ist der letzte und grösste Segen für diese Welt, der von den Nachkommen Abrahams ausgeht. *«... und in dir sollen gesegnet werden alle Geschlechter der Erde»* (12,2–3). *«... denn das Heil ist aus den Juden»,* sagte Jesus zu der Samariterin (Joh. 4,22).

In der genannten Schriftstelle des Hebräerbriefes ist wiederum das Land erwähnt. Es heisst dort aber auch, dass die Linie der Verheissung sich über Isaak und Jakob fortsetzt. Es ist eine weitere neutestamentliche Bestätigung des Wortes in unserem *Torah*-Abschnitt: *«Und Gott sprach: Nein, sondern Sarah, deine Frau, wird dir einen Sohn gebären. Und du sollst ihm den Namen Isaak geben! Und ich werde meinen Bund mit ihm aufrichten zu einem ewigen Bund für seine Nachkommen nach ihm»* (17,19). Abraham hatte einen weiteren Sohn, Ismael, den er im Unglauben mit seiner Magd Hagar gezeugt hatte. Ismael ist der Stammvater der arabischen Völker, der traditionellen Feinde des jüdischen Volkes. Auch er erhielt von Gott Verheissungen, beispielsweise, dass seine Nachkommen so zahlreich sein werden, dass man sie nicht zählen kann (16,10). Dies hat sich erfüllt, betrachtet man heute die arabischen Völker. Gott prophezeit ihm aber auch, dass er ein wilder Mann sein werde, der seine Hand gegen jedermann hebt (16,11–12). Ismael akzeptierte nicht, dass der Segen und die Verheissungen durch die Linie Isaak und Jakob weitergingen. Bereits hier, auf den ersten Seiten der Bibel, finden wir die Wurzel des heutigen Nahostkonfliktes zwischen Juden und Arabern. Es gibt so viele weitere geistliche Aspekte und Schätze in diesem *Torah*-Abschnitt, die es wert sind, studiert zu werden. Ich wünsche jedem Leser, das Glaubensbeispiel Abrahams im eigenen Leben zu erfahren. *«Und er glaubte dem HERRN; und er rechnete es ihm als Gerechtigkeit zu»* (15,6).

Abram – Abraham, Sarai – Sarah

In 1. Mose 17, Verse 5 und 15 gibt Gott Abram und Sarai neue Namen. Sie heissen von nun an Abraham und Sarah. Warum gab Gott ihnen neue Namen und was symbolisiert diese Namensänderung? Gott hatte einen Bund mit Abram geschlossen und ihm eine grosse Nachkommenschaft verheissen. In den ersten Versen von Kap. 17 erneuert Gott dies gegenüber Abram. *«Siehe, Ich bin's und habe meinen Bund mit dir, und du sollst ein Vater vieler Völker werden»* (Vers 4).

Der Name Abram (hebräisch: *Avram)* bedeutet «Erhabener Vater», wohingegen Abraham (hebräisch: *Avraham)* «Vater von Vielen» oder «Vater der Fülle der Völker» bedeutet und damit die Bestimmung Abrahams wiedergibt. Darüber hinaus ist der neue Name ein Bekenntnis Gottes zu Seinem Bund mit Abraham. Der Name Gottes besteht aus den vier hebräischen Buchstaben *Jud, Hey, Wav, Hey* = JHWH (2. Mose 3,15). Durch die Hinzufügung eines Buchstabens aus dem Namen Gottes, des Buchstabens *Hey,* wird der neue Lebensabschnitt Abrahams, wird der Bund, den der HERR, den JHWH, mit ihm schloss, zum Ausdruck gebracht.

Das Gleiche gilt später für Sarai (Vers 15). *«... und ich werde sie segnen, und sie wird zu Nationen werden; Könige von Völkern sollen von ihr kommen»* (16b). Sarai bedeutet «Meine Fürstin» und Sarah «Fürstin», womit sie ohne Einschränkung zu einer Fürstin über alle wird (Raschi) und damit auch bei ihr die Bestimmung ihres Lebens wiedergegeben wird.

In ihrem Namen wurde ebenfalls der Buchstabe *Hey* hinzugefügt. Aus Sarai wurde Sarah, auch dies ein Hinweis auf den neuen Lebensabschnitt und die Verheissung Gottes.

Va'Jera – «*Und Er erschien*»

1. Mose 18,1–22,24

Haftarah-Abschnitt: 2. Könige 4,1–37

Nachdem Gott sich gegenüber Abraham offenbart und einen Bund mit ihm geschlossen hatte, fährt dieser Wochenabschnitt in Kapitel 18 mit der Verheissung fort, dass Sarah einen Sohn haben wird. Das darauf folgende Kapitel berichtet über die Zerstörung von Sodom und Gomorra durch Gottes Gericht und über Lots Schritte zum Abfall.

In Kapitel 20 lesen wir über Abrahams Fehltritt zu Gerar und Kapitel 21 berichtet über die Geburt Isaaks. Im letzten Kapitel dieses *Torah*-Abschnittes prüft Gott Abraham, indem Er ihm gebietet, seinen Sohn Isaak zu opfern. Der Beginn wie auch das Ende dieses Bibeltextes offenbart zwei Aspekte, wie Gott oftmals an und mit Menschen handelt, die Ihm nachfolgen.

1) Zunächst einmal sehen wir, dass für IHN nichts unmöglich ist. Nach dem Bundesschluss gab Gott Abraham die Verheissung eines Sohnes, durch den der Bund seine Fortsetzung finden soll, und dass dieser Bund mit Isaak ein ewiger Bund sein soll (17,19). Es scheint jedoch, dass Abraham diese Prophezeiung nicht sehr ernst nahm. *«Da fiel Abraham auf sein Angesicht und lachte und sprach in seinem Herzen: Sollte einem Hundertjährigen ein Kind geboren werden, und sollte Sarah, eine Neunzigjährige, etwa gebären?»* (17,17).

Möglicherweise erschien Abraham diese Verheissung so unmöglich, dass er seiner Frau nicht einmal davon berichtete. Der HERR erschien daraufhin Abraham erneut, diesmal durch die drei Besucher in Kapitel 18,1–22. Sie wiederholten die Verheissung. Darauf fing Sarah an zu lachen, denn für sie war klar, dass sie das gebärfähige Alter längst überschritten hatte. Doch Gott sagte zu

Abraham: *«Sollte dem HERRN etwas unmöglich sein?»* Der hebräische Text ist eher zu übersetzen mit: «Sollte dem HERRN eine Sache zu wunderbar sein?»

Was nach menschlichem Ermessen unvorstellbar erscheint, ist für Gott noch immer möglich! Vermutlich hatte Sarah ihr ganzes Leben unter ihrer Kinderlosigkeit gelitten. Mit fortschreitendem Alter hatte sie die letzten Hoffnungen aufgegeben. Kinderlosigkeit galt damals als Schande. Doch nichts ist zu schwierig oder gar unmöglich für den HERRN.

Daraus lässt sich jedoch nicht folgern, man müsse nur glauben und dann würden sich alle Wünsche erfüllen – das sagt der Text nicht. Es mag durchaus im Willen Gottes für Ihr Leben liegen, dass sich Ihre Hoffnungen und Wünsche nicht erfüllen. Was Gott jedoch durch Sein Wort verheissen hat, das wird Er auch erfüllen. Sarah gebar im hohen Alter nicht noch ein Kind, weil sie so fest daran geglaubt oder es sich erhofft hätte, sondern weil Gott es ihr und Abraham verheissen hatte und sie beide dem *Wort Gottes* glaubten. Hier zeigt sich der Unterschied zwischen Glaube und Unglaube.

Zunächst hatte Sarah aber grosse Zweifel. Sie lachte und glaubte den drei Besuchern nicht, die ihr einen Sohn prophezeiten. *«Doch Sarah leugnete und sagte: Ich habe nicht gelacht! Denn sie fürchtete sich ...»* (18,15). Sie fürchtete sich aufgrund ihres Unglaubens.

Wenn Ihnen etwas grosse Not bereitet im Leben, wenn Sie zweifeln, ob Gottes Wort wirklich wahr ist, dann ist es der Unglaube, der die Furcht in Ihnen hervorruft. Nehmen Sie Abraham zum Vorbild. Er anerkannte, dass es der HERR war, der ihn durch die drei Fremden aufsuchte. Was tat Abraham? Er diente den drei Männern und hatte Gemeinschaft mit ihnen. Abraham wandelte mit Gott und hatte Gemeinschaft mit ihm, wie es auch von Noah berichtet wird. Daraufhin offenbarte Gott auch Seine Pläne in Bezug auf Sodom und Gomorra ihm gegenüber (18,17).

Je mehr wir Gemeinschaft mit Gott haben, unser Leben Ihm unterstellen und Seinem Wort gehorsam sind, desto mehr erkennen wir Seinen Willen. Anstelle von überkommender Furcht wurde Abraham im Glauben gestärkt, wurde er ein Mann Gottes und ein

Fürbitter. Gott hörte und erhörte Abrahams Gebet hinsichtlich der Menschen in Sodom (18,23–33).

2) Den zweiten Aspekt der Natur Gottes finden wir in Kapitel 22, der Prüfung Abrahams durch die Opferung Isaaks. *«Und es geschah nach diesen Dingen, da prüfte Gott den Abraham. Und er sprach zu ihm: Abraham! Und er sagte: Hier bin ich! Und er sprach: Nimm deinen Sohn, deinen einzigen, den du liebhast, den Isaak, und ziehe hin in das Land Morijah, und opfere ihn dort als Brandopfer auf einem der Berge, den ich dir nennen werde!»* (22,1–2).

Nachdem Abraham sein Land und seine Familie verlassen hatte und sich von seinem Neffen Lot trennen musste (13,5–9) verlangte Gott nun das grösste Opfer von ihm. Die Opferung Isaaks berührt mich jedesmal aufs Neue. Wir müssen es uns bildlich vorstellen. Dem greisen Abraham, entgegen aller menschlichen Natur, schenkte Sarah einen Sohn, so wie Gott es verheissen hatte. Alle ihm von Gott gegebenen Verheissungen sollten sich durch die Linie Isaaks fortsetzen. Die Geburt dieses Sohnes hatte den Glauben von Abraham und Sarah gestärkt. Isaak hatte ein sehr enges und vertrauensvolles Verhältnis zu seinem Vater. Und nun befiehlt ihm Gott, seinen geliebten Sohn zu opfern. *Wie kann Gott so etwas verlangen?* «Das kann ich nicht tun, das ist untragbar, das übersteigt meinen Verstand und meine Kraft.» Wäre das nicht die natürliche Reaktion? Doch anders Abraham. Er war gehorsam und befolgte die Anweisung Gottes. Wie kann jemand nur solchen Glauben haben? Wir kennen den Ausgang der Geschichte: Gott rettete das Leben des geliebten Sohnes, indem er einen Widder zum Opfer sandte, an Stelle Isaaks. Es heisst, dass Gott Abraham prüfte. In Jakobus 1,13–14 heisst es aber, dass Gott niemanden zum Bösen versucht. Welche Art Prüfung wurde Abraham nun auferlegt? Der HERR prüfte Abrahams Aufrichtigkeit, seine Treue und seinen Glauben. Und Abraham bestand den Test.

In Jesaja 41,8 nennt Gott Abraham «meinen Freund». Lasst uns diesen grossen Mann des Glaubens, der in manchen Situationen auch versagte, als ein Beispiel und Vorbild nehmen für alle unsere

Zweifel und Schwachheiten, denen wir im Glaubensleben ausgesetzt sind. Sein Leben mit allem Segen, den er empfing, und die erhaltenen Verheissungen, die sich erfüllten, sind eine Ermutigung für jeden Gläubigen, der sein ganzes Vertrauen auf den HERRN setzt und weiss, dass denen, die Gott lieben, alle Dinge zum Besten dienen (Röm. 8,28).

«Durch Glauben hat Abraham, als er geprüft wurde, den Isaak dargebracht, und er, der die Verheissungen empfangen hatte, brachte den einzigen Sohn dar, über den gesagt worden war: 'In Isaak soll deine Nachkommenschaft genannt werden', indem er dachte, dass Gott auch aus den Toten erwecken könne, von woher er ihn auch im Gleichnis empfing» (Hebräer 11,17–19).

Morijah

«Und Er sprach: Nimm deinen Sohn, deinen einzigen, den du liebhast, den Isaak, und ziehe hin in das Land Morijah, und opfere ihn dort als Brandopfer auf einem der Berge, den ich dir nennen werde» (1. Mose 22,2).

Wo befand sich dieser Berg und warum sollte Abraham seinen Sohn ausgerechnet dort opfern? Der Name Morijah taucht nur noch ein Mal in der Heiligen Schrift auf. In 2. Chronik 3,1 wird der Berg Morijah als der Ort genannt, wo Salomo den Tempel baute. Aufgrund dieser Bibelstelle identifiziert die jüdische Tradition den Ort, wo Abraham Isaak opfern sollte, mit dem Ort, an dem später der Tempel stand.

Der jüdische Geschichtsschreiber Flavius Josephus stellte diese Verbindung bereits in seinem Ende des ersten Jahrhunderts geschriebenen Werk «Jüdische Altertümer» her (1. Buch, Kap. 13, Nr. 2).

Im Tempel war Gott gegenwärtig, hierher kamen die Menschen, um Ihn anzubeten, hier erwirkte der Hohepriester die Sündenvergebung für das Volk. Der Tempel befand sich in Jerusalem, dem Ort, den Gott sich auf dieser Erde erwählt hat, wo Er Seinen Namen niederlegte (5. Mose 12,5 u.11; 1. Kön. 8,29;

2. Chr. 7,12; Ps. 78,68). Die Stadt, die Gott liebt (Psalm 87). An diesem Ort, in Jerusalem, erwirkte Gott die ewige Versöhnung, indem er Seinen Sohn, Jesus den Messias, stellvertretend für Sie und mich opferte. Die Opferung Isaaks ist bereits ein Vorschatten darauf. Dabei sind uns die Beteiligten Vorbilder auf die endgültige Erlösung. Isaak ist ein Bild Christi, der «gehorsam bis zum Tod» war, Abraham ein Bild des Vaters, der «seinen eigenen Sohn nicht verschonte, sondern ihn für uns alle dahingab», und der Widder ein Bild des von Gott bereiteten stellvertretenden Opfers an unserer Statt. In Jesaja 2,3b heisst es: *«Denn von Zion wird Weisung (hebräisch: Torah) ausgehen und das Wort des HERRN von Jerusalem.»* Zwischen den hebräischen Worten *Morijah* und *Torah* besteht ein Zusammenhang. Morijah weist bereits darauf hin, dass eines Tages die Lehre, die Weisung, die *Torah* Gottes, von diesem Ort ausgehen wird.

Chayei Sarah – *«Sarah lebte»*

1. Mose 23,1–25,18

Haftarah-Abschnitt: 1. Könige 1,1–31

Kapitel 23

Dieser Wochenabschnitt nimmt einen sehr traurigen Anfang – ein Mann beklagt seine verstorbene Frau. Abraham weinte über den Tod Sarahs und musste eine Begräbnisstätte für seine Liebste finden. Er kaufte ein Stück Land mit einer Höhle von Efron dem Hethiter, das sich im Zentrum der heutigen Stadt Hebron befindet. Dieser Landerwerb weist auf eine wichtige Tatsache hin, die einen wesentlichen Beitrag zum Verständnis des heutigen israelisch-arabischen Konfliktes leistet. Die drei bedeutendsten Orte im Land Israel, die vom Islam beansprucht werden, wurden einst durch die Vorfahren des jüdischen Volkes gekauft:

- Die Höhle Machpela in Hebron von Abraham
- Ein Feld in Sichem, dem heutigen Nablus, durch Jakob (1. Mose 33,18–19)
- Der Platz in Jerusalem, wo später der Tempel stand, durch David (2. Sam. 24,18–25)

Ähnliches ereignete sich, als die Juden Ende des 19. und zu Beginn des 20. Jahrhunderts wieder in das Land der Väter zurückkehrten. Finanziert vor allem durch Gelder des Baron Rothschild kaufte der Jüdische Nationalfond Teile des Landes Israel. Die Juden kamen nicht in das Land zurück, um es der dort lebenden arabischen Bevölkerung wegzunehmen. Das grösstenteils öde und ungenutzte Land kauften sie zu überhöhten Preisen von meist im Ausland lebenden, ottomanischen Grossgrundbesitzern.

Kapitel 24

Auf die traurige Einleitung folgt in diesem *Torah*-Abschnitt ein freudiges Ereignis, die Hochzeit von Isaak und Rebekka (hebr. *Rivka)*. Dies ist ein weiterer Ausdruck der Treue Gottes, in die Abraham sein Vertrauen setzte. Man stelle sich vor, eine Braut von einem 1500 km entfernten Ort zu holen, ohne sie jemals zuvor zu Gesicht bekommen zu haben. Das war so bei Abraham und Isaak. Und Gott bestätigte diesen Glauben in wunderbarer Weise.

Ich möchte unsere Aufmerksamkeit auf zwei Ereignisse in diesem Kapitel richten. Es war ausserordentlich wichtig für Abraham, dass sein Sohn keine Frau von den in der Nachbarschaft lebenden, aber Götzendienst betreibenden Kanaanitern bekam, sondern aus seinem eigenen Geschlecht. Abraham war gehorsam gegenüber dem Wort Gottes. Auch in dieser Frage vertraute er dem HERRN: Er wird Isaak schon die Richtige zeigen. Abraham und seine Familie lebten getrennt von ihrer heidnischen Umgebung und hatten keine Gemeinschaft mit denen, die anderen Göttern dienten.

Manche Probleme von bekennenden Christen rühren daher, dass sie nicht in dieser Absonderung leben. Wir leben zwar in der Welt und sind auch Teil dieser Welt, doch wir sollen nicht am fremden Joch mit den Ungläubigen ziehen, schreibt Paulus in seinem zweiten Brief an die Korinther (6,14–18). Selbst die gute Absicht, Ungläubige für den HERRN zu gewinnen, kann uns nicht vor dem Fall schützen, wenn wir keine klare Trennung ziehen zwischen den Zielen und Massstäben der Welt sowie unserem Glauben. Die Heirat eines ungläubigen Partners führt in den wenigsten Fällen dazu, dass dieser sich bekehrt. Die Erfahrung lehrt vielmehr das Gegenteil: Der Gläubige gerät in Krisen oder verliert sein Zeugnis und seine Kraft als Kind Gottes, weil die gemeinsame Basis fehlt.

Gott segnete Abraham für seinen Gehorsam durch die Nachkommen. In Vers 63 lesen wir, dass Isaak auf dem Feld war, um nachzusinnen. Er betete und war auf Gott konzentriert. Obwohl er in einer gottfernen Umgebung lebte, war sein Herz auf den HERRN ausgerichtet. Der Gott seines Vaters Abraham schenkte ihm das, wonach sich sein Herz sehnte – eine Frau.

Ein zweiter Aspekt in diesem Kapitel ist die *Treue des Knechtes Abrahams*. Er war seinem Herrn gehorsam, ging dorthin, wo er hingesandt wurde, und tat das, was von ihm verlangt wurde. Noch bevor er seiner eigentlichen Aufgabe, der Auswahl einer Braut, nachkam, nahm er sich Zeit zum Gebet (Vers 12). Er bat Gott um Gelingen, und dass Er nicht ihm, sondern Abraham, seinem Herrn, gnädig sein möge. Damit ehrte er den, der ihn gesandt hatte. Der treue Knecht ehrte und pries Gott (Vers 27). Er ist daher ein Vorbild für alle Diener Christi.

Kapitel 25,1–18

Die Freude verwandelte sich erneut in Trauer, als Isaak und Ismael ihren verstorbenen Vater Abraham begraben mussten. Die Aufzählung von Abrahams Nachkommen in diesen Versen ist ein weiterer Beleg für die Wahrheit des Wortes Gottes.

ER verhiess dem Abraham, dass er Stammvater vieler Völker werden würde (1. Mose 17,4; 6; 16). Gott versprach ihm ebenfalls, dass sein Sohn Ismael zu einer grossen Nation werden wird (17,20). Die Erfüllung dieser Zusage sehen wir in diesem Textabschnitt. Abraham hinterliess all seinen Besitz Isaak (Vers 5) und Gott segnete Isaak (Vers 11). Die Linie der Verheissungen Gottes an Abraham fand ihre Fortsetzung in Isaak und nicht in Ismael. Im folgenden Kapitel wird dies noch deutlicher, wenn Gott direkt zu Isaak spricht.

Das Ende dieses *Torah*-Abschnittes stellt die Verbindung her zur heutigen Situation im Mittleren Osten. Die Nachkommen Ismaels lebten in Feindschaft untereinander (Vers 18). Ihre eigene Uneinigkeit gilt als der grösste Feind der arabischen Sache. Sie forderte in diesem Jahrhundert mehr Opfer als der israelisch-arabische Konflikt. Die Feindschaft der Nachkommen Abrahams begann vor fast 3000 Jahren und reicht bis in unsere Zeit. Diese biblische Wahrheit, welche durch die Geschichte hindurch vielfach bestätigt wurde, wird durch keinen Friedensprozess überwunden, möge er nun *Camp David* oder *Oslo* heissen. Sie wird nur überwunden werden durch den Friedensfürsten selbst (Jesaja 9,6), der in die Stadt des Friedens (Jerusalem) auf einem Esel kam (Joh. 12,14) und der in diese Stadt zurückkehren wird als der Löwe aus dem Stamme Juda, die Wurzel Davids (Off. 5,5). Es ist der Herr Jesus Christus, der wahre Friedensfürst.

Machpela

«Und danach begrub Abraham seine Frau Sarah in der Höhle des Feldes von Machpela, gegenüber von Mamre, das ist Hebron, im Land Kanaan» (1. Mose 23,19).

Abraham hatte das Feld von dem Hethiter Efron als Begräbnisstätte für seine verstorbene Frau gekauft (Kap. 23). In der Höhle auf dem Feld, die Machpela Höhle (Vers 9), bestattete er Sarah. Machpela bedeutet «zweifach» und bezieht sich nach jüdischer Tradition entweder auf eine Doppelhöhle oder auf die Paare, die dort begraben sind, da die Höhle in der Folge die Begräbnisstätte von nahezu der gesamten Patriarchenfamilie wurde. Nach Sarah wurden sowohl Abraham (1. Mose 25,9), als auch Isaak und Rebekka sowie Leah und Jakob (1. Mose 49,31; 50,13) dort begraben. Aus diesem Grunde gilt die Stadt Hebron, in deren Zentrum Machpela sich heute befindet, als die zweitheiligste Stätte des Judentums.

Herodes der Grosse errichtete um den Bezirk, in dem die Höhle sich befindet, eine mächtige Mauer, die eine Fläche von 54 m x 29 m umschliesst, und die heute noch gut erhalten ist. Die Byzantiner errichteten eine Kirche über der Höhle, die in islamischer Zeit in eine Moschee umgewandelt wurde. Aus dieser Zeit stammen auch die heute zu sehenden *Kenotaphe* (griechisch: Grabmal für einen andernorts bestatteten Toten) der Patriarchenfamilie. Gemäss der Tradition soll die eigentliche Grabstätte in der unter dem Gebäude befindlichen Höhle sein. Im Jahre 1215 drangen Kreuzfahrer in die Höhle ein und öffneten die Gräber. Angeblich waren die sterblichen Überreste der Patriarchenfamilie noch gut erhalten. Die Höhle wurde daraufhin verschlossen und seither nicht mehr betreten.

Innerhalb des herodianischen Komplexes befinden sich heute eine Synagoge und eine Moschee, da die Stätte sowohl von Juden als auch von Moslems verehrt wird.

Toledot – *«Geschlechterfolge»*

1. Mose 25,19–28,9

Haftarah-Abschnitt: Maleachi 1–2,7

Kapitel 25,19–34

Jeder, der das Wort Gottes nicht ernst nimmt und behauptet, die Bibel sei frauenfeindlich, sollte sich spätestens hier vom Gegenteil überzeugen lassen. In einer Gesellschaft, in der es für die Stellung der Frau ausserordentlich wichtig war, Kinder zu haben, heisst es, Rebekka sei unfruchtbar gewesen. Obschon Isaak mit ihr seit zwanzig Jahren verheiratet war und sie keine Kinder hatten, liebte er seine Frau und er liess sich nicht von ihr scheiden, was durchaus legitim und üblich gewesen wäre.

Nein, Isaak betete für Rebekka, was einerseits seine tiefe Liebe zu ihr zum Ausdruck bringt, andererseits aber auch seine Anerkennung darüber, dass Kinder eine Gabe Gottes sind. Der HERR beantwortete dieses Vertrauen Isaaks und seine Treue gegenüber Rebekka und schenkte beiden Kinder – zwei Söhne – Esau und Jakob. Am Ende dieses Kapitels lesen wir, wie Esau sein Erstgeburtsrecht an seinen Bruder Jakob um eines Linsengerichtes willen verkauft.

Das Erstgeburtsrecht war ein geistliches Gut, aber Esau meinte: *«Siehe, ich gehe ja doch dem Sterben entgegen. Was soll mir da das Erstgeburtsrecht?»* (Vers 32). Er war ein Mann der Welt, der nur die irdischen Dinge im Blick hatte. Israel als Volk handelte später ähnlich; es verschmähte die Verheissung «des köstlichen Landes», denn «sie glaubten nicht seinem Wort» (Psalm 106,24).

Wie ist unsere Einstellung? Sehnen wir uns nach weltlichem Vergnügen, nach irdischem Glück, wollen wir unser Leben geniessen, weil wir – um es mit Esau zu sagen – ohnehin sterben müssen? Unser Leben verdorrt wie Gras, die Vergnügungen der Welt sind nichtig, sagt Gottes Wort (Prediger 2,1–11).

Die entscheidende Frage ist, ob wir am Tage des Gerichts vor Gott bestehen können. Durch den Glauben an Jesus Christus, der für unser Versagen, für unsere Schuld starb, erlangen wir die Gerechtigkeit, die vor Gott gilt, und das ewige Leben (Römer 3, 21–22). Verachten wir das geistliche Geburtsrecht eines neuen Lebens in Jesus Christus nicht, indem wir die vergänglichen Angebote der Welt für wichtiger halten. Esau war gottlos (Hebräer 12,16), deshalb hasste Gott ihn (Maleachi 1,3).

Kapitel 26

Gottes Verheissung an Abraham (1. Mose 15,18) wird bei Isaak erneuert. Durch ihn und seine Nachkommenschaft setzt sich die Verheissung über den Segen und über das Land fort. Sein Bruder Ismael und dessen Nachkommen empfingen andere Verheissungen (1. Mose 16,10–12).

Aufgrund einer Hungersnot zog Isaak auf Gottes Wort hin in das Land der Philister, wo er einen ähnlichen Fehltritt beging wie einst sein Vater Abraham: Er verleugnete seine Frau. Gottes Treue zeigt sich jedoch gerade dann, wenn unsere Schwächen, unser Versagen, offenbar werden. Trotz seines Versagens war Isaak Gottes Wort gegenüber gehorsam. Er zog nicht nach Ägypten, wie ursprünglich beabsichtigt, sondern ging in das Land der Philister. Gott segnete dieses Vertrauen. *«Und Isaak säte in diesem Land und gewann in jenem Jahr das Hundertfache; so segnete ihn der HERR. Und der Mann wurde reich und wurde immer reicher, bis er sehr reich war. Und er hatte Schafherden und Rinderherden und viel Gesinde. Da beneideten ihn die Philister»* (1. Mose 26,12–14).

Aufgrund dieses Segens, den Isaak empfing, wurden ihm die Philister feindlich gesinnt. Sie verstopften alle Brunnen, die sein Vater hatte graben lassen. Feindschaft gegenüber dem jüdischen Volk aufgrund des Segens, den es von Gott empfängt, ist auch heute sichtbar.

Seit der Rückkehr in das Land Israel, Ende des 19., Anfang des 20. Jahrhunderts, sah und sieht das jüdische Volk sich fortwährender Feindschaft mit den arabischen Bewohnern des Landes sowie den arabischen Nachbarstaaten ausgesetzt. Bis zum Jahre 1967, während der Gazastreifen sich unter ägyptischer Kontrolle befand, ging eine Vielzahl von Terroranschlägen aus diesem Gebiet gegen Israel aus, demselben Gebiet, aus dem Isaak Feindschaft entgegengeschlagen war. Wasser ist nicht nur eine Streitfrage im heutigen Nahen Osten, sondern war es bereits zu biblischer Zeit. *«Da stritten sich die Hirten von Gerar mit den Hirten Isaaks und sagten: Uns gehört das Wasser!»* (1. Mose 26,20).

Isaak zog fort und grub neue Brunnen nahe Beerscheva. Die Tatsache, dass er das Gebiet der Philister verliess, bedeutete nicht, dass den Philistern das Land gehörte. *«... denn dir und deinen Nachkommen werde ich alle diese Länder geben ...»* (1. Mose 26,3). Trotz dieser Besitzverheissung war es nicht die Sache Isaaks, nach seinem Belieben dieses Gebiet einzunehmen. Dies lag allein in Gottes Hand. In all diesen Fragen war Isaak gehorsam und folgte den Weisungen Gottes. Das Ergebnis war: *«Und der HERR erschien ihm in jener Nacht und sprach: Ich bin der Gott deines Vaters Abraham. Fürchte dich nicht! Denn ich bin mit dir und ich werde dich segnen und deine Nachkommen vermehren um meines Knechtes Abraham willen»* (1. Mose 26,24).

Was tat Isaak, nachdem er die erneute Bestätigung der Verheissung erhalten hatte? Er sagte sich nicht: «Toll, das kann ich jetzt geniessen.» Nein, er suchte Gott: *«... er baute dort einen Altar und rief den Namen des HERRN an ...»* (1. Mose 26,25). Isaak pries Gott und diente ihm noch hingebungsvoller! Die Grundlage seines Verhaltens war der Glaube. Nicht der Glaube in seine eigenen Erfahrungen oder Lehren, sondern der Glaube an Gottes Wort. *«Es ist aber der Glaube eine gewisse Zuversicht des, das man hofft, und ein Nichtzweifeln an dem, das man nicht sieht»* (Hebräer 11,1).

Kapitel 27

Rebekka und Jakob täuschen und belügen Isaak, um seinen Segen für Jakob zu erlangen. Es erscheint auf den ersten Blick schwer verständlich, warum eine gottesfürchtige Frau wie Rebekka ihren Ehemann täuscht und warum Jakob von Gott erwählt wurde und den Segen empfing, obwohl er seinen Vater anlog.

Gott hatte Jakob eben bereits erwählt, noch bevor er und sein Bruder geboren wurden. Diese Wahl liegt im erhabenen Ratschluss Gottes begründet; es ist Seine freie Gnadenwahl. Rebekka wusste um diesen Ratschluss Gottes. *«Der HERR aber sprach zu ihr: Zwei Nationen sind in deinem Leib, und zwei Volksstämme scheiden sich aus deinem Innern; und ein Volksstamm wird stärker sein als der andere, und der Ältere wird dem Jüngeren dienen»* (1. Mose 25,23).

Isaak aber hatte eine Vorliebe für Esau und schien vor seinem bevorstehenden Tod den väterlichen Segen auf Esau legen zu wollen. Das liess Rebekka handeln. Als Isaak bemerkte, dass er getäuscht worden war, haderte er nicht mit dem Schicksal, er erkannte darin den Willen Gottes. Er akzeptierte diesen und sagte: *«... Er wird auch gesegnet bleiben»* (Vers 33 b).

Jakob wollte seinen Vater zunächst nicht betrügen, aber er gehorchte der Weisung seiner Mutter (Verse 11–13). Dennoch musste Jakob der Täuscher im weiteren Verlauf seines Lebens ähnliche Erfahrungen machen wie sein Vater Isaak. Jakob wurde später sowohl von seinem Onkel Laban, als auch von seinen eigenen Söhnen betrogen und belogen. Doch auch dies lag im – für uns Menschen oft unverständlichen – Ratschluss Gottes.

Paulus greift das Thema der freien und souveränen Gnadenwahl Gottes im Römerbrief auf. *«Denn dieses Wort ist ein Wort der Verheissung: ... auch bei Rebekka, als sie von unserem Vater Isaak schwanger war. Denn als die Kinder noch nicht geboren waren und weder Gutes noch Böses getan hatten – damit der nach freier Auswahl gefasste Vorsatz Gottes bestehen bliebe, nicht aufgrund von Werken, sondern aufgrund des Berufenden – wurde zu ihr gesagt: 'Der Ältere wird dem Jüngeren dienen'»*, Kap. 9,9–12. Paulus bringt dies in Zusammenhang mit dem Thema der geistlichen

Nachkommenschaft. Die Abstammung «dem Fleische nach» ist keine Garantie für die Errettung und den Segen Gottes, sondern allein die Erwählung durch Gottes Gnade in Seinem Sohn.

Esau / Edom

Esau empfing von seinem Vater nicht den Segen, aber dennoch eine Verheissung: *«Siehe, fern vom Fett der Erde wird dein Wohnsitz sein und fern vom Tau des Himmels oben. Von deinem Schwert wirst du leben»* (1. Mose 27,39–40a). Genau das ist eingetroffen. Esaus Nachkommen waren die Edomiter: *«Und dies ist die Geschlechterfolge Esaus, das ist Edom»* (1. Mose 36,1). Ihr Siedlungsgebiet war der südliche Teil des heutigen Jordanien, das Bergland östlich der Arava, der Senke zwischen dem Toten Meer und dem Roten Meer. Möglicherweise gehörten auch Teile der Arava oder gar des Negev dazu.

«So liess sich Esau auf dem Gebirge Seir nieder. Esau, das ist Edom» (1. Mose 36,8). Das Gebiet wird auch Seir, Land Seir (1. Mose 36,30) oder Gebirge Seir (5. Mose 1,2) genannt. Der Name leitet sich offensichtlich vom Horiter (oder Hurriter) Seir ab, dessen Nachkommen das Land vorher bewohnt hatten (1. Mose 36,20).

Jeder Besucher des Gebietes kann sich ein Bild von den kargen und schroffen Felsen machen, denen es an Fruchtbarkeit mangelt, genau so, wie es einst Isaak seinem Sohn Esau prophezeit hatte. Edom bedeutet «rot», abgeleitet aus «von dem Roten» (das Essen, für das er sein Erstgeburtsrecht verkaufte), worauf man ihm den Namen Edom gab (1. Mose 25,30). Hinzu kommt, dass er rötliche Haut hatte (1. Mose 25,25).

In Kap. 28,9 erfahren wir einen der Gründe, warum Esau sein geistliches Erbe verachtete: Er heiratete eine weitere kanaanitische Frau. Er missachtete den Wunsch seiner Eltern, keine Kanaaniterin zur Frau zu nehmen.

Esau selbst stand durch diese Eheschliessungen mit einem

Bein in der Welt, er war nicht mehr länger unter dem Volk Gottes. Er sagte sich von den Geboten Gottes los und verlor zum Schluss alles. Als Esau merkte, dass Jakob ihm den Segen genommen hatte, war er ausser sich vor Zorn. Fortan war er Feind seines Bruders. Er versuchte, Jakob zu töten (1. Mose 27,41–42). Dieser Geist der Rache, des Zornes, des Neides und des Hasses begleitete Esau und wird in seiner gesamten Nachkommenschaft sichtbar, auch wenn er selbst sich später mit seinem Bruder versöhnte. «Übermut des Herzens» (Jer. 49,16; Obadja 1,3), Hochmut, Arroganz, Gewalttat, Ausschweifung, Rachsucht (Hes. 25,12) wirft Gott Edom u. a. vor und kündigt Edom schreckliches Gericht an (siehe Jer. 49,7–22; Hes. 25,12–14; Obadja).

Auf dem Weg in das gelobte Land wollte Mose mit dem Volk Israel durch edomitisches Gebiet ziehen. Der König von Edom verweigerte ihnen jedoch den Durchzug, obwohl die Israeliten mit seinem Volk verwandt waren und sie versicherten, keine Ressourcen des Landes zu verbrauchen und nur auf dem zentralen Handelsweg durchzuziehen. Der König von Edom erlaubte es ihnen nicht und drohte bei einem Nichtbefolgen mit militärischen Konsequenzen (4. Mose 20,14–21).

Den Israeliten blieb nichts anderes übrig, als das Gebiet der Edomiter östlich durch die heutige jordanische Wüste zu umgehen. Zu den aggressivsten und hartnäckigsten Feinden des jüdischen Volkes zählten die Amalekiter. Sie waren die ersten, die das Volk Israel nach dem Auszug aus Ägypten angriffen (1. Mose 17,8–16). Amalek war ein Nachkomme von Esaus Sohn Elifas (1. Mose 36,4; 9–12) und einer der Fürsten von Edom. Sein Name bezeichnet auch die Nachkommen seines Stammes. Gott gebot den Israeliten, den Namen Amaleks für alle Zeiten auszulöschen (5. Mose 25,17–19).

In der Linie Esau-Amalek begegnet uns in der Schrift ein weiterer Judenhasser, und zwar Haman. Er war der oberste Fürst am Königshof des persischen Weltreiches und wollte alle

Juden im Reich töten lassen. Das Buch Esther berichtet, wie die Königin durch ihr mutiges Eingreifen das Volk rettete. Haman war der Sohn eines Agagiters (Est. 3,1) und Agag war ein König der Amalekiter (1. Sam. 15,8).

Die Feindschaft setzte sich vor allem während der Königszeit fort. Wiederholt kam es zwischen Israel und den Edomitern zu schweren militärischen Auseinandersetzungen. Andauernder Hass bestimmte das Verhältnis zum jüdischen Volk. Sie hatten es nicht überwunden, dass die Nachkommen Jakobs und nicht sie erwählt worden waren und – sie wollten das Land Israel. *«Weil du eine beständige Feindschaft hegtest und die Söhne Israel der Gewalt des Schwertes preisgabst ...Weil du sagst: Die beiden Nationen und die beiden Länder gehören mir, und ich nehme sie in Besitz ...»* (Hes. 35,5 und 10). Sie wollten mit ihrer Macht und mit dem Schwert (*«Von deinem Schwert wirst du leben ...»,* sagte Isaak über Esau in 1. Mose 27,40) beides, das Erstgeburtsrecht (die Erwählung) und das Land. Dieser Geist der Feindschaft, der Ablehnung und des Hasses, dieser Geist Esaus, prägt den Nahostkonflikt bis heute.

In der Linie Esaus taucht ein weiterer Feind Gottes auf: Herodes der Grosse. Er war idumäischer Abstammung. Die Nabatäer verdrängten in der ersten Hälfte des 2. Jh. v. Chr. die Edomiter aus ihrem angestammten Siedlungsgebiet. Letztere siedelten sich daraufhin im südlichen Judäa an und das Gebiet erhielt den Namen Idumäa. Herodes war demnach ein edomitischer König. Er war es dann auch, der den Kindermord von Bethlehem veranlasste und damit den Messias, den König des Himmels und der Erde, zu töten versuchte.

Va'Jetze – *«Und er zog aus»*

1. Mose 28,10–32,3

Haftarah-Abschnitt: Hosea 12,13–14,10

1. Mose 28,10–22

Dieser Bibelabschnitt beinhaltet besondere geistliche Schätze. Jakob floh vor dem Zorn seines Bruders Esau. Jakob war gehorsam gegenüber der Anweisung seiner Eltern, eine Frau für ihn unter den Verwandten in Haran zu suchen. Gott offenbarte sich Jakob nicht vor seiner Reise, sondern nachdem er losgegangen war. Während er auf dem Weg war, zeigte sich ihm der Gott seiner Väter in einer aussergewöhnlichen Weise. Der HERR erneuerte die Verheissung, die Er einst Abraham und Isaak gab, nun auch gegenüber Jakob. Erneut ist die Landverheissung ein wesentlicher Bestandteil des Bundes (Vers 13), so wie einst in den Bundesschlüssen mit Abraham (1. Mose 13,14–17; 15,18–20) und Isaak (1. Mose 26,2–4).

In seiner Ehrfurcht einflössenden Begegnung mit Gott fürchtete sich Jakob, denn der lebendige und ewige Gott offenbarte sich ihm. Nachdem er diese wunderbare Verheissung empfangen hatte, ehrte Jakob den HERRN, bevor er seine Reise fortsetzte. Hören auf Gottes Wort, die rechte Gottesfurcht und Dankbarkeit waren die drei Dinge, die Jakobs Leben eine neue Richtung gaben.

1. Mose 29

Es ist in unseren Tagen nur schwer vorstellbar, dass ein Mann sieben Jahre arbeitet, um die Frau, die er liebt, heiraten zu können. Jakob hatte eine solch grosse und tiefe Liebe für Rahel (hebr. *Rachel),* dass ihm die sieben Jahre lediglich wie Tage vorkamen. Es war eine vollkommene Liebe, der nur eines fehlte: Jakob hatte nicht um die Führung und den Segen Gottes gebeten. Selbst wenn wir gute Absichten haben, gar etwas Ehrenhaftes tun, wenn es nicht im Willen Gottes geschieht, ist es zum Scheitern verurteilt. Dieses Mal wurde Jakob der Täuscher selber betrogen. Sein Onkel Laban gab ihm seine älteste Tochter Leah anstelle der geliebten Rahel zur Frau. Jakob heiratete eine Woche später auch Rahel, doch musste er dafür Laban weitere sieben Jahre ohne Lohn zu Diensten sein.

In der Folge vernachlässigte Jakob Leah, die Ungeliebte und Unschöne. Doch Gott neigte sich Leah zu. Er hatte Erbarmen mit der Zurückgesetzten und schenkte ihr Kinder, wohingegen Rahel unfruchtbar war (Vers 31). Was Menschen verachten, wird oft von Gott erhöht. Dennoch handelt Er trotz und durch unsere Schwachheiten und Fehler, so wie Er es auch mit Jakob tat. Dies wiederum entschuldigt jedoch nicht Laban, der nicht nur Jakob, sondern auch seine Töchter täuschte. Es überrascht daher nicht, dass die Beziehung zwischen Laban und Jakob, wie auch zwischen Laban und seinen Töchtern auseinanderbrach, wie wir später sehen.

1. Mose 30

Jakob und seine Familie sahen sich nun ernsthaften Schwierigkeiten gegenüber, weil sie nicht in Gott ihr Vertrauen setzten, sondern ihren fleischlichen Wünschen folgten, verursacht durch menschliche Beweggründe. Jakob kümmerte sich nicht genügend um Leah. Er behandelte sie unehrenhaft und stand seinem Hausstand nicht in der Weise vor, wie er es hätte tun sollen. Er akzeptierte nicht, dass Gott Leah dazu erwählt hatte, ihm, Jakob, Kinder zu gebären, denn er hatte Rahel dafür auserwählt. Gott erfüllte Seine Verheissung an Jakob bezüglich der grossen Nachkommenschaft, aber nicht in der Weise, wie Jakob sich dies vorstellte.

Rahel war eifersüchtig auf Leah und beide sandten ihre Mägde zu Jakob, damit diese an ihrer Stelle Kinder gebären sollten, die ihnen, Leah und Rahel, dann zugerechnet würden. Sowohl Leah als auch Rahel wollten so viele Söhne wie möglich. Die beiden

Schwestern assen eine besondere Frucht, *Dudaim,* sog. «Liebesäpfel», um Kinder zu gebären, und sie vertrauten dabei mehr in die Kräfte der Natur, als sie den Verheissungen Gottes glaubten. Es kam gar zum Konflikt zwischen Jakob und Rahel (30,1–2) und interne Streitigkeiten bestimmten über weite Strecken das Familienleben. Doch der HERR ist gnädig und gedenkt unser, selbst wenn wir versuchen, etwas in unserer eigenen Kraft zu erreichen. Er gedachte Rahel und sie gebar einen Sohn.

Leah wurde von Jakob zurückgesetzt, doch es scheint, als sei sie die Frömmste in der Familie gewesen, was an den Namen ersichtlich ist, die sie ihren Söhnen gab. Leah wurde von ihrem Vater für dessen Zwecke benutzt und von ihrem Mann abgelehnt. Gott jedoch erwählt, was Menschen abweisen. Durch die Nachkommen von Leah kam letztendlich der Messias, kam *Jeschua* in diese Welt.

1. Mose 31

Jakob und seine Familie verlassen Laban, denn sein Schwiegervater hatte ihn ausgenutzt und schlecht behandelt über die Jahre, in denen er in Haran war. Dieses Kapitel zeigt auch, dass Habgier Labans Motivation war, er aber dadurch am Ende seine Töchter und Enkelkinder verlor. Er, der sogar ein Götzendiener war und Jakob so oft betrog, wurde nun selbst zum Betrogenen und war am Ende sehr enttäuscht. Dies sind die Folgen eines Lebens, das allein auf irdische Dinge ausgerichtet ist.

Jakob hatte es zu Wohlstand und Reichtum gebracht, doch er wusste, dass dies nicht sein Verdienst war, sondern *«... der Gott meines Vaters ist mit mir gewesen»,* Vers 5. Wenn wir wissen, dass dies der Platz ist, an dem Gott uns haben will, können wir auch schwierige Umstände überwinden.

Der Wohlstand, den Jakob erlangt hatte, trübte nicht seinen Blick auf die eigentlichen, die geistlichen Dinge. Er wusste um die Verheissung Gottes, die er vor Jahren in Bet El in einer wunderbaren Offenbarung erhalten hatte. Selbstsicher macht er sich auf den Weg zurück in sein Heimatland. Seine Sicherheit kommt nicht aufgrund seines materiellen Besitzes, sondern aufgrund seines Vertrauens in Gottes Wort.

1. Mose 32,1–3

Noch bevor Jakob sein Heimatland erreicht hatte, begegnete er den Engeln Gottes und machte erneut eine besondere Erfahrung. Er realisierte sofort, *«Das ist das Heerlager Gottes»,* (Vers 3) und nannte die Stätte *Mahanajim,* was «zwei Lager» bedeutet: Das Lager Jakobs mit seiner Familie und seinem Gesinde sowie das Lager Gottes. Letzteres steht für Gottes Macht, Seine Kraft und Herrlichkeit, die mit Jakob war. Mit seiner Rückkehr in das Land seiner Väter kam Jakob auch wieder näher zum Gott seiner Väter. Jakob wusste nicht, was vor ihm liegt. Er fürchtete sich vor der Begegnung mit seinem Bruder Esau, doch er wusste, dass Gottes Macht und Herrlichkeit mit ihm war. Dies war seine Zuversicht und das Wertvollste, das er gewinnen konnte.

Lasst uns immer sicherstellen, dass, egal welchen Weg wir auch gehen, welcher Dienst, welche Ungewissheit und Sorge auch vor uns liegen mag, dass der Platz, an dem wir lagern, *Mahanajim* heisst, die zwei Lager. Möge Gottes Lager uns auf jeder Reise begleiten und uns an jedem Rastplatz gegenüber lagern.

«... zum Dienen und zum Preisen und zum Loben in den Toren der Lager des HERRN» (2. Chronik 31,2).

Himmelsleiter

«Und Jakob zog aus von Beerscheba und ging nach Haran. Und er gelangte an eine Stätte und übernachtete dort; denn die Sonne war schon untergegangen. Und er nahm einen von den Steinen der Stätte und legte ihn an sein Kopfende und legte sich nieder an jener Stätte. Und er träumte: Und siehe, eine Leiter war auf die Erde gestellt, und ihre Spitze berührte den Himmel;

und siehe, Engel Gottes stiegen darauf auf und nieder. Und siehe, der HERR stand über ihr und sprach: Ich bin der HERR, der Gott deines Vaters Abraham und der Gott Isaaks; das Land, auf dem du liegst, dir will ich es geben und deiner Nachkommenschaft. Und deine Nachkommenschaft soll wie der Staub der Erde werden, und du wirst dich ausbreiten nach Westen und nach Osten und nach Norden und nach Süden hin; und in dir und in deiner Nachkommenschaft sollen gesegnet werden alle Geschlechter auf Erden» (1. Mose 28,10–14).

Welch ein Ereignis, was für ein Erlebnis! In unzähligen Kunstwerken und Musikstücken durch die Geschichte hindurch verewigt: Jakobs Traum. Wer möchte nicht solch eine Erfahrung machen: Ein Traum mit einer Gottesoffenbarung. Der HERR bestätigt Jakob den Bund und offenbart ihm die Zukunft. ER offenbart sich als Gott der Vergangenheit, der Gegenwart und der Zukunft.

Nur Stunden vorher hat Jakob sein Elternhaus verlassen. Er ist auf der Flucht, weil sein Bruder ihm nach dem Leben trachtet. Zwar hat Jakob ein fernes Ziel, die Verwandtschaft in Haran (Nordsyrien), doch er besitzt nach dem Verlassen der Familie überhaupt keine Perspektive. Nach dem anstrengenden Fussmarsch würde das unbequeme Nachtlager seine physische und psychische Verfassung eher noch verschlimmern. Doch dann hat er diesen wunderbaren Schlaf mit einem einzigartigen Traum. Er erfährt den Trost Gottes, die Verheissungen des Allmächtigen geben ihm neue Zuversicht und Kraft.

Der Zeitpunkt Gottes, wann er denen, die Ihm nachfolgen und vertrauen, begegnet, ist meist, wenn sie grossen Mangel leiden, wenn sie betrübt und niedergeschlagen sind, wenn sie Kummer und Not haben. Dann offenbart Er Seine Gegenwart und spendet Trost.

Durch die «Leiter» ist die Verbindung zwischen dem Vater im Himmel und den Menschen hergestellt. Über meinem Schreibtisch hängt ein Bild dieses Ereignisses. Die Himmelsleiter ist an einen Olivenbaum gelehnt, unter dem Jakob schläft. Inmitten der Zweige des Baumes sind die Anfangsbuchstaben der Namen von Jakobs Söhnen, den zwölf Stämmen Israels, zu sehen. Am Ende der Leiter ist ein grosses Licht, strahlend wie die Sonne, es symbolisiert die Herrlichkeit des lebendigen Gottes. Das Gesicht des schlafenden Jakob strahlt Frieden aus, denn jetzt weiss er: Gott hat mich nicht fallenlassen. Mein Schicksal ist in Seiner Hand, Er bestimmt mein Leben.

Gott neigte sich zu den Menschen herab und sandte Seinen Sohn in diese Welt. Die Leiter ist ein Symbol für den Menschen *Jeschua* und für Seine Göttlichkeit. Nur über Ihn können wir zum Vater kommen. Jesu jüdischer Zuhörerschaft war das Bild von Jakobs Traum sehr vertraut und Jesus nimmt darauf Bezug in Johannes 1,49–51. *«Nathanael antwortete und sprach: Rabbi, du bist der Sohn Gottes, du bist der König Israels. Jesus antwortete und sprach zu ihm: Weil ich dir sagte: Ich sah dich unter dem Feigenbaum, glaubst du? Du wirst Grösseres als dies sehen. Und er spricht zu ihm: Wahrlich, wahrlich, ich sage euch: Ihr werdet den Himmel geöffnet sehen und die Engel Gottes auf- und niedersteigen auf den Sohn des Menschen.»*

Wenige Verse später (19) erfährt der Leser, dass der Ort, an dem sich obiges zutrug, *Bet El* (Bethel) war. Ich erachte es als durchaus bemerkenswert, dass sich sowohl diese Landverheissung an Jakob als auch die Landverheissung an Abraham (in *Elon Moreh* bei Nablus, 1. Mose 12,6–7) an Stätten ereigneten, die Teile des jüdischen Volkes bereit sind, abzugeben und auf denen die Nationen der Welt die Errichtung eines Palästinenserstaates befürworten.

Va'Jischlach – *«Und er sandte»*

1. Mose 32,4–36,43

Haftarah-Abschnitt: Obadja

Dieser *Torah*-Abschnitt berichtet in Kapitel 32 über Jakobs Vorbereitungen auf die Begegnung mit seinem Bruder und in Kapitel 33 über das Wiedersehen und die Versöhnung mit Esau. Kapitel 34 beinhaltet die Schandtat an Jakobs Tochter Dinah und das Blutbad zu Sichem. In Kapitel 35 lesen wir über Jakobs Rückkehr nach Bet El und den Tod Rahels und Isaaks. Der Wochenabschnitt schliesst mit dem Geschlechtsregister Esaus in Kapitel 36. Ich konzentriere mich in diesem Abschnitt auf Kapitel 32 – *Jakobs Begegnung mit Gott*.

In diesem Kapitel ist eine radikale Änderung in Jakobs Leben festzustellen. Er bereitet sich darauf vor, seinem Bruder Esau zu begegnen, ohne zu wissen, was ihn erwartet. Wird Esau noch immer wütend auf ihn sein? Beabsichtigt sein Bruder noch immer, ihn zu töten, vielleicht gar seine ganze Familie umzubringen? Jakob versuchte alles in seiner Macht Stehende zu tun, um die Absichten seines Bruders herauszufinden. Er sandte Boten aus, die den möglichen Zorn Esaus mit Geschenken beschwichtigen sollten. Doch dann realisierte Jakob, dass sein Bruder ihm mit einer 400 Mann starken Streitmacht entgegenkam und *«...fürchtete er sich sehr und ihm wurde angst»* (32,8). Panik überkam Jakob. Er teilte seine Familie und seine Angestellten auf – zumindest die Hälfte von ihnen sollten so überleben können.

Kennen wir eine ähnliche Situation, die uns begegnet ist? Ungewisses liegt vor uns, vielleicht eine Begegnung, vor der wir uns fürchten, eine Situation, der wir uns nicht gewachsen fühlen. Wir versuchen alles in unserer Kraft und in unseren Möglichkeiten Stehende, um die Situation unter Kontrolle zu bekommen. Doch es scheint, als würde alles nur noch schlimmer. Was sollen wir tun?

Wir sind ratlos! *«Rufe mich an am Tag der Not; ich will dich erretten, und du wirst mich verherrlichen!»*, sagt Gott der Herr in Psalm 50,15.

Wenn Menschen sich fürchten und keinen Ausweg aus ihrer Lebenssituation sehen, wenden sie sich zu Gott und beginnen zu beten. Jakob tat das Gleiche. Er hatte keine tiefe Beziehung zu Gott, obwohl er wusste, dass Gott während der Zeit in Haran mit ihm gewesen war und ihn gesegnet hatte (1. Mose 31,5). In seinem Gebet sagte Jakob nicht «mein Gott», sondern er rief den Namen des Gottes seiner Väter an (Vers 10), der Gott, der auch ihm die Verheissung gegeben hatte.

Jakob war der Meinung, dass Gott ihn zwar materiell gesegnet habe, doch schrieb er einen nicht geringen Teil seines Wohlstands seinem eigenen Fleiss und seinem Verhandlungsgeschick zu. Jetzt sieht er sich nur noch als klein, schwach und hilflos. *«Ich bin zu gering für alle Gnadenerweise und all die Treue, die du deinem Knecht erwiesen hast; denn mit meinem Stab bin ich über diesen Jordan gegangen, und nun bin ich zu zwei Lagern geworden. Rette mich doch vor der Hand meines Bruders, vor der Hand Esaus – denn ich fürchte ihn –, dass er nicht etwa komme und mich schlage, die Mutter samt den Kindern!»* (Verse 11–12).

Jakob verbringt eine ganze Nacht im Gebet. Er ringt mit Gott, bittet ihn um Hilfe, ja, er erinnert Gott an sein Wort: *«Du hast doch selbst gesagt: Gutes, ja Gutes will ich dir tun und deine Nachkommenschaft zahlreich machen wie den Sand des Meeres, den man vor Menge nicht zählen kann»* (Vers 13). Also hilf mir doch bitte, sonst wird meine Familie vernichtet und das Wort, das du mir gegeben hast, ist nicht wahr. So mag Jakob gebetet haben.

Im nächtlichen Gebetskampf anerkennt Jakob schliesslich, dass er seinen Besitz und alles, was er ist, allein der Treue und Freundlichkeit Gottes verdankt. Er gesteht seine Unwürdigkeit ein und dass er dies alles nicht verdient hat. In dieser Situation erhält Jakob eine neue Sicht von Gott. Er erkennt dessen Barmherzigkeit und Liebe! Auf diese Weise führt Gott Menschen manchmal in ausweglos scheinende Situationen – damit sie Seinen wahren Charakter, Seine Liebe, Barmherzigkeit und Treue wahrnehmen.

Sobald wir erkennen, dass wir unwürdig sind vor Gott und uns *Ihm* unterordnen, kann Gott handeln. *Er* kann sich uns offenbaren und unsere Situation in einer Art und Weise ändern, die wir niemals für möglich hielten. Im weiteren Verlauf von Jakobs Leben wird dies sichtbar. Er hatte nun neue Kraft und war in der Lage, seinem Bruder zu begegnen.

Doch bevor Jakob seinem Bruder gegenübertritt, wartet jemand anderes auf ihn. Nicht Esau, sein Widersacher, sondern Gott selbst, mit dem er kämpft. Die eindrucksvollen Verse am Ende dieses Kapitels haben Konsequenzen für die Ewigkeit. Der starke, listige und sonst siegreiche Jakob war nicht in der Lage, seinen unbekannten Gegner niederzuringen und zu besiegen. Zum Schluss konnte er nicht einmal mehr auf seinen Beinen stehen, da er in diesem Kampf verletzt wurde. Jakob umklammerte den Unbekannten. Er war zu Tode erschrocken und er bot um Gnade.

Jakob befindet sich in der Dunkelheit und ringt mit dem Vater des Lichts, der als Engel erschienen ist, so, wie es der Prophet Hosea beschreibt: *«Er kämpfte mit dem Engel und war überlegen! Er weinte und flehte ihn um Gnade an»* (Hosea 12,5). Jakob weiss, dass er sterben wird, wenn sein Gegner ihn nicht segnet. In dieser Situation erkennt Jakob seine Schuld gegenüber seinem Bruder und vor Gott. Allein die Gnade seines Gegners kann sein Leben retten. Der HERR gewährt Jakobs Bitte und segnet ihn.

Der letzte Teil dieser Auseinandersetzung ist Jakobs Bekenntnis, ein Sünder zu sein.

Der Name Jakob (hebräisch *Ja'akov*) kommt von *akev* (= Ferse) und kann wörtlich mit «Fersenhalter» übersetzt werden. Das bezieht sich auf eine Besonderheit bei seiner Geburt. *«Und danach kam sein Bruder heraus, und seine Hand hielt die Ferse Esaus. Da gab man ihm den Namen Jakob»* (1. Mose 25,26). Der Name weist aber auch auf bestimmte Charaktereigenschaften Jakobs hin, denn von *akev* leitet sich auch das Wort *akav* ab, was «betrügen» bedeutet. Dies, ein Betrüger, war er bereits im Mutterleib. *«Im Mutterleib hinterging er seinen Bruder ...»* (Hosea 12,4). Die Charakterzüge eines Täuschers und Betrügers zeichneten Jakobs Leben bis dahin aus; gegenüber seinem Bruder, gegenüber seinem Vater und gegenüber seinem Onkel und Schwiegervater.

Erst, nachdem Jakob sein Leben Gott völlig übergeben hatte, konnte der HERR seinen Charakter ändern, indem Er ihm einen neuen Namen gab, nämlich Israel, das bedeutet «er kämpfte mit Gott».

Jakob war zerbrochen. Er war gedemütigt, aber er hatte dadurch nicht verloren, sondern gewonnen. Er hatte gesiegt und wurde emporgehoben. Er wurde ein neuer Mensch, der nun zu Gott gehörte. Anschliessend, als Mann Gottes, erfuhr Jakob, was es heisst, vollkommen von Gott abhängig zu sein. Ein Wunder ereignete sich: Esau empfing seinen Bruder mit Wohlwollen und grosser Herzlichkeit. Die entzweiten Brüder waren wieder vereint! Gott ist in der Lage, schwierige und unlösbar scheinende Umstände zu ändern und sie in freudige Ereignisse umzuwandeln.

Jakobs Erfahrung spricht auch uns an. Nur wenn wir erkennen, dass wir unwürdig sind vor Gott und alles, was wir besitzen und alles, was wir erreicht haben, allein Seiner Freundlichkeit und Treue verdanken, nur wenn wir uns als Sünder erkennen und uns vor *Ihm* beugen, nur wenn wir durch den Glauben an Jesus den Messias die Gerechtigkeit erlangen, die vor Gott gilt, nur dann empfangen wir das neue und ewige Leben. Nur durch das Blut Jesu empfangen wir Vergebung unserer Sünden und sind in der Lage, Furcht und unlösbar erscheinende Situationen in dieser Welt zu überwinden.

Jesus der Messias sagt in Offenbarung 2, Verse 7 und 17:

«Wer ein Ohr hat, höre, was der Geist den Gemeinden sagt! Wer überwindet, dem werde ich zu essen geben von dem Baum des Lebens, welcher in dem Paradies Gottes ist. ... Wer überwindet, dem werde ich von dem verborgenen Manna geben; und ich werde ihm einen weissen Stein geben und, auf den Stein geschrieben, einen neuen Namen, den niemand kennt, als wer ihn empfängt.»

Bethel / Bet El

Bethel, ca. 20 km nördlich von Jerusalem, ist ein bedeutender, biblischer Ort. Erstmals in Erscheinung trat die Stätte, die früher Lus hiess, als Abraham in das Land kam. An der Eiche von More, nahe der heutigen Stadt Nablus, erschien der HERR Abraham und gab ihm die Landverheissung (1. Mose 12,6–7). Anschliessend zog Abraham weiter nach Süden und lagerte in der Nähe von Bethel, wo er dem HERRN einen Altar baute und das Wort Gottes verkündete (1. Mose 12,8).

Nach seiner Rückkehr aus Ägypten liess sich Abraham mit seiner Sippe wieder in Bethel nieder und fuhr fort, den Namen des HERRN zu predigen (1. Mose 13,3–4).

Nachdem Jakob vor seinem Bruder fliehen musste und sich auf dem Weg nach Haran befand, übernachtete er in Lus/Bethel. Er war es, der die Stätte Bethel nannte (1. Mose 28,10–19). Der Name Bethel besteht aus zwei Worten und heisst korrekt *Bet El* = «Haus Gottes». Eine vor etwa 20 Jahren dort neu entstandene jüdische Ortschaft trägt wieder den alten biblischen Namen *Bet El*.

Nach seiner Rückkehr aus Haran und der Versöhnung mit Esau kehrte Jakob auch wieder nach *Bet El* zurück. Gott führte Jakob wieder zum Ursprungsort seiner Offenbarung an ihn zurück. Dies hatte Folgen. Im vorangegangenen Kapitel (34) ist grosse Sünde in Jakobs Familie zu sehen, doch nun tat Jakob und sein Haus Busse. Sie entfernten alle Götzen aus ihrer Mitte. Dies hatte Auswirkungen, denn nun offenbarte sich Gott abermals Jakob und erneuerte die Verheissung (1. Mose 35,1–14). Später befand sich auch die Stiftshütte mit der Bundeslade in *Bet El* (Richter 20,26–27).

Zur Zeit der Königsherrschaft wählte Jerobeam *Bet El* aus, um seinen Götzendienst auszuüben (1. Kön. 12,28–13,6), worauf Gottes Gericht die Zerstörung von *Bet El* bestimmte (1. Kön. 13,1–5; 2. Kön. 23,15–17; Am. 3,14–15).

Va'Jeschev – *«Und er wohnte»*

1. Mose 37,1–40,23

Haftarah-Abschnitt: Amos 2,6–3,8

In diesem *Torah*-Abschnitt sind einige der bekanntesten Ereignisse des ersten Buches Mose enthalten. In Kapitel 37 lesen wir über Josefs Traum und wie er, der Liebling seines Vaters, von den Brüdern abgelehnt, gehasst und zum Schluss verkauft wurde. Dieser Textabschnitt hat verschiedene Bedeutungen. Zunächst verdeutlicht er die Folgen von Stolz, Eifersucht, Verleumdung und Begünstigung eines Kindes gegenüber den anderen. Die Geschichte ist ebenfalls als Teil der Lebensgeschichte Jakobs anzusehen. Der Täuscher wurde wiederum selber hintergangen. Er musste die gleiche Erfahrung machen wie einst sein Vater Isaak, der einen seiner Söhne dem anderen vorgezogen hatte. Nun bevorzugte auch Jakob einen seiner Söhne und er musste dafür leiden, weil seine anderen Söhne Josef genau aus diesem Grund hassten und auf die Seite schafften.

Ein Teil von Jakobs Leben bestand aus Kummer und Trübsal. Er litt unter der Schuld seiner Kinder Dinah, Simeon und Levi (1. Mose 34) und der Sünde seines ältesten Sohnes Ruben (1. Mose 35,22). Er litt gleichfalls sehr unter dem Tod seiner Lieblingsfrau Rahel (1. Mose 35,16–20) und unter dem Verlust seines Lieblingskindes Josef sowie später seines Jüngsten, Benjamin. Jakob musste das aufgeben, was ihm am teuersten, was seinem Herzen am nächsten war. Dies war mehr als Strafe für das, was er selbst einst getan hatte – das war Läuterung und Reinigung im Ofen der Nachfolge Gottes. Jakob gehörte Gott, trotz seines immer wiederkehrenden Versagens.

Die Heiligen Gottes müssen manchmal leiden, um in der Abhängigkeit von IHM zu bleiben – selbst wenn das mit dem Verstand oft kaum angenommen werden kann. Es berührt mein Herz, wenn ich Kapitel 37, die Verse 34–35 lese: Jakob weinte, litt und wollte sich nicht trösten lassen wegen seines für tot geglaubten Sohnes Josef. Doch dieser Schmerz war Teil des vollkommenen Planes Gottes. Jakob trauerte um Josef, doch Gott gebrauchte Josef in mächtiger Weise, um sein ganzes Volk zu retten. Sind wir bereit, Werkzeuge Gottes zu werden; bereit, durch Läuterung in der Heiligung und in der Abhängigkeit vom HERRN zu wachsen?

Kapitel 38 berichtet über Judas schändliche Sünde, als er zu seiner Schwiegertochter Tamar einging, die sich als Prostituierte verkleidet hatte. Sie täuschte Juda, denn er hatte ihr gegenüber ein Versprechen gebrochen, wofür Tamar ihren Schwiegervater später blossstellte.

Es ist bemerkenswert, dass Perez, einer der Zwillinge, die aus Judas Affäre mit Tamar hervorgingen, im Geschlechtsregister des Messias zu finden ist (Matth. 1,3). In der Messias-Linie findet sich auch Salomo, ein Sohn von David und Bathseba. Diese Tatsache verdient besondere Beachtung. Gott, der Herr, in Seiner vollkommenen Weisheit, Seinem Ewigkeitsplan und Seiner endlosen Gnade, steht über der Sünde und Torheit des Menschen. Dem Demütigen und seine Schuld Bereuenden schenkt er Vergebung und einen neuen Anfang. In Gottes Heilsplan ist das Versagen des Menschen eingerechnet. Die Geschichte in 1. Mose 38 ist ein Triumph der Gnade Gottes über die Sünde des Menschen.

Kapitel 39 zeigt uns Josef im Haus des ägyptischen Finanzministers Potifar und wie dieser Oberste am Hofe des Pharao durch den Dienst Josefs selber gesegnet wurde (Vers 5). Uns begegnet in diesem Kapitel auch die Versuchung durch Potifars Frau, wie Josef ihr widerstand, er dann aber letztlich für diese Charakterstärke und Treue gegenüber seinem Vorgesetzten noch büssen musste – er wurde verleumdet. Alles war in Gottes Hand und verlief nach Seinem vollkommenen Plan. In Kapitel 40 sehen wir, dass Gottes mächtige Hand selbst im dunklen und verlassenen Kerker nicht von Josef wich.

Obwohl er unschuldig war, hatte Josef sicher den Eindruck, dass dies das Ende sei. Er sass als Ausländer in Ägypten im Gefängnis. Anklägerin war eine der einflussreichsten und angesehensten Frauen im Land. Das musste sein Ende bedeuten. Das war kein Licht am Ende des Tunnels, keine Sonne im Tal der Schatten. Nachdem seine Brüder versucht hatten, ihn zu töten und ihn dann in die Sklaverei verkauften, war der HERR mit ihm und brachte ihn in Kürze in eine angesehene Position in Ägypten. Josef zeigte sich dankbar und treu. Dennoch mag er den Eindruck gewonnen haben, dass Gott seine Treue und seinen Gehorsam nicht belohnt. Wie sonst konnte es passieren, dass er sich nun wieder in der Grube fand? Charles Spurgeon sagte einmal:

«Der das Metall im Brennofen schmelzt, ist nicht weit vom Feuer, wenn er das Gold in den Ofen hält. Und der Sohn Gottes wandelt immer inmitten der Flammen, wenn Seine heiligen Kinder sich im Feuerofen befinden.»

Selbst im Kerker, in diesen dunklen und hoffnungslosen Stunden, Tagen und Wochen, spürte Josef die Gegenwart Gottes. Er fühlte und wusste, trotz all der Fragen und Zweifel, dass der HERR mit ihm war, ihn tröstete und stärkte, damit er das Leid und die Schmach ertrug. Josef gewann das Vertrauen des Gefängnisaufsehers, wie er vorher das Vertrauen von Potifar gewonnen hatte, denn er war gehorsam und treu, selbst in Lebensumständen, die demütigend für ihn waren.

«Und Josefs Herr nahm ihn und legte ihn ins Gefängnis, an den Ort, wo die Gefangenen des Königs gefangen lagen, und er war dort im Gefängnis. Der HERR aber war mit Josef und wandte sich ihm in Treue zu und gab ihm Gunst in den Augen des Obersten des Gefängnisses. Und der Oberste des Gefängnisses übergab alle Gefangenen, die im Gefängnis waren, der Hand Josefs; und alles, was man dort tat, das veranlasste er» (1. Mose 39,20–21).

In solchen «Josefs-Situationen» lauert eine zweifache Gefahr:

1) *Ungewissheit.* Sie folgen dem HERRN nach, doch plötzlich schliessen sich alle Türen vor Ihnen. Sie werden abgelehnt und fragen sich selber: «Befinde ich mich noch auf dem richtigen Weg?» oder «Was habe ich falsch gemacht?» Als Kinder Gottes müssen wir uns bewusst sein, dass dies nicht unbedingt etwas Aussergewöhnliches darstellt. Unsere Reaktion sollte vom Gegenteil bestimmt sein. Ablehnung, Verleumdung und Hass durch die Men-

schen gehörten zum Leben der Jünger Jesu wie auch der Gläubigen in der Urgemeinde. So mag dies eher eine Bestätigung sein, dass Sie sich auf dem richtigen Weg befinden.

2) *Die Gefahr, bitter und bekümmert zu werden.* Sie fühlen sich von Menschen verlassen und von Gott vergessen in Ihrer Enttäuschung. Die Josefsgeschichte zeigt, dass dies Teil eines Lebens in der Nachfolge Gottes sein kann. Sie zeigt, dass Josef nicht gegen sein Schicksal ankämpfte und nicht an Gott zweifelte. Josef zeigte das gleiche Verhalten wie Jesus: *«... der geschmäht, nicht wieder schmähte, leidend, nicht drohte, sondern sich dem übergab, der gerecht richtet»* (1. Petrus 2,23).

Gerade in Situationen, in denen wir uns von Gott verlassen fühlen, ist der HERR besonders nahe. Für Josef war dies die Vorbereitung für etwas weitaus Grösseres, das Gott mit ihm vorhatte.

Die Josefsgeschichte verdeutlicht, dass der HERR grösser ist, egal, wie man uns behandelt. Alles verläuft nach Seinem ewigen und vollkommenen Plan und wir sind auf Seiner Seite.

Juda / Jude

Juda war der vierte Sohn Jakobs, geboren von Leah. *«Dann wurde sie noch einmal schwanger und gebar einen Sohn; und sie sagte: Diesmal will ich den HERRN preisen! Darum gab sie ihm den Namen Juda»* (1. Mose 29,35). Preisen, loben oder danken ist in Hebräisch mit *jadah* zu übersetzen, wonach Leah ihren Sohn *Jehuda* (deutsch = Juda) nannte. Wie in Kapitel 37 dieses *Torah*-Abschnittes berichtet, fiel Juda in Sünde gegenüber seiner Schwiegertochter Tamar. Das Kapitel zeigt aber auch eine andere Seite Judas, der seinen Fehltritt erkannte und Busse tat. *«Da erkannte es Juda und sprach: Sie ist gerechter als ich ...»* (1. Mose 38,26). Neben Ruben war es Juda, der sich dagegen aussprach, dass Josef getötet wurde. Während Ruben versuchte, seine Brüder mit Worten zu überzeugen (1.Mose

37,21–22), handelte Juda. Auf seinen Vorschlag wurde Josef schliesslich verkauft, womit Juda seinem Bruder das Leben rettete (1. Mose 37,25–28). Juda zeigte später erneut Führerschaft, indem er gegenüber Jakob für seinen Bruder Benjamin zum Bürgen wurde (1. Mose 43,8–9) und dieses Versprechen dann auch einlöste (Kap. 44). Vater Jakob setzte in seinem prophetischen Segen Juda, und nicht den Erstgeborenen Ruben, an die erste Stelle und ernannte ihn zum Oberhaupt (1. Mose 49). In dieser Prophetie Jakobs erfolgte bereits der Hinweis auf den Messias, der aus den Nachkommen Judas hervorgehen soll. *«Nicht weicht das Zepter von Juda, noch der Herrscherstab zwischen seinen Füssen weg, bis dass der Schilo kommt, dem gehört der Gehorsam der Völker»* (1. Mose 49,10). König David bestätigt die hervorgehobene Stellung des Stammes Juda in 2. Chr. 28,4: *«Und der HERR, der Gott Israels, hat mich aus dem ganzen Haus meines Vaters erwählt, damit ich König über Israel sei für ewig. Denn Juda hat er zum Fürsten erwählt ...»* Das Wort «Jude» leitet sich vom Hebräischen *Jehudi* ab, womit ursprünglich die Angehörigen des Stammes Juda gemeint waren. Während der sieben Jahre, in denen David in Hebron (Gebiet des Stammes Juda) regierte, wurde sein Reich das «Königreich Juda» (2. Sam. 5,5) genannt. Nach der Reichsteilung wurde das Südreich, bestehend aus den Stammesgebieten von Juda und Benjamin, «Königreich Juda» genannt (1. Kön. 12,16–21) und alle Bewohner als *Jehudi* bezeichnet.

Nach Niederlage und Wegführung des Nordreichs Israel verlor die Bezeichnung *Jehudi* ihre spezielle und bis dahin ausschliessliche Verbindung mit dem Südreich Juda und wurde für das gesamte Volk Israel verwendet, was im Buch Esther zum Ausdruck kommt. Der Begriff «Jude» bezog sich zu dieser Zeit sowohl auf das religiöse, als auch auf das nationale Dasein der Israeliten. Dieser fand in den darauffolgenden Jahrhunderten Einzug in die griechische und lateinische Sprache und wurde, insbesondere in der Diaspora, zur grundsätzlichen Bezeichnung der Angehörigen des Volkes Israel.

Miketz – *«Am Ende»*

1. Mose 41,1–44,17

Haftarah-Abschnitt: 1. Könige 3,15–4,1

Dieser Wochenabschnitt behandelt das Leben Josefs. Kapitel 41 berichtet von Pharaos Traum, den Josef auslegen konnte. Danach wurde Josef zum zweitmächtigsten Mann in Ägypten befördert. Über ihm war nur noch der Pharao selbst. Josef war erst 30 Jahre alt, aber bereits ein vollkommener und weiser Diener. Er hatte Erfolg bei seinen Unternehmungen. Anschliessend heiratete er und hatte zwei Söhne.

In Kapitel 42 lesen wir, dass Josefs Brüder aufgrund einer Hungersnot nach Ägypten kamen, um Nahrungsmittel zu kaufen, und sie von Josef geprüft wurden. Ohne sich seinen Brüdern zu erkennen zu geben, verlangte er von ihnen, ihm auch den jüngsten Bruder, Benjamin, zu bringen. Josef sehnte sich danach, Benjamin zu sehen, denn beide waren die einzigen Kinder von Rahel. Er behielt Simeon als Geisel, während die anderen Brüder nach Hause zurückkehrten, um Benjamin zu holen.

Kapitel 43 berichtet, wie die Brüder nach ihrer Heimkehr ihren Vater Jakob überzeugen, Benjamin mit nach Ägypten zu lassen. Josef war tief berührt, als ihm Benjamin gegenüberstand. Der Wochenabschnitt endet mit dem ersten Teil von Kapitel 44. Die ersten Verse mögen unverständlich klingen. Josef beschuldigt seine Brüder zu Unrecht und absichtlich des Diebstahls: Sie hätten seinen silbernen Kelch gestohlen. Das war eine Intrige Josefs. Schon während des ersten Besuches der Brüder hatte Josef sie beschuldigt – damals der Spionage. Warum tat das der gesegnete Mann Gottes?

Die Brüder selbst geben die Antwort in Kapitel 42, 21: *«Da sagten sie einer zum anderen: Fürwahr, wir sind schuldbeladen wegen unseres Bruders, dessen Seelenangst wir sahen, als er uns um Gnade anflehte, wir aber nicht hörten. Darum ist diese Not über uns gekommen.»* Sie erkannten ihre Sünde gegenüber ihrem Bruder. Sie waren unschuldig in Bezug auf Josefs Anschuldigungen, aber sie waren schuldig hinsichtlich dessen, was sie vor Jahren ihrem Bruder angetan hatten. Gott steht hinter allem und Er kann falsche Beschuldigungen gegen uns gebrauchen, um uns unsere Schuld in anderen Bereichen zu veranschaulichen.

Indem Gott Josef gebrauchte, die Brüder für eine Tat zur Rechenschaft zu ziehen, für die sie keine Verantwortung trugen, zog Er sie in Wahrheit für eine andere Tat zur Rechenschaft, für die sie sehr wohl verantwortlich waren. Er gebrauchte dabei Umstände, die in Beziehung zu ihrem eigentlichen Vergehen standen. Die Brüder litten Seelenangst, so wie einst Josef (1. Mose 42,21).

Der silberne Kelch war das Beweisstück der falschen Beschuldigungen, so wie einst Josefs bunter Leibrock das Beweisstück der Brüder für ihre Lüge gegenüber dem Vater gewesen war (1. Mose 37,32–33).

Sie hatten ihrem Vater den geliebten Sohn geraubt. Nun sind sie selber angeklagt, den persönlichen und wertvollen Besitz dieses mächtigen Ägypters gestohlen zu haben, von jenem Mann, von dem sie eigentlich nur Brot zum Überleben ihrer Familie hatten kaufen wollen. Ausgerechnet der, der so freundlich und gütig zu ihnen war, klagt sie nun eines Verbrechens an.

«Als Josef nach Hause kam, da brachten sie ihm das Geschenk, das in ihrer Hand war, ins Haus und warfen sich vor ihm zur Erde nieder» (1. Mose 43,26). Dies war die Erfüllung von Josefs Traum, in dem die Brüder sich vor ihm niederbeugten. Niemals hatten sie gedacht, dass sich dieser Traum Josefs erfüllen würde, war der Traum doch einer der Gründe, warum sie ihren Bruder töten wollten (1. Mose 37,8–11).

Ein weiterer interessanter Aspekt ist die Frage nach dem Erfolg Josefs in Ägypten. Seine Position war gleichzusetzen mit der eines Grosswesirs. Was führte dazu, dass er zu einer derart hohen politischen Stellung in der damaligen Weltmacht Ägypten kam? Eine der Antworten lautet: weil er ehrlich, aufrichtig, gewissenhaft und treu war. Er akzeptierte die Wege, die Gott ihn führte, auch in schwierigen und erniedrigenden Lebenssituationen, z. B. in der Grube oder im Kerker. Indem er Gott auch im entwürdigenden Gefängnis diente, wurde er vorbereitet für seinen zukünftigen Dienst. Zwei wesentliche Aspekte in Josefs Leben waren einerseits seine Treue Gott gegenüber und andererseits sein Widerstand gegenüber der Sünde. Als Potifars Frau ihn versuchte (Kap. 39), widerstand er.

Widerstehe, widersetze dich, bekämpfe, lehne ab, tritt entgegen, dies sind wichtige Worte im Leben eines glaubenden Menschen. Es sind Tätigkeitswörter, die aktives Handeln bedingen. Nicht Passivität, nicht warten, bis das Problem sich von selbst löst, bis die Versuchung vorübergegangen ist oder bis ich mich besser fühle. In Josefs Leben wird sichtbar, dass Gott den aktiven Gehorsam segnet.

Auch der Apostel Paulus betont den aktiven Glaubensgehorsam. In Epheser 6,11–14 heisst es dreimal «bestehe, widerstehe, stehe». Das Leben Josefs soll ein Beispiel sein für unser eigenes Leben. Es gilt, gehorsam und treu gegenüber dem Wort Gottes zu handeln und dem Bösen zu widerstehen.

Simeon

Simeon war der zweite Sohn Jakobs und Leahs. Josef behielt Simeon als Geisel zurück, als die anderen Brüder nach Hause zogen, um Benjamin zu holen. Es geschah nicht ohne Grund, dass Josef ausgerechnet Simeon dafür auswählte.

In Jakobs prophetischem Segen in 1. Mose 49 hatte der Vater keine lobenswerten Worte für seine Söhne Simeon und Levi (Verse 5–7). Jakob betonte ihre Gewalttat, den Zorn, den Grimm und den Mutwillen, den sie trieben. Genau dies waren Attribute, die das Leben der beiden bestimmten.

Es waren Simeon und sein Bruder Levi, die ihre vergewaltigte Schwester Dinah rächten, indem sie in Sichem ein Blutbad anrichteten (1. Mose 34). *«Da sagte Jakob zu Simeon und Levi: Ihr habt mich zugrunde gerichtet, indem ihr mich bei den Bewohnern des Landes verhasst gemacht habt»* (1. Mose 34,30).

Die jüdische Tradition sieht keine Geringeren als Simeon und Levi hinter einem weiteren Verbrechen – der beabsichtigten Tötung und dem letztendlichen Verkauf in die Sklaverei ihres verhassten Bruders Josef. Obwohl in diesem Zusammenhang (Kap. 37) nicht ausdrücklich erwähnt, schlussfolgern die Rabbiner dies aus den Worten Jakobs in 1. Mose 49,4–6: *«Die Brüder Simeon und Levi, Werkzeuge der Gewalttat sind ihre Waffen. Meine Seele komme nicht in ihren geheimen Rat, meine Ehre vereinige sich nicht mit ihrer Versammlung! Denn in ihrem Zorn erschlugen sie den Mann, in ihrem Mutwillen lähmten sie den Stier.»*

Dass Josef Simeon als Geisel behält, ist ein weiteres Anzeichen dafür, dass Simeon der eigentliche Rädelsführer im Mordkomplott gewesen war. Simeon und Levi nahmen Recht und Gesetz in die eigene Hand. Sie töteten alle männlichen Bewohner der Stadt Sichem und ihr Handeln war durch Willkür bestimmt. Die Ermordung jener, die nicht zu ihrem Volk gehörten, war der Anfang. Es endete, indem sie die Hand zum Töten gegen ihren eigenen Bruder erhoben. Das Siedlungsgebiet des Stammes Simeon lag im Süden des Landes, im Negev (1. Chr. 4,28–33), inmitten des Stammesgebietes von Juda (Josua 19,1). In Moses abschliessendem Segen über das Volk (5. Mose 33) ist Simeon der einzige der zwölf Stämme, der nicht erwähnt wird. Offenbar wurden sie später vollkommen ins Stammesgebiet von Juda integriert. Trotzdem behielten Reste des Stammes ihre eigene Identität bei.

Va'Jigasch – *«Und es nahte sich»*

1. Mose 44,18–47,27

Haftarah-Abschnitt: Hesekiel 37,15–28

Dieser *Torah*-Abschnitt ist sehr bewegend. Bestürzung, Weinen und Wiedersehensfreude prägen die Szene, als sich Josef seinen Brüdern zu erkennen gibt und nach 22 Jahren seinen Vater wieder trifft. In Kapitel 44 lesen wir, dass Josef seinen Bruder Benjamin als Knecht behalten wollte, weil dieser angeblich seinen silbernen Kelch gestohlen hatte. Die Brüder flehten um seine Freilassung. Schliesslich hatten sie dem Vater seine Rückkehr versprochen gehabt. Der Vater würde sonst sterben vor Kummer. Das Flehen der Brüder vor sich, die Sorge und das Leid des Vaters in Gedanken, hatte Josef sich nicht mehr länger unter Kontrolle. Das berichtet uns Kapitel 45 weiter. Er beginnt zu weinen und gibt sich seinen Brüdern zu erkennen.

In Kapitel 46 reist Jakob mit seiner ganzen Sippe und allem Hab und Gut nach Ägypten. Dort begegnet er seinem totgeglaubten Sohn Josef. Der letzte Teil dieses Wochenabschnittes in Kapitel 47 berichtet von der Hungersnot in Ägypten, wie Josef die Bevölkerung mit Nahrungsmitteln versorgt und das pharaonische Vermögen mehrt.

Jakob hatte jahrelang um Josef getrauert. Mit Simeon schien er einen weiteren Sohn verloren zu haben und schliesslich hatte er den Verlust von Benjamin, den er besonders liebte, vor Augen (1. Mose 42,36). Grau geworden vor Kummer und Leid, war er sicher, den Verlust Benjamins nicht zu überleben (1. Mose 42,38). Auffallend: Nachdem Jakob die Nachricht erhalten hatte, dass Josef lebe, dankte und lobte er zunächst Gott, und zwar bevor er Josef zu Gesicht bekam.

Unmittelbar nachdem er sich auf den Weg nach Ägypten gemacht hatte, verweilte er in Beerscheva, um Gott Dankopfer darzubringen. Es wäre durchaus verständlicher gewesen, wenn er sich so schnell wie möglich und ohne unnötige Pausen auf den Weg zu Josef gemacht hätte. Aber Jakob hielt an und erkannte, dass es allein Gott war, der dieses Wunder möglich gemacht hatte.

Der Verlust seines Sohnes hatte Jakob um Jahre altern lassen. Er war ein von Kummer und Trauer gebrochener und gezeichneter Mann. Doch das Wunder, dass sein Sohn noch am Leben war, belebte seinen Geist ganz neu (1. Mose 45,26–46,1). Nachdem er Gott die Ehre gegeben und den HERRN dafür gepriesen und gelobt hatte, offenbarte sich ihm Gott erneut mit einer wunderbaren Verheissung: *«Ich bin Gott, der Gott deines Vaters. Fürchte dich nicht, nach Ägypten hinabzuziehen, denn zu einer grossen Nation will ich dich dort machen! ICH selbst ziehe mit dir nach Ägypten hinab, und ICH, ich führe dich auch wieder herauf. Und Josef wird seine Hand auf deine Augen legen»* (46,3–4).

Die Verheissung, die Jakob vor vielen Jahren erhalten hatte, wurde erneuert. Wenn wir Gott in allen Situationen die erste Stelle in unserem Leben einräumen, Ihm in schweren Tagen und schwierigen Problemen und Anfechtungen ebenso wie in Zeiten der Freude und des Wohlergehens die Ehre geben, offenbart Er sich uns und rüstet uns aus mit neuer Kraft. Er zeigt uns den Weg, den wir gehen sollen.

Im vorangegangenen *Torah*-Abschnitt haben wir bereits Josefs Treue betrachtet. Er akzeptierte die Führung Gottes in seinem Leben, selbst wenn sie ihn in die Tiefen führte. Josef diente dem HERRN auch im Gefängnis. Josefs Gehorsam gegenüber den Wegen Gottes in Leid und Not, fern der Heimat und seiner Familie, wird noch offensichtlicher in diesem Abschnitt. Er anerkannte, dass sein Weg von der Grube und vom Kerker zu den Höhen Ägyptens, zur Schaltzentrale der damaligen Weltmacht, in Gottes Plan war. *«Doch Gott hat mich vor euch hergesandt, um euch einen Überrest zu setzen auf Erden und euch am Leben zu erhalten für eine grosse Errettung. Und nun, nicht ihr habt mich hierhergesandt, sondern Gott; und er hat mich zum Vater des Pharao gemacht und zum Herrn seines ganzen Hauses und zum Herrscher über das ganze Land Ägypten»* (1. Mose 45,7–8).

Als Josef sich seinen Brüdern zu erkennen gibt, sagt er zu ihnen: *«Ich bin Josef. Lebt mein Vater noch? Seine Brüder aber konnten ihm nicht antworten, denn sie waren bestürzt vor ihm. Da sagte Josef zu seinen Brüdern: Tretet doch zu mir heran! Und sie traten heran. Und er sagte: Ich bin Josef, euer Bruder, den ihr nach Ägypten verkauft habt. Und nun seid nicht bekümmert, und werdet nicht zornig auf euch selbst, dass ihr mich hierher verkauft habt! Denn zur Erhaltung des Lebens hat Gott mich vor euch hergesandt»* (1. Mose 45,3–5).

Es scheint, als sei Josef sich über die Folgen seines «Outing» im Klaren gewesen. Denn er fragt wieder: *«Lebt mein Vater noch?»* Dies, obwohl er dieselbe Frage kurz zuvor gestellt hatte (1. Mose 43,27). Ist es die Sorge um und die Sehnsucht nach seinem Vater oder ein Hinweis für die Brüder, dass er sich nicht rächen wird? Wie auch immer, die Brüder sind nicht in der Lage zu antworten; sie sind entsetzt, total verwirrt und nicht zuletzt zutiefst erschrocken. Sie sehen sich der allmächtigen Führung, Bewahrung und Fürsorge Gottes gegenüber.

Den Schrecken auf den Gesichtern der Brüder sehend, welche die Wörter *«Ich bin Josef ...»* ausgelöst hatten, ergänzt Josef sanft mit *«... euer Bruder»* (nicht: euer Richter!). Aber dann folgen erneut Wörter wie Peitschenhiebe: *«... den ihr nach Ägypten verkauft habt.»* Damit legt Josef den Finger in die offene und schmerzhafte Schuldwunde der Brüder. Heilung kann nur erfolgen, wenn Schuld offen gelegt und beim Namen genannt wird. Dann verändert Josef seinen Tonfall von neuem. Er überbrückt den Abgrund der Trennung, legt seine barmherzige Hand auf ihre von Schuld beladenen Seelen und fährt ruhig fort: *«... Und nun seid nicht bekümmert und werdet nicht zornig auf euch selbst, dass ihr mich hierher verkauft habt!»* Josef reicht seinen Brüdern die Hand zur wiederhergestellten Gemeinschaft.

Er gewährt den Brüdern einen Einblick in Gottes übernatürlichen Ratschluss, der über menschliches Erkennen und Verstehen hinausgeht. *«Denn zur Erhaltung des Lebens hat Gott mich vor euch hergesandt.»*

Vorschatten des Messias

In diesem *Torah*-Abschnitt wird in einem Bild der prophetische Aspekt im Leben Josefs als «Vorschatten» des Messias sichtbar. ER, der Herr Jesus, wurde abgelehnt und verworfen durch Seine Brüder, wie Josef. Letzterer wurde zum Segen für die Heiden, indem er dafür sorgte, dass Ägypten und die Nachbarländer in den Jahren des Mangels dennoch genügend zu essen hatten und nicht dem Hunger zum Opfer fielen. Jesus wurde zum Heiland für die Welt und jeder, der an Ihn glaubt, erlangt das ewige Leben. ER wurde von Gott erniedrigt und wieder erhöht, um Sein Volk, um die Welt zu erretten. Eines Tages, wenn Er wiederkommt, werden Ihn seine jüdischen Brüder als ihren Messias erkennen.

Dieses Ereignis stellt die Erfüllung der Prophetie in Sacharja 12,10 dar: *«Aber über das Haus David und über die Bewohnerschaft von Jerusalem giesse ich den Geist der Gnade und des Flehens aus, und sie werden auf mich blicken, den sie durchbohrt haben, und werden über ihn wehklagen, wie man über den einzigen Sohn wehklagt, und werden bitter über ihn weinen, wie man bitter über den Erstgeborenen weint.»*

Mit der gleichen Bestürzung, mit dem gleichen Erstaunen werden sie auf Jesus sehen, wie die Brüder auf Josef sahen, als dieser sich ihnen zu erkennen gab. 1. Mose 45,3: *«Seine Brüder aber konnten ihm nicht antworten, denn sie waren bestürzt vor ihm.»*

Dann wird ihnen ihre Schuld der Verwerfung bewusst werden. Doch der sich ihnen offenbarende Messias wird Seine Arme öffnen und sie mit sich versöhnen. ER wird sie vom Saal des Gerichtes in einen anderen Raum führen, dort wo der Thron der ewigen Gnade steht.

Der Apostel Paulus schreibt im Brief an die Römer, Kapitel 11, Vers 26: *«Und so wird ganz Israel errettet werden, wie geschrieben steht: 'Es wird aus Zion der Erretter kommen, er wird die Gottlosigkeiten von Jakob abwenden'.»* Einige Verse vorher heisst es (Römer 11,12): *«Wenn aber ihr Fall der Reichtum der Welt ist und ihr Verlust der Reichtum der Nationen, wie viel mehr ihre Vollzahl!»*

Va'Jechi – *«Und er lebte»*

1. Mose 47,28–50,26

Haftarah-Abschnitt: 1. Könige 2,1–12

Wir kommen zum letzten *Torah*-Abschnitt im ersten Buch Mose. Am Ende von Kapitel 47 lesen wir, dass Jakob dem Tod entgegenging und Josef seinem Vater schwor, ihn nicht in Ägypten, sondern im Land seiner Väter zu begraben.

Im folgenden Kapitel 48 berichtet Jakob seinem Sohn Josef von der wunderbaren Verheissung, die Gott ihm einst gegeben hatte. Dann segnete er die Söhne Josefs – Ephraim und Manasse. Zurück in Kanaan, als Jakob noch jung war, hatte Gott ihm einst zahlreiche Nachkommen verheissen. Ganze Völkerschaften sollten aus seinen Nachkommen hervorgehen und das Land Kanaan erhalten und für ewig besitzen. In Josefs Söhnen sieht Jakob den Beginn der Erfüllung dieser Verheissung.

In Kapitel 49 wird Jakobs prophetischer Segen über seinen Söhnen geschildert. Er schliesst die Verheissung über Juda in Vers 10 ein, die auf den Messias hinweist, der aus dem Stamm Juda kommen wird (siehe den Stammbaum Jesu in Matthäus 1). Die Erwähnung des Zepters in diesem Vers weist auf das zweite Kommen von Jesus dem Messias hin, *«... bis der Schilo kommt, dem gehört der Gehorsam der Völker.»* Dann wird Er als der Löwe von Juda kommen, dessen Herrschaft sich über die ganze Erde erstrecken wird (Off. 5,5–6). Vers 24 erwähnt den Hirten und den Stein Israels, ebenfalls ein Hinweis auf den Messias (siehe Psalm 23 und 1. Petrus 2,8). Das erste Buch Mose endet in Kapitel 50 mit dem Tod und dem Begräbnis von Jakob.

Ich möchte unseren Blick auf die Verse 15 bis 26 dieses Kapitels richten – auf Josefs erneute Zusicherung an seine Brüder, dass er ihnen vergeben hat – und dann auf seinen Tod.

1. Mose 50,15–26

Nachdem Jakob gestorben war, fürchteten sich die Brüder, Josef könnte an ihnen Vergeltung üben. Gab es Gründe für diese Sorge? Josef hatte ihnen doch bereits vergeben (Kap. 45,5). Trotz der zugesprochenen Vergebung hatten sie nicht die Gewissheit, ob Josef ihnen wirklich vergeben hatte, vor allem jetzt nicht mehr, wo ihr äusserer Schutz, nämlich der Vater, nicht mehr lebte. Die Brüder dachten heimlich, dass Josefs Vergebung nur vorübergehend erfolgt sei, aus Respekt vor dem Vater. Ihr Verhalten war ein Ausdruck ihrer Ungewissheit und ihrer Schuld. Denn sie selbst hatten bis zu diesem Zeitpunkt ihre Schuld gegenüber Josef nicht bekannt und ausgesprochen. Da hatte nie ein klärendes Gespräch stattgefunden, nie war ein Schuldbekenntnis gemacht worden. Deshalb waren sie voller Zweifel und Misstrauen gegenüber Josef: Hatte er ihnen tatsächlich vergeben?

Die Brüder waren nicht ehrlich und sie logen erneut. Die Furcht vor dem Bruder war so gross, dass sie sich nicht trauten, direkt mit Josef zu sprechen. Sie schickten einen Boten und liessen eine angeblich väterliche Botschaft ausrichten, die jedoch in keiner von Jakobs Aussagen zu finden ist. Die Brüder meinten, Josef behandle sie auf die gleiche Weise, wie sie ihn behandelt hatten. Obwohl sie das Wort des Bruders hatten und Gottes Handeln hinter all den Ereignissen sahen, plagten sie Zweifel. Ihre Schuld stand noch immer vor ihnen. Ihre wiederholte Bitte um Vergebung zusammen mit dem jetzt erfolgenden Schuldgeständnis offenbart nur zu deutlich ihre innere Not und ihren Wunsch nach Vergebung.

Als er das hörte, weinte Josef. Auch sah er die Angst in den Augen seiner Brüder. Seine Antwort ist voller Mitgefühl, Barmherzigkeit und Freundlichkeit. Wiederholt mahnt er sie und er tröstet: *«Fürchtet euch nicht.»*

Nachdem sie gegenüber Josef ihre Schuld zugegeben hatten, sprach er ihnen die volle Vergebung zu. Auch hierin sehen wir ein Bild für die Sündenvergebung Jesu. ER hat sie vollbracht, die Schuld ist getilgt. Wir können die Vergebung aber nur dann in Anspruch nehmen, wenn wir unsere Schuld auch bekennen. *«Glück-*

lich der, dem Übertretung vergeben, dem Sünde zugedeckt ist. Als ich schwieg, zerfielen meine Gebeine durch mein Gestöhn den ganzen Tag. So tat ich dir kund meine Sünde und deckte meine Schuld nicht zu. Ich sagte: Ich will dem HERRN meine Übertretungen bekennen; und du, du hast vergeben die Schuld meiner Sünde» (Psalm 32,1; 3; 5).

Was meint Josef, wenn er fragt (Vers 19): *«Bin ich etwa an Gottes Stelle?»* Er gründet seine Ermahnung auf die Tatsache, dass er selbst sich Gott unterstellt. Seine persönliche Zusicherung hätte für die Brüder keine dauerhafte Gewissheit bedeutet. Der menschliche Charakter kann sich schnell ändern. Das Vertrauen in menschliche Zusicherungen bringt keinen wirklichen Frieden. Der Zuspruch der Vergebung aus Menschenmund anstelle von Vergeltung klingt nicht überzeugend, denn er widerspricht der menschlichen Natur. Deshalb verweist Josef auf Gott, den er nicht beiseite lassen kann. Anstelle einer erneuten Zusicherung seiner eigenen Vergebung, verweist Josef die Brüder auf die unergründliche Barmherzigkeit Gottes, auf Seine Gnade. Er gibt den Brüdern einen Einblick in Gottes unerforschlichen Heilsplan, den Er trotz oder wegen der Taten der Menschen ausführt. Sein Wunsch ist unsere Errettung und Erlösung.

Der Plan der Brüder, Josef zu beseitigen, wurde zu Gottes Weg, um eine Familie zu retten und ein ganzes Volk entstehen zu lassen. Menschliche Weisheit und Intellekt liegen wie ein Trümmerhaufen vor dem Wunder von Gottes Vorherbestimmung. Zugleich will Gott uns Seinen Heilsplan am Ende der Tage offenbaren. Inmitten des durch die Sünde des Menschen verursachten Chaos, im Angesicht verpasster Chancen und harter Schicksalsschläge werden wir die Führung Gottes erkennen, wenn wir unser Leben Ihm unterstellen und Ihm die Treue halten. Diese Erkenntnis ist der Schlüssel der Josefsgeschichte, ja des gesamten ersten Buches der Bibel. Die Verse 22–23 berichten, dass Josef auch in seinem privaten Leben den Segen Gottes erfuhr. Seine Ururenkel zu sehen, wurde als grosses Glück betrachtet. Die Verse 24–26 bringen Josefs Sehnsucht nach der Erfüllung von Gottes Verheissungen zum Ausdruck.

Der schreckliche Verkauf von Josef war der erste Schritt in Abrahams Familie hin zur Bildung eines Volkes. Das Thema der Erlösung weist über die Bewahrung der Familie in Ägypten, über den Exodus und die Einnahme des verheissenen Landes hinaus. Es reicht über den Tanach (AT) hinaus bis zu Jesus, durch den die endgültige und vollkommene Erlösung geschah.

Jakob

«Und Jakob lebte im Lande Ägypten siebzehn Jahre und die Tage Jakobs, die Jahre seines Lebens, betrugen 147 Jahre. Und als die Tage Israels nahten, dass er sterben sollte, rief er seinen Sohn Josef und sprach zu ihm: Wenn ich nun Gunst gefunden habe in deinen Augen, dann lege doch deine Hand unter meine Hüfte, und erweise Gnade und Treue an mir: Begrabe mich doch nicht in Ägypten! Wenn ich mich zu meinen Vätern gelegt habe, dann führe mich aus Ägypten, und begrabe mich in ihrem Grab! Und er sprach: Ich werde tun nach deinem Wort. Er aber sagte: Schwöre mir! Da schwor er ihm. Und Israel neigte sich anbetend nieder am Kopfende des Bettes» (1. Mose 47,28–31).

Jakob ist der dritte Erzvater des jüdischen Volkes und einer der Patriarchen. Sein bewegtes Leben geht zu Ende. Einst als Täuscher und Betrüger auf der Flucht vor seinem Bruder, hatte er eine Begegnung mit dem lebendigen Gott. Jakob wandelte auch in der Folgezeit noch viel dem Fleische nach, doch nach seiner erneuten Begegnung mit Gott, bei der er einen neuen Namen erhielt, nach seiner Rückkehr in das verheissene Land, wurde Jakob ein Mann Gottes und wandelte im Glauben. Der Glaubensvater (Hebräer 11,13 bis 17 und 21), dem seine Familie so viel Leid und Sorgen bereitet hatte, starb schliesslich in grosser Zuversicht und tiefem Frieden, dass er seine ewige Ruhe im verheissenen Land finden würde. Das Ende von Jakobs Leben erinnert an einen stillen Abend mit einem herrlichen Sonnenuntergang nach einem stürmischen Tag. Die

Sonne mag während des Tages verborgen gewesen sein hinter den Wolken – jetzt geht sie unter mit majestätischem Glanz. Ihre Strahlen vergolden den Himmel und verheissen einen wunderbaren Morgen. Jakobs Augen mögen schwach gewesen sein, aber der Blick seines Glaubens war scharf.

Es ist interessant, dass am Ende seines Lebens seine beiden Namen genannt werden. Der Name «Jakob» bringt die Niederung zum Ausdruck, in die sich Gott herabneigte, um ihm in Bet El zu begegnen. Der Name «Israel» bringt hingegen die Höhe zum Ausdruck, in die er erhoben wurde.

Kapitel 2

2. Mose
Exodus

Schemot – *«Namen»*

2. Mose 1,1–6,1

Haftarah-Abschnitt: Jesaja 27,6–28,13 und 29,22–23

Dieser *Torah*-Abschnitt behandelt die ersten fünf Kapitel des zweiten Buches Mose, das Buch Exodus. Wie bereits im ersten Abschnitt von Genesis erwähnt, wird jedes der fünf Bücher der *Torah*, wie auch jeder Wochenabschnitt, nach dem ersten Wort des ersten Abschnittes, bzw. des gesamten Buches benannt.

Das 2. Buch Mose, das Buch des Auszugs, heisst somit in Hebräisch Schemot = Namen. *«Und dies sind die Namen der Söhne Israels ...»* So beginnt der erste Vers.

Die Kapitel dieses Wochenabschnitts beinhalten bemerkenswerte Ereignisse. In 2. Mose 1 wird über das Geschehen nach Josefs Tod und über die Unterdrückung des Volkes Israel in Ägypten berichtet. Kapitel 2 erzählt die Geburt des Mose, seine Annahme durch die Königstochter, wie Mose sich später mit dem Volk Israel identifizierte sowie seine Verwerfung und Flucht nach Midian. Am Ende dieses Kapitels berichtet Mose, der Autor dieses Buches, wie Gott Mitleid und Erbarmen mit Israel hat.

Der Inhalt von Kapitel 3 ist gut bekannt. Mose sieht sich dem brennenden Busch gegenüber. Er wird von Gott berufen, das Volk Israel zu befreien, und Gott offenbart sich ihm mit Seinem Namen. Kapitel 4 teilt uns die Einwände von Mose gegenüber seiner Berufung mit und berichtet über die Zeichen, die Gott ihm gibt. Es schildert die Ernennung Aarons, Moses Rückkehr nach Ägypten sowie seine Begegnung mit Aaron. In Kapitel 5 lesen wir über die Last der Knechtschaft des Volkes Israel in Ägypten sowie über den Streit mit Pharao.

Folgende Punkte dieses Abschnittes sind mir wichtig geworden:

1. Beginnend in Kapitel 1, Vers 17: Pharao wies die hebräischen

Hebammen an, jedes männliche Neugeborene unmittelbar nach der Entbindung zu töten, weil sich das Volk Israel so stark vermehrte. Der Pharao empfand dies als Bedrohung. Doch die Hebammen hatten Ehrfurcht vor Gott. Sie ignorierten den königlichen Befehl und liessen die Kinder am Leben. Der Befehl des Pharaos war nicht lediglich derjenige eines Leiters in einer Geburtenabteilung, sondern das war die Anweisung des mächtigsten Mannes in der damaligen Zeit. Die Hebammen waren sich über die Konsequenz im Klaren: Die Nichtbefolgung des pharaonischen Verdikts bedeutete die Todesstrafe.

Stehen wir bei gewissen Handlungsweisen in der Gefahr, Anweisungen aus Angst vor einem Menschen, dessen Autorität, Macht und Drohungen zu befolgen? Dabei ist dieser Mensch durchaus in der Lage, mich zu ruinieren. Ich kann meine Stellung verlieren oder bestimmte Vorteile oder meine Sicherheit können gefährdet sein, wenn ich seine Anordnungen nicht befolge. Selbstverständlich sollen wir unseren Verpflichtungen nachkommen und unsere Aufgaben erfüllen. Wenn aber offensichtlich ist, dass die erhaltenen Anweisungen dem Willen Gottes entgegenstehen – so wie das im Fall der hebräischen Hebammen war – dann sind wir aufgefordert, uns zu verweigern und Gott mehr zu gehorchen als den Menschen. Tun wir dies mit Überzeugung und Weisheit, dann werden wir in der Folge auch Gottes Segen erfahren, der grösser und umfassender ist als alle menschliche Anerkennung.

In Vers 21 heisst es, dass Gott den Hebammen später ihre eigenen Familien und Nachkommenschaft schenkte. Er tat ihnen Gutes, weil sie IHN fürchteten. Menschliches Lob und Anerkennung ist vergänglich und kann sich sehr schnell ändern. Im Gehorsam gegenüber Gottes Wort empfangen wir Segen, der ewigen Bestand hat.

2. *«Und es geschah während jener vielen Tage, da starb der König von Ägypten. Und die Söhne Israel seufzten wegen ihrer Arbeit und schrieen um Hilfe. Und ihr Geschrei wegen der Arbeit stieg auf zu Gott. Da hörte Gott ihr Ächzen, und Gott dachte an seinen Bund mit Abraham, Isaak und Jakob. Und Gott sah nach den Söhnen Israel, und Gott kümmerte sich um sie»* (2. Mose 2,23–25).

Der HERR kennt Ihre persönliche Situation, Ihre Bedrängnis, Ihre Not, Ihr Stöhnen genauso wie Ihre Auflehnung. Vielleicht leiden Sie unter der wachsenden Belastung durch die Aufgaben in der Gemeinde und in der Familie. Möglicherweise fühlen Sie sich den Veränderungen im Beruf nicht mehr gewachsen und Sie sind unsicher, wie es weitergehen soll. Vielleicht verlangt man immer mehr Leistung von Ihnen und Sie sehen keine Möglichkeit, sich den Forderungen zu widersetzen.

Dieser Bibeltext erinnert daran, dass der HERR Sie ebenso wenig vergessen hat, wie Er Israel vergessen hat. ER hat Sie weder im Stich gelassen, noch Seine Verheissungen aufgehoben, die Er Ihnen einst gab; so wenig, wie Er die Verheissungen vergass und vergisst, die Er Abraham, Isaak und Jakob gegeben hatte. ER möchte uns vor Augen führen, dass unsere einzige und wahre Hilfe in Ihm liegt. ER möchte, dass wir vollkommen von Ihm abhängig sind, unser ganzes Vertrauen in Ihn setzen. Wenn Sie ein Kind Gottes sind, erlöst durch das Blut Jesu, dann rufen Sie zum HERRN in Ihrer ausweglosen Lage. ER wird Sie hören, so wie Er das Schreien des Volkes Israel in seiner hoffnungslosen Situation hörte. Gott sah und erkannte nicht nur Israels Zustand. ER sah tief hinein in ihr Elend und machte ihre Sorgen zu Seinen, wie Martin Luther Vers 25 übersetzte: «Und er sah darein und nahm sich ihrer an.»

3. Als Gott Mose berief und ihn zu Pharao sandte, um das Volk Israel aus der Knechtschaft zu führen, gab Er ihm die Zusage, mit ihm zu sein. *«Ich werde ja mit dir sein. Und dies sei dir das Zeichen, dass Ich dich gesandt habe: Wenn du das Volk aus Ägypten herausgeführt hast, werdet ihr an diesem Berg Gott dienen»,* sagt der HERR in 2. Mose 3,12. Wenn Gott Sie zu einem Dienst beruft, wird Er Ihnen auch ein Zeichen geben und Sie werden erkennen, dass dies der Ruf des HERRN ist. ER wird Sie auch ausrüsten und unterweisen, so wie Er es mit Mose getan hat. Dies aber nur, wenn Sie auf Seinen Ruf mit bewusster Konsequenz folgen.

4. Gott hatte Abraham, Isaak und Jakob das Land Kanaan als Erbe für deren Nachkommen verheissen (2. Mose 3,17). Gott selbst er-

innerte Mose an diese Verheissung. ER vergisst nicht, sondern erfüllt, selbst wenn es Hunderte von Jahren dauert. Dies trifft auch auf alle zukünftigen Verheissungen für Israel zu: Gott wird sie erfüllen, zu Seiner Zeit. Es ist interessant, dass die Selbstoffenbarung Gottes, das Kundtun Seines Namens, hier im Zusammenhang mit der Landverheissung für Sein Volk erscheint.

5. Gott respektiert unseren Willen, selbst wenn Er zornig mit uns ist (2. Mose 4,14). Er respektierte Moses Einwände und stellte ihm Aaron zur Seite. Mose war überzeugt, dass die Redegewandtheit Aarons ihm helfen würde, seinen Auftrag zu erfüllen. Er glaubte, dass die Worte seines Bruders den Pharao überzeugen würden. Dabei vertraute Mose nicht darauf, dass der HERR auch durch ihn zu Pharao sprechen könnte, bzw. ihm die Gabe der Beredsamkeit schenken könnte (2. Mose 4,11–13). Später wird deutlich, dass der Pharao seine Einstellung nicht durch die sprachliche Gewandtheit Aarons änderte, sondern durch die mächtigen Taten Gottes. Für Mose waren die Folgen seines Zweifels bitter. Die Beteiligung Aarons bei der Führung des Volkes brachte Mose grosse Probleme ein. Aaron war schwach, er hinderte das Volk nicht daran, die Sünde mit dem goldenen Kalb zu begehen (2. Mose 32,21–25). Mose konnte sich nicht voll auf Aaron verlassen.

6. Aus Kapitel 4, Vers 23 wird ersichtlich, dass jeder, der Israel Schaden zufügt, der das jüdische Volk daran hindert, in das ihnen verheissene Land zu ziehen, sich selbst schadet. Der Pharao widersetzte sich dem Willen Gottes. Dadurch brachte er letztlich eine Katastrophe über sein eigenes Volk. Nationen, die im Verlaufe der Geschichte das jüdische Volk schlecht behandelten, hatten am Ende selbst schrecklich darunter zu leiden.

7. Wir mögen uns oft die Frage stellen, warum Gottes Wort, Seine Verheissungen, nicht immer gleich eintreffen. Mose sieht sich in Kapitel 5,22–6,1 mit dem gleichen Problem konfrontiert. Gott beauftragte ihn, das Volk Israel aus der Knechtschaft in Ägypten zu führen. Mose gehorcht. Doch kaum begonnen, sieht er sich bereits

ernsthaften Schwierigkeiten gegenüber. Obwohl er im Namen Gottes handelte, hatte sich die Situation keineswegs gebessert, im Gegenteil. Die Lage des Volkes scheint schlimmer denn je. Mose erinnert Gott an seine Berufung und fragt den HERRN, warum Er Sein Versprechen nicht erfülle. Doch Gott ist treu. ER bestätigt nicht nur Sein Wort, sondern gibt Mose zu verstehen, dass die Erfüllung nicht gemäss seinen Erwartungen geschieht, sondern nach dem Plan des HERRN.

8. Gott verhärtet das Herz jener Menschen, die Sein Volk unterdrücken. Dadurch erscheint Sein Handeln am Ende noch strahlender (2. Mose 4,21 und 5,2). ER gewährt dem Feind eine gewisse Freiheit und erlaubt ihm zu handeln, sowohl in der Geschichte des Volkes Israel, als auch in unserem persönlichen Leben. Jedoch nur, damit Er am Ende noch mächtiger und herrlicher erscheint und damit wir Ihm alle Ehre geben.

9. *«Als sie nun vom Pharao herauskamen, trafen sie Mose und Aaron; die traten ihnen entgegen. Und sie sagten zu ihnen: Der HERR sehe auf euch und halte Gericht darüber, dass ihr unseren Geruch beim Pharao und bei seinen Hofbeamten stinkend gemacht habt, indem ihr ihnen das Schwert in die Hand gegeben habt, uns umzubringen. Da wandte sich Mose an den HERRN und sagte: Herr, warum hast du so übel an diesem Volk gehandelt? Wozu hast du mich denn gesandt? Seitdem ich nämlich zum Pharao hineingegangen bin, um in deinem Namen zu reden, hat er an diesem Volk übel gehandelt, aber errettet hast du dein Volk keineswegs»* (2. Mose 5,20–23).

Die hebräischen Aufseher machten Mose und Aaron dafür verantwortlich, dass sich die Situation des Volkes wesentlich verschlechterte, seit die beiden bei Pharao die Freilassung gefordert hatten. Jetzt wünschten die Aufseher sogar, dass Gott Mose und Aaron dafür strafe.

Diese Forderung war die eigentliche Prüfung für Mose. Die Ablehnung des Pharao war zu erwarten gewesen und von Gott auch vorhergesagt, doch die Ablehnung durch das eigene Volk, dem er helfen wollte, liess grundsätzliche Zweifel an seinem Dienst keimen.

Vielleicht hat der eine oder andere Leser bereits ähnliche Erfahrungen gemacht. Gott stellte Ihnen eine Aufgabe und Sie möchten Ihm dienen. Vielleicht engagieren Sie sich im Rahmen evangelistischer Einsätze in der Gemeinde. Dabei stossen Sie auf Ablehnung. Die Angesprochenen reagieren negativ. Doch Sie lassen sich nicht entmutigen, weil Sie wissen, dass diese Reaktion eine Folge der Verkündigung des Evangeliums ist. Damit mussten Sie rechnen. Aber plötzlich erfahren Sie Kritik und Ablehnung aus den eigenen Reihen. Womöglich ist man mit dem Stil Ihres Vorgehens nicht einverstanden oder man empfiehlt Ihnen grundsätzlich, sich in einem anderen Bereich zu engagieren. – Was können wir in einer solchen Situation von Mose lernen?

Er sucht eine erneute Bestätigung Gottes. Er wendet sich zu Gott, denn er ist abhängig von der Gemeinschaft mit IHM. Nur in der Gegenwart Gottes erhält Mose neue Zuversicht und Kraft für seine Mission. *«Da wandte sich Mose an den HERRN ...»* ist eine einfache, aber wunderbare Beschreibung der andauernden innigen Gemeinschaft zwischen Mose und Gott. Im ersten Vers von Kapitel 6 steht, dass Gott die Fragen und Zweifel von Mose nicht verwirft, sondern ihm in barmherziger Weise antwortet und Seine Pläne offenbart. Gott nimmt auch unsere Einwände ernst. Mit Seiner liebevollen Vaterhand hebt Er unseren Blick über die gegenwärtig schwierigen Umstände hinweg und schenkt uns innerlich Ruhe, Frieden und Freude.

JHWH

In 2. Mose 3,14–15 offenbart sich Gott Mose gegenüber mit Seinem Namen. *«Da sprach Gott zu Mose: Ich bin, der ich bin. Dann sprach er: So sollst du zu den Söhnen Israel sagen: Ich bin* (oder ICH WILL SEIN) *hat mich zu euch gesandt. Und Gott sprach weiter zu Mose: So sollst du zu den Söhnen Israel sagen: Jahwe, der Gott eurer Väter, der Gott Abrahams, der Gott Isaaks und der Gott Jakobs, hat mich zu euch gesandt. Das ist mein Name in Ewigkeit, und das ist meine Benennung von Generation zu Generation.»*

Der Name Gottes drückt aus, was und wer Gott ist. Alle Eigenschaften Seines Wesens sind im Namen JHWH, dem sog. Tetragram, vereint. ICH WERDE SEIN, DER ICH SEIN WERDE, lässt sich die Selbstoffenbarung Gottes auch übersetzen. Dennoch haben die vier hebräischen Buchstaben Jud, Hey, Wav, Hey eine weitaus tiefere Bedeutung, als es irgendeine Übersetzung zum Ausdruck bringen kann. Wir sehen uns darin Gottes Gegenwart, Seiner Vergangenheit und Seiner Zukunft gegenübergestellt. Der Name konfrontiert uns mit der Ewigkeit Gottes.

Die vier hebräischen Buchstaben wurden sehr wahrscheinlich als Jahweh ausgesprochen. Das Wort ist jedoch so heilig, dass Juden es nicht aussprechen, wenn sie den Bibeltext lesen. Wenn Juden die Bibel lesen und diese vier Buchstaben erscheinen, sprechen sie anstelle des Wortes Jahweh das Wort Adonai, das HERR bedeutet. In den meisten Bibelübersetzungen findet sich daher das Wort HERR in Grossbuchstaben, wo in dem Grundtext JHWE steht.

«Damit man nun beim Vorlesen aus der Bibel daran erinnert wurde, 'Adonai' zu lesen und nicht versehentlich 'Jahwe', setzten die Juden in ihren Bibelhandschriften zu den Konsonanten des Namens 'Jahwe' (JHWE) die Vokale des Wortes 'Adonai,' ('eoa,' wobei das Zeichen für 'e' auch für 'a' stehen kann), so dass Nichteingeweihte daraus 'Jehova' lesen mussten» (aus dem Vorwort zur revidierten Elberfelder Bibelausgabe).

Va'Era – *«Ich bin erschienen»*

2. Mose 6,2–9,35

Haftarah-Abschnitt: Hesekiel 28,25–29,21

Die erste Hälfte des zweiten Buches Mose beschreibt die Befreiung des jüdischen Volkes aus seiner Knechtschaft in Ägypten. Dieser Wochenabschnitt handelt vom Beginn der Erlösung des Volkes Israel. In Kapitel 6 ermutigt Gott Mose in seiner Mission. Er verheisst die Befreiung.

Am Ende des Kapitels findet sich eine Aufzählung der Vorfahren von Mose und Aaron. Moses Auftrag wird erneuert (Kapitel 7), Aarons Stab verwandelt sich in eine Schlange und die erste Plage kommt über Ägypten, indem sich alle Gewässer in Blut verwandeln. Kapitel 8 zeigt auf, wie sich Gottes Gericht über Ägypten fortsetzt durch die Plagen mit Fröschen, Stechmücken und Stechfliegen. Als sich der Pharao immer noch weigert, Israel ziehen zu lassen, stirbt das Vieh durch die Pest und die Menschen werden befallen von Blasen und Geschwüren (Kapitel 9).

Am Ende dieses *Torah*-Abschnittes lesen wir über eine weitere Plage, die Ägypten befiel. Hagel ging nieder und richtete enorme Schäden an.

Ich möchte unsere Aufmerksamkeit auf geistliche Wahrheiten richten, die uns Gott in Seinem Wort lehrt:

1. Nach 2. Mose 6,6–9 geht die Erlösung einher mit Gericht über die Feinde des Volkes Gottes. Erlösung geschieht gänzlich durch Gott. Sie geschieht durch eine Person und nur durch Blut. Bereits hier sehen wir die Beziehung zur endgültigen Erlösung durch Jesus, den Messias, indem ER durch Sein Blut Satan und dessen Macht besiegte. ER erlöste die Menschen von den Fesseln der Welt und bietet jedem, der seine Schuld bekennt und an IHN glaubt, ewi-

ges Leben. In diesen Versen werden fünf Stufen der Befreiung aus Ägypten sichtbar.

A. *«Ich werde euch herausführen.»*
B. *«Ich werde euch von den Lastarbeiten befreien.»*
C. *«Ich werde euch erlösen.»*
D. *«Ich will euch annehmen zu meinem Volk.»*
E. *«Ich werde euch in das Land bringen.»*

Wenn sich das jüdische Volk alljährlich während des Passahfestes an die Befreiung aus Ägypten erinnert, werden vier Becher Wein während des festlichen Familienmahls getrunken. Jeder symbolisiert einen Aspekt der Befreiung.

Der erste Becher bedeutet *«herausführen»*, der zweite symbolisiert *«Errettung»*, der dritte ist der Becher der *«Erlösung»* und der vierte bedeutet *«Annahme»*. Ein fünfter Becher steht unberührt in der Mitte des Tisches. Er ist bestimmt für den Propheten Elijah, den Vorläufer des Messias. Dieser Becher symbolisiert das zukünftige messianische Königreich: *«Ich werde euch in das Land bringen.»*

Der Herr Jesus Christus tat das Gleiche mit Seinen Jüngern während der Feier des letzten Passahmahles. Sie tranken den Wein vor und nach dem Essen. Jesus nahm den Kelch nach dem Mahl (den dritten Becher) und sagte: *«Dieser Kelch ist der neue Bund in meinem Blut, das für euch vergossen wird»* (Lukas 22,20). Dies war der Becher der Erlösung. Er trank nicht vom vierten Becher, sondern sagte, dass er nicht von dem Gewächs des Weinstocks trinken werde, bis das Reich Gottes kommt (Lukas 22,17). Dies bedeutet, dass Er diesen Becher bei seiner Wiederkehr auf die Erde trinken wird. Dann wird Sein Volk, alle, die Ihm nachfolgen, vereint sein mit Ihm.

Wieder unterstreichen diese Verse, die Gottes Verheissung der Befreiung beinhalten, die Bedeutung des Landes. *«Dann werde ich euch in das Land bringen, um dessentwillen ich meine Hand zum Schwur erhoben habe, dass ich es Abraham, Isaak und Jakob geben will, und ich werde es euch zum Besitz geben, ich, der HERR»* (2. Mose 6,8).

Das hebräische Wort für Erbe oder Erbschaft ist *morascha,* zu unterscheiden von *yeruscha,* was Hinterlassenschaft bedeutet. Die mündliche Überlieferung des Judentums lehrt, dass *yeruscha* leicht zu empfangen ist. Eine Person stirbt und hinterlässt etwas, das die Erben erhalten. *Morascha* dagegen kann nur durch eine Zustimmung, eine Bejahung des Erbes, empfangen werden. Die Israeliten konnten das Land nur einnehmen, indem sie Ja dazu sagten und den Wunsch und das Ziel hatten, es in Besitz zu nehmen.

Ähnlich verhält es sich mit der Gabe des ewigen Lebens in Jesus dem Messias. Wir müssen Ja dazu sagen und eine bewusste Entscheidung dafür treffen, diese Verheissung eines ewigen Erbes in Seinem Königreich in Anspruch zu nehmen. Tod und Auferstehung Jesu, wodurch wir eine ewige Erbschaft erlangen, ist ein Ausdruck von Gottes Liebe zu uns, in der gleichen Weise, wie er das Land Kanaan als einen Ausdruck Seiner Liebe und Gnade dem jüdischen Volk gegenüber verheissen hat (Psalm 136, 21–22).

2. Kapitel 7, Vers 4 ist eine Botschaft an die Nationen dieser Welt. Jeder Herrscher, der Hand anlegt an das Volk Israel, jede Nation, die das Volk Israel unterdrückt, wird durch die mächtige Hand Gottes gerichtet. Der Vers verdeutlicht darüber hinaus, dass die Sammlung des jüdischen Volkes begleitet ist vom Gericht Gottes über die Nationen, welche diese Sammlung verhindern wollen (siehe auch Kapitel 9,1–3).

3. Der HERR sagte zu Mose und Aaron, sie sollten vor Pharao ein Wunder tun, wenn dieser es fordere. In Kapitel 7,8–13 lesen wir, dass Aarons Stab sich in eine Schlange verwandelte und dass die ägyptischen Zauberer und Wahrsagepriester dies durch ihre Zauberkünste ebenso taten. Das zeigt zum einen, dass Gott Menschen Seines Volkes in die Lage versetzen kann, Wunder zu vollbringen, wie es später auch im Leben der Apostel sichtbar wird. Es zeigt aber auch, dass der Feind dies ebenfalls kann. Auch in unseren Tagen vollbringt Gott Zeichen und Wunder, jedoch gleichzeitig sind falsche Propheten, falsche Wunderheiler und Täuscher am Werk. Wer vermag die Geister zu unterscheiden (1. Kor. 12,10)?

Die verführerischen Wunder, die Menschen blenden, werden ihren Höhepunkt erreichen mit der Erscheinung des Antichristen (Off. 13,13–14). Er wird jedoch besiegt werden durch die Rückkehr von Jeschua HaMaschiach, von Jesus dem Messias, durch den Löwen von Juda, durch das Lamm (Off. 5,5). *«Verschlungen ist der Tod in Sieg»* (1. Kor. 15,54), so wie Aarons Stab die Stäbe der ägyptischen Zauberer verschlang (2. Mose 7,12).

4. Zwischen den Plagen bot Pharao Mose einen Kompromiss an. In Kapitel 8, Vers 24 erlaubt er den Israeliten, Gott zu opfern, jedoch nur innerhalb der Grenzen von Ägypten. Auch heute verlangt und erwartet die Welt von wahren Christen Zugeständnisse und Kompromissbereitschaft. «Du kannst ja an Jesus glauben und Christ werden, aber werde nicht extrem, bleib mit den Füssen auf der Erde (sprich: in der Welt), «in Ägypten». Mose liess sich nicht darauf ein. Er beharrte darauf, den Auftrag Gottes, das Volk in die Freiheit zu führen, zu erfüllen. Vollkommene Befreiung von der Welt (Ägypten) ist die Folge vollkommenen Gehorsams gegenüber dem Wort Gottes.

5. Kapitel 9,1–3 gibt uns die Antwort darauf, warum Gott die Freilassung der Israeliten aus der Knechtschaft verlangte. Nicht weil sie besonders gute und die Ägypter besonders schlechte Menschen waren. Der Grund lag vielmehr darin, dass Gott sich das Volk Israel erwählte, damit sie IHM, dem lebendigen Gott, dienten, IHN anbeteten und ER dadurch geehrt wurde. Dies ist die geistliche Bedeutung der Sammlung des jüdischen Volkes auch in unserer Zeit, damit Gottes Plan der Erlösung zur Erfüllung kommt, damit Israel ein Licht für die Welt wird, zur Ehre Gottes.

El Schaddai

«Und Gott redete zu Mose und sprach zu ihm: Ich bin JHWE. Ich bin Abraham, Isaak und Jakob erschienen als Gott, der All-

mächtige (El Schaddai); aber mit meinem Namen JHWE habe ich mich ihnen nicht zu erkennen gegeben» (2. Mose 6,2–3).

Die Befreiung aus der Knechtschaft beginnt mit den eindrucksvollen Worten «Ich bin JHWE» (siehe dazu vorhergehenden Wochenabschnitt). Darin wird Mose unmissverständlich klar, wer die Erfüllung dieser Verheissung garantiert. Der jüdische Bibelkommentator Raschi übersetzte die Verse mit: «Gott sagt zu Mose, Ich habe dich nicht vergeblich gesandt, wie du klagst, sondern um Meine Worte an die Väter zu erfüllen.» Gott hatte sich den Vätern nicht als JHWE vorgestellt, obwohl über die Kenntnis dieses Namens auch das 1. Buch Mose berichtet (49,18), sondern als *El Schaddai,* als Gott, der Allmächtige. Mit diesem Namen offenbarte sich Gott nur den Erzvätern Abraham (1. Mose 17,1), Isaak (1. Mose 28,3) und Jakob (1. Mose 35,11; 43,14; 48,3). Ausser der oben zitierten Stelle aus 2. Mose erscheint der volle Name *El Schaddai* sonst an keiner weiteren Stelle der Bibel. *Schaddai* (= Allmächtiger) alleine jedoch taucht mehrfach auf, vor allem im Buch Hiob.

Da *El* bereits eine Bezeichnung für Gott ist, welche die Allmacht einschliesst, drückt *El Schaddai* weit mehr aus. Es werden darin verschiedene Charaktere Gottes veranschaulicht: Gott «stärkt», «befriedigt», ist «All-genügsam», «bereichert», macht «fruchtbar», «ist nichts unmöglich», «verteilt Gutes».

Der HERR hat sich den Patriarchen als Beschützer und Freund vorgestellt, als ihr Hirte und als derjenige, der ihnen materielle Güter zukommen lässt. Im Vordergrund der Offenbarung *El Schaddais* steht immer die Verheissung einer grossen Nachkommenschaft, der Fruchtbarkeit. Betrifft dies bei den Patriarchen die physischen Abkömmlinge, so ist es aber auch ein Hinweis auf das geistliche Gottesvolk.

In Hebräer 11,12 wird Abraham als jemand bezeichnet, dessen Leib bereits erstorben war, sprich, er war bereits so alt, dass er normalerweise keine Kinder mehr zeugen konnte. Dennoch hat Gott ihm einen Sohn erweckt, dessen Nachkommenschaft unzählbar geworden ist. Im verheissenen Samen Abrahams sollen gesegnet werden alle Geschlechter auf Erden (1. Mose 12,3). Dies hat sich erfüllt in Jesus Christus, der in dieses Volk geboren wurde. Durch den Glauben an Ihn kann jeder Mensch ein Gotteskind werden und zur Gemeinde des *El Schaddai* gehören.

Die *Septuaginta* (griechische Übersetzung des *Tanach*) gibt *Schaddai* mit *Pantokrator* wieder, dem «Herrscher über alles», dem «Allesbeherrscher». In 2. Kor. 6,17b–18 heisst es: *«Und ich werde euch annehmen und werde euch Vater sein, und ihr werdet mir Söhne und Töchter sein, spricht der Herr, der Allmächtige.»*

El Schaddai weist somit auch auf das himmlische Gottesvolk hin, auf die Gemeinde Jesu, und wir sehen in *El Schaddai* den Gottessohn, der den Zugang zu JHWE ermöglicht hat. *«Und ich sah keinen Tempel in ihr, denn der Herr, Gott, der Allmächtige, ist ihr Tempel, und das Lamm»* (Off. 21,22).

Bo – «*Geh*»

2. Mose 10,1–13,16

Haftarah-Abschnitt: Jeremia 46,13–28

Der HERR sagte zu Mose: «*Geh zum Pharao hinein.*» Zum Pharao sagte Er: «*Lass mein Volk ziehen.*» Dies sind nicht nur die ersten Sätze dieses Textes, sondern auch das Thema des gesamten Wochenabschnittes. Unter dem Aspekt von Gottes Plan zur Erlösung von Israel und der ganzen Welt dürfte dies der wichtigste Abschnitt im ganzen Tanach (AT) sein.

In Kapitel 10 findet das Gericht Gottes über Ägypten seine Fortsetzung durch eine Heuschreckenplage. Selbst die Verstockung von Pharaos Herz bewirkte der HERR (2. Mose 10,20 u. 27; 11,10), um Seine Macht in noch grösserer Weise zu zeigen. Nachdem alle Hoffnung Israels schwand und der Pharao sich trotz der Plagen, die sein Land heimsuchten, noch immer weigerte, die Israeliten ziehen zu lassen, war Gottes Zeit zum Handeln gekommen: Er schenkte die wahre Befreiung. Der Auszug zu einem früheren Zeitpunkt wäre keine vollkommene Befreiung gewesen, denn Pharao war noch nicht bereit dazu gewesen. Er versuchte, mit Mose Kompromisse zu schliessen. Zunächst wollte er Frauen und Kinder, später das Vieh zurückhalten. Erst als Gottes Stunde kam, war er bereit, alle aus Ägypten ausziehen zu lassen.

Israels Befreiung erfolgte nicht aufgrund einer der vorangegangenen Plagen. Dafür wären später menschliche Erklärungen herangezogen worden. Nein, Israel wurde durch die mächtige Hand Gottes auf eine Art und Weise befreit, dass es keinen Zweifel darüber gab, wem sie dies zu verdanken hatten. Daran erinnert sich das jüdische Volk jedes Jahr wieder, seit 35 Jahrhunderten, so wie es Gott in diesem Text geboten hat.

Vielleicht fühlen Sie sich persönlich in einer ähnlich auswegslosen Situation oder Sie leiden Not und tragen einen grossen

Wunsch im Innersten. Viele Male haben Sie sich bereits betend zu Gott gewandt. Sie haben Ihm alles gesagt und zu Ihm gerufen, wie es Israel getan hat. Sie wissen, dass Gott Ihre Situation kennt (wie er diejenige der Kinder Israel kannte), aber geändert hat sich nichts. Vielleicht hat Gott auch schon eingegriffen (so wie Er die Plagen auf Ägypten kommen liess, damit Pharao das Volk ziehen lässt). Aber Grundlegendes hat sich nicht geändert. Und Sie sehnen sich nach Befreiung, nach einem Durchbruch. Geben Sie nicht auf, verzagen Sie nicht, halten Sie fest am Vertrauen in den HERRN. Pflegen Sie die Beziehung mit Ihm. ER hört Sie und kennt Sie und Ihre Situation. Sein Plan mit unserem Leben geht oft über unser Verstehen hinaus. Vielleicht wird Er Sie aus Ihrer Lage auf eine derart überraschende und wunderbare Weise befreien, wie Sie es sich nicht haben vorstellen können.

Vers 11 in Kapitel 10 berichtet, dass der Pharao bereit war, die Israeliten ziehen zu lassen – aber nur die Männer. Er wollte Frauen und Kinder zurückhalten, um die Rückkehr der Männer zu garantieren oder um die Kinder vom Volk zu trennen und sie in Kultur und Denkweise der Ägypter zu erziehen.

Die Praxis der Trennung von Kindern und Eltern ist eine Politik, die Israels Unterdrücker durch die Geschichte hindurch mehr als einmal anwandten. Nach der Ausweisung aus Spanien, Ende des 15. Jahrhunderts, fanden 80 000 Juden Zuflucht in Portugal. Wütende spanische Priester erwirkten vom portugiesischen König einen Erlass, der alle erwachsenen Juden aus Portugal verbannte. Kinder unter 14 Jahren dagegen wurden von den Familien getrennt und als Christen erzogen.

Am Ende von Kapitel 10 wird die neunte Plage beschrieben – Finsternis überzog das Land. Im relativ kurzen Kapitel 11 wird dem Pharao die Tötung der Erstgeburt angekündigt. Kapitel 12 beinhaltet das Passahfest, das Gericht über Ägypten sowie den Beginn des Auszugs. Die ersten Verse von Kapitel 13, die den Abschluss dieses Wochenabschnittes bilden, berichten über die Absonderung der Erstgeburt für den HERRN. Vers 3 betont dabei noch einmal, dass einzig durch die starke Hand des HERRN die Israeliten aus Ägypten ausziehen konnten.

Im Zentrum dieses *Torah*-Abschnittes steht das Passahfest in Kapitel 12. Es macht die Grundlage der Erlösung deutlich. «Passah» (hebr. *Pesach)* heisst «vorbei-» oder «vorüberziehen» (siehe 12,13). Durch das Sterben aller Erstgeburt brachte Gott Gericht über Ägypten. Das Blut der geschlachteten Lämmer, das die Israeliten an die Oberschwelle und die Türpfosten ihrer Häuser streichen sollten, galt als Zeichen für die Wohnorte der Israeliten und schützte sie vor der Todesplage, die Ägypten heimsuchte.

Das hier beschriebene Passah stellt einen Vorschatten und ein Abbild der endgültigen Erlösung dar, die durch den Messias, den Gottessohn, für alle Menschen vollbracht wurde. Die Israeliten hatten ein Lamm auszuwählen und mussten es vier Tage lang, bis zum eigentlichen Passah, prüfen und in Augenschein nehmen. Kein körperlicher Fehler durfte an ihm sein. Genauso erging es Jesus. Vier Tage vor dem Passahfest kam Er nach Jerusalem und wurde in den darauffolgenden Tagen durch die religiösen Führer geprüft. Er antwortete ihnen in vollkommener Weise und sie entdeckten keinen Fehler an Ihm (Matthäus 21,23–27). Er stellte sich als das vollkommene Opferlamm dar. Selbst Pilatus sagte in Joh. 19,4: *«Ich finde keinerlei Schuld an ihm.»*

Der HERR forderte von den Israeliten, dass den Lämmern kein Bein gebrochen wird (12,46) und nichts bis zum nächsten Morgen übrig bleiben darf (12,10). Auch dies wurde durch das menschliche Lamm erfüllt. Noch vor Ende des Tages wurde Jesus vom Kreuz genommen und keinen Knochen hat man Ihm gebrochen. Dies alles ereignete sich, damit die Schrift erfüllt würde (Joh. 19,36). *«Denn auch unser Passahlamm, Christus, ist geschlachtet»*, sagt Paulus in 1. Kor. 5,7 (siehe auch 1. Petrus 1,18–21).

Die Israeliten wurden nur dann vor dem Gottesgericht gerettet und aus der Sklaverei befreit, wenn sie unter dem Blut des Lammes waren. Seit der Kreuzigung und Auferstehung Jesu können Menschen nur vor dem Endgericht der Welt bewahrt und gerettet werden, wenn sie Schutz und Erlösung durch das Blut des wahren Passahlammes erfahren. An anderer Stelle in der *Torah* (3. Mose 17,11) heisst es, dass ohne Blut keine Sühnung möglich ist (siehe auch Hebräer 9,22).

Durch eingehendes Betrachten aller Aspekte der Befreiung Israels aus der Knechtschaft in Ägypten erlangen wir ein tieferes Verständnis der vollkommenen Erlösung in Jesus Christus.

Kalender

«Dieser Monat soll für euch der Anfangsmonat sein, er sei euch der erste von den Monaten des Jahres!» (2. Mose 12,2). *«Heute zieht ihr aus im Monat Abib* (hebr. *Aviv*)» (2. Mose 13,4).

Mit dem Auszug aus Ägypten begann für das Volk Israel eine neue Epoche, die sich u. a. in einer neuen Zeitrechnung ausdrückte. Auch dies war fortan eine Unterscheidung zu den Ägyptern, die sich vermutlich an einen Sonnenkalender hielten. Israel erhielt von Gott einen neuen Kalender. Der Monat des Auszugs war der erste Monat. Der Monatsanfang war jeweils der Neumond, am Passah, am 14. Tag des ersten Monats herrschte somit Vollmond. Der Auszug geschah im Frühling und so erhielt der erste Monat auch diesen Namen, *Aviv* (hebr. = Frühling).

Die Monate des hebräischen Kalenders lauten:

Nisan (oder *Aviv*)	=	März / April
Ijjar (oder *Siv*)	=	April / Mai
Sivan	=	Mai / Juni
Tammuz	=	Juni / Juli
Av	=	Juli / August
Elul	=	August / September
Tischri	=	September / Oktober
Heschvan	=	Oktober / November
Kislev	=	November / Dezember
Teveth	=	Dezember / Januar
Schevat	=	Januar / Februar
Adar	=	Februar / März

Der hebräische Kalender ist ein Mondkalender. Jeder Monat

umfasst etwas mehr als 29,5 Tage (einige Monate haben 29, andere 30 Tage). Ein Mondjahr (354 Tage) hat demzufolge 11 Tage weniger als der gregorianische Sonnenkalender. Um eine Harmonisierung zu gewährleisten, musste der Mondkalender daher dem Sonnenkalender angepasst werden. Denn, obwohl die von Gott gebotenen Feiertage auf ein bestimmtes Datum festgelegt sind, sind sie auch an eine bestimmte Jahreszeit gebunden (Passah beispielsweise im Frühling oder das Laubhüttenfest im Herbst).

Diese notwendig gewordene Anpassung an den Sonnenkalender erfolgt durch die Hinzufügung eines weiteren Monats, des *Adar II*, der dieses jeweilige Jahr zum Schaltjahr werden lässt. In einen Zeitraum von 19 Jahren fallen sieben Schaltjahre, das heisst, in der Spanne von 19 Jahren werden sieben Monate dem jüdischen Kalender hinzugefügt, weil innerhalb von 19 Jahren das Sonnenjahr das Mondjahr um 209 Tage übersteigt, was sieben Monate ausmacht.

Nach dem babylonischen Exil erfuhr die biblische Monatseinteilung eine Änderung. Der erste Monat wurde in *Nisan* umbenannt, abgeleitet vom babylonischen Monat *Nisannu.* Die Bezeichnung *Tischri* für den siebten Monat ist ebenfalls ein babylonischer Name und bedeutet «anfangen» oder «beginnen». Das babylonische Neujahr begann in dieser Zeit und nach dem Exil wurde der siebte Monat innerhalb des jüdischen Kalenders zum ersten Monat. Das Fest des Schofarblasens, das nach 3. Mose 23,24 am ersten Tag des siebten Monats stattfand, wird heute als *Rosch Ha Schana,* als das jüdische Neujahrsfest, begangen.

Die jüdische Zeitrechnung selbst beginnt mit der Erschaffung der Welt. Das jüdische Jahr, das am 11. September 1999 begann, ist das Jahr 5760.

Be'Schalach – *«Beim Wegschicken»*

2. Mose 13,17–17,16

Haftarah-Abschnitt: Richter 4,4–5,31

Der Name dieses Wochenabschnittes lautet korrekt übersetzt «beim Wegschicken». Sinngemäss sind die Worte *«Be'Schalach Pharao at Ha Am»* mit *«als Pharao das Volk ziehen liess»* wiederzugeben.

Israels Auszug aus Ägypten findet seine Fortsetzung in diesem Bibeltext. Der Abschnitt beginnt mit dem Durchzug durch das Schilfmeer (Rote Meer) in Kapitel 14. Nach diesem grossen Wunder finden wir in Kapitel 15 das Lied der Erlösten. Die nachfolgenden beiden Kapitel beinhalten die Klagen des Volkes Israel und wie Gott ihre Bedürfnisse mit Manna und Wachteln stillte und sie mit Wasser aus dem Felsen versorgte (Kapitel 17).

In Kap. 14, Vers 8 lesen wir, dass Gott das Herz Pharaos erneut verstockte und dieser den Israeliten nachjagte. Warum? Nach den schrecklichen Plagen, die sein Land heimgesucht hatten, hatte Pharao noch immer nicht verstanden, dass er es hier mit dem lebendigen Gott zu tun hatte. Es scheint, dass er sich nicht bewusst darüber war, dass die Fortsetzung seines Widerstandes gegen den erklärten Willen Gottes ein noch grösseres Gericht über ihn bringen würde.

Selbst nach Niederlagen ändern Menschen, die sich erklärtermassen gegen Gott wenden, oftmals ihre Einstellung nicht. Sie sind nicht bereit, sich vor dem HERRN zu beugen, nicht bereit, Seine Autorität über sich zu akzeptieren. Vers 5 vermittelt gar den Eindruck, als würde Pharao sagen: «Jetzt wollen wir dieses Volk erst recht als unsere Sklaven behalten.» In der Folge mobilisierte der Pharao seine ganze mächtige Armee und verfolgte die Israeliten.

Diese mögen sich in dieser Situation eine Frage gestellt haben, die Sie vielleicht auch schon gehegt haben: «Gott hat mich erlöst, Er hat mein Gebet erhört. Mein Leben hat eine neue Richtung bekommen, ich habe wieder eine Perspektive, sehe wieder einen Sinn. Doch der neue Weg, den der HERR mich führt, den neuen Dienst, den ich übernommen habe, meine veränderte Familiensituation, dies alles ist ebenfalls nicht einfach. Es gibt nicht genug zu essen, nicht genügend Wasser. Es ist ermüdend, jeden Tag auf diesem Weg weiterzugehen, aber dennoch sehe ich die Hand des HERRN über mir.» Plötzlich merken Sie, dass die alten Probleme und Nöte immer noch da sind. Der Feind versucht Sie mit den gleichen Mitteln, in den gleichen Bereichen wie früher zu erwischen, in Ihren alten Mustern, aus denen Sie ja durch Christus befreit worden sind. Im Falle Israels war es wiederum der Pharao, in der persönlichen Situation ist der Feind unterschiedlicher Art. Man ist entmutigt. Man meint, alles überwunden zu haben, und jetzt beginnt der Kampf wieder von vorne ...

Warum HERR? Werde ich denn niemals frei davon? Selbst die Mühsal des neuen Weges, die Sie bereit sind, auf sich zu nehmen, wird so zu einer untragbaren Last. Sie beginnen über immer mehr Umstände und Lebensbereiche zu klagen – so wie es das Volk Israel auch tat (2. Mose 14,11; 16,3; 17,3).

Trotzdem ist hinter all der Bedrängnis, in allem Kummer, die Hand Gottes zu sehen. Wo? Vers 4, in Kap. 14 gibt die Antwort: *«Dann will ich das Herz des Pharao verstocken, so dass er ihnen nachjagt. Darauf will ich mich am Pharao und an seiner ganzen Heeresmacht verherrlichen, und die Ägypter sollen erkennen, dass ich der HERR bin. Und sie machten es so.»*

Die Ehre Gottes und die Offenbarung Seiner Herrlichkeit ist hinter jedem Weg und in jeder Situation, den und in die Er Sein Volk führt. Würden wir von Beginn an verstehen, warum dies oder jenes passiert, wären wir wie Gott selbst. Natürlich ist es nicht immer einfach, den Führungen des HERRN zu folgen. Genau genommen ist es meist schwieriger und notvoller, als den Wegen der Welt zu folgen. Als Kind Gottes befindet man sich auf einer Reise durch die Wüste dieser Welt, mit all ihren Schwierigkeiten, Nöten und Entbehrungen. Ziel ist das verheissene Land, die ewige Herrlichkeit beim Vater am Ende des irdischen Daseins.

Die harte und unbequeme Wüstenroute ist der einzig sichere Weg, um dort anzukommen. Es gibt auch angenehmere Wege durchs Leben. Dort, wo ich mich den Massstäben der Welt gleichstelle und auf ihren Pfaden wandle. Auch für die Israeliten war eine angenehmere Route vorhanden. Sie hätten entlang der Mittelmeerküste durch das Philisterland reisen können. Dieser Weg war sogar kürzer (13,17) und wurde von fast allen Reisenden der damaligen Zeit genutzt. Auf dieser Strecke wären sie jedoch eine leichte Beute für Feinde gewesen und möglicherweise wieder schnell von ihrem eigentlichen Ziel abgewichen. Die geistliche Anwendung daraus liegt auf der Hand.

Auf dem Weg der Welt, den die meisten Menschen gehen, ist es viel einfacher zu reisen, und er ist weitaus angenehmer. Jesus Christus aber sagt: *«Geht hinein durch die enge Pforte! Denn weit ist die Pforte und breit der Weg, der zum Verderben führt, und viele sind, die auf ihm hineingehen. Denn eng ist die Pforte und schmal der Weg, der zum Leben führt, und wenige sind, die ihn finden»* (Matthäus 7,13–14).

Als Menschen sehen wir nur, was uns vor Augen ist. Es mangelt uns an Gottes ewigem Blick. ER kennt unsere Schwäche, unsere Feigheit und deshalb gibt Er uns durch Mose ein wunderbares Wort der Ermutigung. Gerichtet an das Volk Israel in seiner damaligen Situation, birgt es auch für uns heute einen geistlichen Schatz. Wir finden es in Kap. 14, Verse 13–14: *«Mose aber antwortete dem Volk: Fürchtet euch nicht! Steht und seht die Rettung des HERRN, die er euch heute bringen wird! Denn die Ägypter, die ihr heute seht, die werdet ihr weiterhin in Ewigkeit nicht mehr sehen. Der HERR wird für euch kämpfen, ihr aber werdet still sein.»*

Dies heisst nicht, dass wir uns passiv verhalten sollen. Das Gegenteil ist vielmehr der Fall, wir sollen sehr aktiv sein. *«Befiehl den Söhnen Israel, dass sie aufbrechen!»* (Vers 15). Hätte das Volk Israel Ägypten nicht verlassen, wäre es nicht durch das Schilfmeer gezogen und sie wären noch immer Sklaven. Der HERR verschaffte die Befreiung. Er schenkte Bewahrung und Schutz vor den schrecklichen Plagen, die über Ägypten kamen. Er teilte das Schilfmeer, aber die Israeliten mussten selbst hindurchziehen, den ersten Schritt tun. Es war jedoch nicht ihre Sache, gegen die Ägypter zu kämpfen oder nach einer Möglichkeit zu suchen, das Schilfmeer zu überwinden – dies tat der HERR.

Selbst wenn ein unüberwindbares Hindernis vor Ihnen zu liegen scheint (wie das Schilfmeer vor dem Volk Israel) und Sie keine Möglichkeit sehen, wie sich die Lage ändern sollte oder eine bestimmte Aufgabe gelöst werden könnte – selbst wenn etwas hinter Ihnen ist, das zu grosser Sorge und Angst Anlass gibt, wenn Sie Angst vor jemandem haben (wie die ägyptische Armee hinter dem Volk Israel), dann sagt Gott: *Fürchten Sie sich nicht, stehen Sie still und sehen Sie die Rettung, die der HERR bereitet hat. ER wird für Sie streiten, aber gehen Sie vorwärts, brechen Sie auf!*

Wenn Sie Vergebung Ihrer Sünden erfahren haben und die Gewissheit des ewigen Lebens in Ihrer Seele tragen, dann singen Sie das wunderbare Lied von Mose und Mirjam in Kapitel 15 mit. Sie beiden sangen es für den HERRN, der sie erlöst hatte. Darin heisst es in Vers 13: *«In deiner Gnade hast du geleitet das Volk, das du erlöst, hast es durch deine Stärke geführt zu deiner heiligen Wohnung.»*

Gottes heilige Wohnung ist der Berg Zion, ist Jerusalem, die Stätte, die Gott sich auf dieser Erde erwählte, wo Er Seinen Namen niedergelegt hat (5. Mose 12,11). Als Gläubige des Neuen Bundes sind auch wir auf dem Weg nach Jerusalem, in das himmlische Jerusalem (Off. 21).

Trotz der Güte Gottes, die wir immer wieder erfahren, sind wir Menschen oft undankbar. Der HERR ist dennoch geduldig und erweist uns täglich neu Seine Liebe, so wie Er es mit Israel in diesem Textabschnitt tat. Trotz ihrer wiederholten Klagen und ihres immer wiederkehrenden Murrens, war der HERR barmherzig mit ihnen, hörte ihr Schreien und erfüllte ihnen ihre Wünsche (16,9–13). Ein wunderbares Beispiel dafür, wie Gott sich um die Seinen sorgt und sie versorgt, so dass wir nicht um den nächsten Tag sorgen müssen. Ich will diese Betrachtung beschliessen mit einem Vers aus dem Lied der Erlösten.

«Meine Stärke und mein Loblied ist der HERR, denn er ist mir zur Rettung geworden. Er ist mein Gott, und ich will ihn preisen, der Gott meines Vaters, und ich will ihn erheben» (2. Mose 15,2).

Die Route des Exodus

Seit Jahrhunderten wird darüber diskutiert, spekuliert und geforscht, welche Route die Israeliten bei ihrem Auszug aus Ägypten zu Beginn des 15. Jh. v. Chr. (siehe 1. Könige 6,1) nahmen und wo sich der Berg Sinai befindet, an dem Mose die Gesetzestafeln von Gott empfing. Trotz aller Forschungen, Theorien und Annahmen lässt sich die exakte Route nur schwer rekonstruieren.

Nach der kirchlichen Tradition zogen die Israeliten am heutigen Golf von Suez entlang und wandten sich dann nach Osten in das Hochgebirge des Sinai. Dort wird seit dem 3. Jahrhundert ein etwas höherer Berg als Berg Horeb oder «Mosesberg» angesehen.

Die christliche Tradition scheint jedoch der einzige Beleg für diese Route zu sein. Abgesehen davon, dass keine archäologischen Hinweise gefunden wurden, scheint es sehr schwierig, um nicht zu sagen eher unwahrscheinlich, dass über zwei Millionen Menschen (nach 2. Mose 12,37 waren es allein 600 000 wehrfähige Männer) durch das Hochgebirge des Sinai zogen. Eine alternative Version beschreibt einen nördlicheren Weg als die Route des Auszuges, eine ca. 60 km südlich der Hauptstrecke (entlang des Meeres und durch das Philisterland) verlaufende Route, der sog. «Weg nach Schur». Dabei fehlt jedoch die Übereinstimmung mit den während des Auszuges genannten Orten *Mara* und *Elim,* die am Golf von Suez vermutet werden. Überhaupt ist die Identifizierung der Namen der Lagerorte nahezu unmöglich.

Beide Theorien weisen jedoch einen entscheidenden Mangel auf: Wo erfolgte der Durchzug durch das Schilfmeer? Der

Golf von Suez scheint unwahrscheinlich, berücksichtigt man die Lage von Gosen, dem Siedlungsgebiet der Israeliten in Ägypten. Dass der Durchzug durch das Schilfmeer bei den heutigen Bitterseen in Ägypten stattgefunden habe, die damals miteinander verbunden und grösser gewesen sein sollen, klingt ebenfalls wenig überzeugend.

Vor einigen Jahren präsentierte ein italienischer Archäologe eine neue Version. Danach soll der Berg *Karkom* im südlichen Negev, nahe der heutigen Grenze zwischen Israel und Ägypten, der Berg Horeb sein. Er habe deutliche Hinweise auf Opferstätten sowie Steinwerkzeuge gefunden, die in die Zeit des Auszuges zu datieren seien.

Auch dies klingt nicht überzeugend, denn die Kultgegenstände können von jedem anderen Volk der damaligen Zeit stammen. Darüber hinaus passt die Theorie des *Karkom* nicht in die Zeitfolge des Auszuges. Der Berg *Karkom* liegt nur 50 km (Luftlinie) von *Kadesh Barnea*, einem bedeutenden Ort der Wüstenwanderung.

Nach 5. Mose 1,2 liegen jedoch 11 Tagesreisen zwischen dem Horeb und *Kadesh Barnea.* Ausserdem ist auf der Reise vom Horeb nach *Kadesh Barnea* das Gebirge Seir erwähnt, das aber im südlichen Jordanien liegt.

Am überzeugendsten scheint die Theorie von Larry Williams, nach welcher der Berg Sinai im Gebiet des heutigen Saudi-Arabien liegt (siehe die Veröffentlichung von Larry Williams «The Mount Sinai Myth», erschienen 1990 bei WYNWOOD Press New York). Nach dieser Theorie erfolgte der Durchzug durch das Schilfmeer an der heutigen «Strasse von Tiran» zwischen der Sinai- und der Arabischen Halbinsel, der schmalsten Stelle des Roten Meeres. Williams Berechnungen zufolge stimmt dies auch mit den biblischen Zeitangaben des Auszuges zusammen. Er selbst hat das Gebiet besucht und auf dem Weg zum *Jabal al Lawz,* den Berg, den er als Horeb identifizierte, auch andere beim Auszug genannte Orte gefunden.

Am *Jabal al Lawz* selbst fand er auch archäologische Hinweise, wie z. B. Steinzeichnungen von Kälbern (Geschichte des goldenen Kalbs), die ungewöhnlich sind für diese Gegend. Auch entdeckte er Anzeichen dafür, dass ein Altar sowie 12 Steinsäulen sich am Fusse des Berges befanden (2. Mose 24,4). Auf der einen Seite des Berges stiess Williams auf eine Höhle, in der sich möglicherweise Elijah aufgehalten hat (1. Könige 19,8–9).

Auch die Umgebung des *Jabal al Lawz* bietet Williams zufolge genügend Raum für die in der Bibel überlieferten Begebenheiten. Eine genauere Untersuchung des Berges und seiner Umgebung wurde durch die saudischen Behörden verboten. Geländeteile am Fuss des Berges wurden sogar mit einem Zaun umgeben.

Sollte die Theorie von Larry Williams zutreffend und der *Jabal al Lawz* tatsächlich der Berg Horeb sein, würde dies auch mit anderen Gegebenheiten und Aussagen der Heiligen Schrift konform sein. Beispielsweise die Übereinstimmung mit dem bereits erwähnten Vers 2 in 5. Mose 1. *«Elf Tage sind es vom Horeb, auf dem Weg zum Gebirge Seir, bis Kadesch-Barna.»* Dies ist eine genaue geographische Beschreibung der Reiseroute vom Horeb *(Jabal al Lawz)* auf der Ostseite des Golfes von Eilat, vorbei am Gebirge Seir (südliches Bergland von Jordanien) nach *Kadesh Barnea*. Ausserdem war die Sinaihalbinsel zur damaligen Zeit unter ägyptischem Einfluss und es erscheint fraglich, dass Mose dort hindurchzog.

Die Bibel berichtet, dass Mose nach Midian floh und der Berg Horeb im Gebiet Midians lag (2. Mose 3,2). Das Siedlungsgebiet der Midianiter lag östlich des Golfes von Eilat, im Gebiet des heutigen Saudi-Arabien. In Galater 4,25 spricht Paulus vom «Berg Sinai in Arabien».

Jitro – *«Jitro / Jethro»*

2. Mose 18,1–20,26

Haftarah-Abschnitt: Jesaja 6,1–7,6 und 9,5–6

Dieser Wochenabschnitt illustriert die Heiligkeit Gottes und eröffnet die grundsätzlichen Wahrheiten über die Erwählung des Volkes Israel. Wir finden darin Anweisungen, wie das Alltagsleben in einer Volksgemeinschaft zu leiten und zu organisieren ist. Vor allem beinhaltet dieser Textabschnitt aber die Gabe der *Torah*, der Gebote Gottes, an Sein Volk Israel und letztlich an alle Menschen.

Dieser *Torah*-Abschnitt besteht nur aus drei Kapiteln. Er beginnt mit dem Besuch Jitros, dem Schwiegervater Moses, in Kapitel 18. Im darauffolgenden Kapitel erreichen die Israeliten den Berg Horeb und Gott schliesst einen Bund mit ihnen. Das bekannte Kapitel 20, in dem Gott dem Volk Seine Gebote, Seine *Torah*, gibt, bildet den Abschluss.

Kapitel 18

Jitro bringt Mose dessen Frau und Kinder. Es war besser für Mose, seine Familie um sich zu haben, nachdem sie Ägypten verlassen und die lebensbedrohlichen Schwierigkeiten während des Auszuges überwunden hatten. Als Führer des Volkes, einer Gemeinde, sollte er auch seinem eigenen Haus vorzustehen wissen und damit ein gutes Beispiel geben. Eine Tradition, die sich später auch in der Lehre des Paulus wiederfindet (2. Tim. 3,5). Mose berichtete seinem Schwiegervater, wie Gott das Volk Israel errettete, und Jitro freute sich über all das Gute, das der HERR an Israel getan hatte, und pries Gott darüber.

Freuen wir uns auch über das, was Gott im Leben anderer Menschen tut? Warum ignorieren so viele Kirchen und Gemeinden, was

Gott in unseren Tagen unter Seinem Volk Israel tut? Wir sind Zeugen der «Wiedergeburt» einer Nation, der Sammlung der in alle Ecken der Erde zerstreuten Angehörigen des jüdischen Volkes, der Wiederherstellung des Landes Israel, dem Wiederaufbau der alten Städte – alles durch Gott vor 2500 Jahren verheissen! Der Prophet Jeremia spricht gar davon, dass die zukünftige Sammlung des Volkes Israel bedeutender sein werde als der Auszug aus Ägypten (Jeremia 16,14–15). Wir sind heute Zeugen des Beginns dieser endzeitlichen Sammlung des jüdischen Volkes. Warum wird diese wörtliche Erfüllung von Gottes Wort von so vielen Christen ignoriert? Stattdessen ist vermehrte Kritik an Israel zu hören, sie sollen das Land abgeben, das Gott ihnen verheissen hat. Freuen wir uns mit Israel, so wie es auch Jitro tat. Er lobte Gott und brachte Ihm Opfer dar.

«Und Mose erzählte seinem Schwiegervater alles, was der HERR am Pharao und an den Ägyptern um Israels willen getan hatte, all die Mühsal, die ihnen auf dem Weg begegnet war, und dass der HERR sie errettet hatte. Da freute sich Jitro über all das Gute, das der HERR an Israel getan hatte, dass er es aus der Hand der Ägypter errettet hatte. Und Jitro sagte: Gepriesen sei der HERR, der euch errettet hat aus der Hand des Pharao, der das Volk errettet hat unter der Hand der Ägypter hinweg! Nun habe ich erkannt, dass der HERR grösser ist als alle Götter, denn worin sie vermessen handelten, das kam über sie. Darauf nahm Jitro, der Schwiegervater des Mose, ein Brandopfer und Schlachtopfer für Gott. Und Aaron und alle Ältesten Israels kamen, um mit Moses Schwiegervater vor Gott ein Mahl zu halten» (2. Mose 18,8–12).

Der zweite Teil von Kapitel 18 ist für jeden von Bedeutung, der sich in führender Position befindet und Verantwortung für andere Menschen trägt. Ich würde diese Verse mit: «Leiterschaftsseminar – wie führe ich eine Gruppe von Menschen» überschreiben. Von morgens bis abends übte Mose die Funktion eines Richters innerhalb des Volkes aus. Er tat den Willen Gottes; er war beauftragt, das Volk zu führen und ihnen Gottes Gebote und Weisungen mitzuteilen.

Trotzdem musste Jitro Mose sagen, dass das, was er tat, nicht gut war, denn Mose verausgabte sich dabei. Jitro gab ihm den Rat, sich auf die wesentlichen Aufgaben zu konzentrieren: *«Vertritt du das Volk vor Gott, und bringe du die Sachen vor Gott. Belehre sie über die Ordnungen und Weisungen und zeige ihnen den Weg, den sie gehen, und das Werk, das sie tun sollen»* (2. Mose 18,19–20). Jitro gab seinem Schwiegersohn den Rat, die tägliche Arbeit aufzuteilen und tüchtige, zuverlässige und gottesfürchtige Männer zu berufen, die ihn unterstützten. Sollte er fortfahren, alle Aufgaben alleine wahrzunehmen, würde dies nicht nur zu einer untragbaren Last für Mose werden, sondern für das ganze Volk.

Nur durch die Annahme dieses Ratschlags war Mose in der Lage, weiter zu bestehen und sicherzustellen, dass das Volk in Frieden an sein Ziel kommt (18,23).

Weitere interessante Aspekte dieser letzten Verse von Kapitel 18 sind:

- Wenn die Last für den Führer bzw. Leiter zu schwer wird, leidet die Gemeinschaft darunter (18,18). Deshalb ziehen Sie rechtzeitig die Konsequenzen, wenn Sie Ihre Aufgaben nicht mehr bewältigen können – um Ihrer Selbst willen, aber auch im Interesse derer, die Ihnen anvertraut sind.
- Die Leitung des Volkes und die Rechtsprechung basieren auf den Ordnungen und Weisungen Gottes, nicht auf einer Mehrheitsentscheidung des Volkes (18,16).
- Bringen Sie jedes Problem des Volkes bzw. der Gemeinschaft vor Gott.

Kapitel 19

Das Volk Israel kommt zum Berg Gottes in der Wüste Sinai. *«Ihr habt gesehen ... wie ich euch auf Adlerflügeln getragen und euch zu mir gebracht habe»,* sagt der HERR zu Mose in Vers 4. Dieses wunderbare Wort erfuhr seine Erfüllung nicht nur während des Auszuges aus Ägypten, sondern auch – und vielleicht in einem noch wörtlicheren Sinn – in unseren Tagen, als Juden aus den Weiten des Irak, den Bergdörfern des Jemen oder den Steppen Äthiopiens über Luftbrücken in das Land Israel gebracht wurden. Für diese Menschen war ein Flugzeug in der Tat wie ein grosser Vogel und die Heimkehr nach Israel bedeutete für sie die wörtliche Erfüllung dieses Gotteswortes.

In den Versen 5 u. 6 teilt Gott Seinen Willen und fest bestimmten Plan für das Volk Israel mit: *«Und nun, wenn ihr willig auf meine Stimme hören und meinen Bund halten werdet, dann sollt ihr aus allen Völkern mein Eigentum sein; denn mir gehört die ganze Erde. Und ihr sollt mir ein Königreich von Priestern und eine heilige Nation sein. Das sind die Worte, die du zu den Söhnen Israel reden sollst.»*

Dies ist die Bestimmung des jüdischen Volkes: Sie sind kein Volk wie jedes andere Volk – sie sollen ein Königreich von Priestern und eine heilige Nation für den HERRN sein. Doch Gott knüpft diese Bestimmung an Israels Gehorsam Seinem Wort gegenüber. Da Israel die Bundesbedingungen nicht einhielt, Gottes Geboten und Weisungen gegenüber nicht gehorsam war, waren sie die meiste Zeit weit davon entfernt, eine heilige Nation zu sein. Doch trotz ihres Ungehorsams hat sie der HERR weder verlassen, noch Seinen Bund mit ihnen aufgekündigt. Er ist treu.

Kapitel 19 teilt uns auch etwas über die Heiligkeit Gottes mit, indem Er zu Mose sagt (Vers 10): *«Geh zum Volk und heilige sie heute und morgen! Und sie sollen ihre Kleider waschen.»* Die Gegenwart Gottes auf dem Berg Sinai, manifestiert durch Blitze, Donner und eine schwere Wolke, löste Furcht unter dem Volk aus, Gottesfurcht. Der Berg war unnahbar für sie geworden und es war ihnen verboten, ihn auch nur zu berühren. Die Gegenwart Gottes auf dem Berg liess den Menschen die Unnahbarkeit Gottes und damit ihre eigene Sünde bewusst werden. Eine Berührung des Berges und damit Begegnung mit der Gegenwart Gottes hätte den Tod zur Folge gehabt. Deshalb mussten sie sich bereits drei Tage vorher reinigen und heiligen. Was für die Israeliten vor nahezu 3500 Jahren galt, gilt auch für die Menschen heute, wir haben es noch immer mit demselben heiligen Gott zu tun. Einem Menschen ist es unmöglich, die Barriere zwischen dem Irdischen und dem Göttlichen zu durchbrechen. Aber Gott durchbrach die Barriere von der anderen Seite, durch Jesus. Durch Sein Blut öffnete sich das Tor und wir haben Zugang zur Gegenwart Gottes. Wir dürfen und können uns im Allerheiligsten aufhalten.

Kapitel 20

Dieses Kapitel ist den meisten Lesern sicherlich bekannt, beinhaltet es doch die Zehn Gebote, das «Gesetz», wie es in den meisten Bibelversionen übersetzt wird. In Hebräisch ist es die *Torah*, was der eigentlichen Absicht Gottes wesentlich näher kommt. Der Inhalt dieses Kapitels ist viel mehr als lediglich ein Gebot oder Verbot. Es sind die Anleitung, die Weisung, die Ordnungen des Schöpfers für Seine Geschöpfe, die allein Letztgenannten dienen sollen. Es ist auffallend, dass unter den Zehn Geboten das Gebot des Ruhetages den breitesten Raum einnimmt.

Moses Schwiegervater

In der Bibel werden drei Personen als «der Schwiegervater des Mose» bezeichnet. Ist die Heilige Schrift in dieser Frage widersprüchlich, das Wort Gottes unglaubwürdig oder handelt es sich dabei womöglich um ein und dieselbe Person, die uns mit drei verschiedenen Namen begegnet?

«Jitro aber, der Priester von Midian, der Schwiegervater des Mose ...» (2. Mose 18,1). In diesem Vers wird *Jitro* als der Schwiergervater Moses bezeichnet.

In 2. Mose, Kapitel 2 scheint es jedoch, dass *Reguel* der Schwiegervater Moses ist. *«... Mose aber floh vor dem Pharao und hielt sich im Land Midian auf. Und er setzte sich an einen Brunnen. Nun hatte der Priester von Midian sieben Töchter;*

die kamen, schöpften Wasser ... Als sie nun zu ihrem Vater Reguel kamen ... Und Mose willigte ein, bei dem Mann zu bleiben. Und er gab Mose seine Tochter Zippora zur Frau» (Verse 15 bis 21).

Als dritte Möglichkeit könnte *Hobab* als Schwiegervater Moses in Frage kommen, denn in 4. Mose 10, Vers 29 heisst es: *«Und Mose sagte zu Hobab, dem Sohn Reguels, des Midianiters, des Schwiegervaters Moses ...»* Noch deutlicher geht dies aus Richter 4, Vers 11 hervor: *«Heber aber, der Keniter, hatte sich von den Kenitern getrennt, von den Söhnen Hobabs, des Schwiegervaters des Mose ...»*

Wer ist nun Moses Schwiegervater?

Ein weiterer Widerspruch scheint sich daraus zu ergeben, dass der erwähnte *Hobab* als Keniter bezeichnet wird. Wäre er jedoch Moses Schwiegervater, müsste er ein Midianiter sein. Diese Fragen lassen sich nicht mit endgültiger Sicherheit beantworten, doch lässt sich eine nachvollziehbare Erklärung aus verschiedenen Zusammenhängen ableiten.

Wenden wir uns zunächst der zitierten Stelle im vierten Buch Mose zu. Trifft die Bezeichnung «Schwiegervater Moses» dort auf *Reguel* (hebr. *Re'u'el*) oder auf *Hobab* (hebr. *Chovav)* zu? Da in 2. Mose 2,18 ff. der Vater von Moses Frau Zipporah *Reguel* genannt wird, ist die einzig sinnvolle Schlussfolgerung, dass sich in 4. Mose 10,29 «Schwiegervater» auf *Reguel* bezieht.

So scheinen nunmehr nur noch *Jitro* und *Reguel* als Schwiegervater des Mose in Frage zu kommen. Einige Erklärungen gehen dahin, dass Moses Schwiegervater zwei Namen hatte, während andere Ausleger *Jitro* als Titel eines midianitischen Priesters ansehen und *Reguel* als den eigentlichen Namen. Aus dem Bibeltext geht dies jedoch nicht hervor. Nach 2. Mose 18 war der Name von Moses Schwiegervater *Jitro*.

Reguel war einer der Söhne Esaus (1. Mose 36,10; 13 und 1. Chr. 1,35; 37). Es handelt sich daher bei *Reguel* um den Namen einer Familiensippe, zu der sowohl *Jitro* als auch *Hobab* gehörten. In 2. Mose 2,18 heisst es: *«Als sie nun zu ihrem Vater Reguel kamen ...»* Es könnte ebenfalls heissen: «Als sie nun zu Jitro kamen, dem Sohn Reguels ihres Vaters.»

Diese Ausdrucksweise findet sich später auch unter den Israeliten, wo Nachkommen oftmals mit den Namen ihrer Sippen- oder Stammesväter genannt werden. Beispielsweise in 2. Chr. 34,2, wo David als der Vater von König Josia bezeichnet wird, obwohl dieser bereits der 17. König nach David war. So ist auch zu erklären, dass *Hobab* in 4. Mose 10,29 als Sohn *Reguels* bezeichnet wird.

Warum aber wird die Sippe *Reguels* an einigen Stellen als *Midianiter,* an anderen als *Keniter* bezeichnet? Die *Keniter* waren eine Gruppe nomadischer Stämme, die Metallverarbeitung betrieben. Der Name leitet sich von *Tubal-Kain* aus 1. Mose 4,22 ab, dem Vater all derer, die Kupfer und Eisen schmieden. *Keniter* bezeichnet somit nicht nur eine ethnische Gruppe, sondern stellt auch eine Berufsbezeichnung dar wie «Schmied» oder «Kesselflicker». Die *Keniter* lebten im Süden, im Gebiet der Midianiter und Edomiter. Deshalb war *Hobab,* aus dem Geschlecht *Reguels,* auch als *Keniter* bekannt (Richter 1,16; 4,11).

Die schwierigste Frage ergibt sich aus Richter 4,11a. Hier wird wieder *Hobab* als der Schwiegervater von Mose genannt. *«Heber aber, der Keniter, hatte sich von den Kenitern getrennt, den Söhnen Hobabs, des Schwiegervaters des Mose.»* Gemäss jüdischer Auslegung hatte Moses Schwiegervater zwei Namen und *Jitro* und *Hobab* sind identisch. Da dies aber an keiner Stelle der Schrift erklärt wird, sowie unter Berücksichtigung der Tatsache, dass *Jitro* bereits lange vorher das Lager der Israeliten verlassen hatte (2. Mose 18,27), wohingegen *Hobab* sich in 4. Mose 10,29 noch dort aufhält, stellt die Erklärung mit zwei Namen für ein und diesselbe Person keine ausreichende Begründung dar.

Die Schwierigkeit ergibt sich aus dem hebräischen Wort *Choten,* das an allen genannten Stellen zu finden ist und «Schwiegervater» bedeutet. Die Elberfelder Bibel sowie Luther und auch die *New International Version* (NIV) übersetzen *Choten* in Richter 4,11 mit «Schwager». Zwar heisst *Choten* nicht «Schwager», sondern «Schwiegervater», doch scheint es die einzig sinnvolle und logische Erklärung zu sein, dass *Hobab* Moses Schwager ist. Richter 4,11 wäre dann wie folgt zu verstehen: «Die Söhne Hobabs, aus dem Geschlecht des Schwiegervaters des Mose.»

Dass Hobab zu der Sippe *Reguels* gehört, geht aus 4. Mose 10,29 hervor. Gestützt wird diese Auslegung durch Richter 1,16, wo es heisst: *«Und die Söhne des Keniters, des Schwiegervaters des Mose, ...»* Auch hier bezieht sich Schwiegervater wohl eher auf das «Geschlecht» oder die «Nachkommenschaft», aus der Moses Schwiegervater stammt. Elberfelder und Luther Bibel übersetzen auch hier mit *«Und die Kinder des Keniters, des Schwagers Moses, ...»* Die revidierte Lutherbibel fügt gar noch in Anlehnung an Ri. 4,11 den Namen *Hobab* ein, der aber nicht im Grundtext steht.

Die Erklärung, dass *Hobab* Moses Schwager war, würde sich auch mit dessen Rolle decken. In 4. Mose 10 wird *Hobab* von Mose gebeten, doch bei dem Volk zu bleiben und ihm aufgrund seiner hervorragenden Kenntnisse in der Wüste als kundiger Führer zu dienen. Dies hätte er kaum von seinem Schwiegervater, dem angesehenen Priester von Midian, verlangt, der bereits vierzig Jahre zuvor erwachsene Kinder hatte und mit Sicherheit schon im fortgeschrittenen Alter war. *Hobab* dagegen war ein kraftvoller und tatenkräftiger junger Mann, der den Strapazen als Führer in der Wüste gewachsen war.

Mischpatim – *«Rechtsbestimmungen»*

2. Mose 21,1–24,18

Haftarah-Abschnitt: Jeremia 33,25–26; 34,8–22

Nachdem Mose die Zehn Gebote empfangen hat, erhält er von Gott weitere Anweisungen für das Volk Israel. Kapitel 21 spricht über das Verhältnis zwischen Herren und Dienern sowie über persönliche Vergehen. Kapitel 22 fährt fort mit dem Thema Eigentumsrechte. In 2. Mose 23 finden wir Gottes Anweisungen über das Land und den Schabat. Der Abschnitt schliesst mit der Anerkennung des Bundes durch das Volk und dem erneuten Aufstieg Moses auf den Berg Sinai in die Gegenwart Gottes.

Dieser *Torah*-Abschnitt mag da und dort Mühe bereiten. Immerhin spricht er von Rechtsordnungen und Ausdrucksweisen, die in der heutigen Zeit, in demokratischen Staaten und selbst in christlichen Kreisen nicht nur unpopulär sind, sondern gar strikt abgelehnt werden. Der Text spricht von Dienern und Sklaven, von Entschädigungen für anderen zugefügte Schäden und über die Todesstrafe für bestimmte Vergehen.

Ungläubige nehmen oft Vers 24 in Kap. 21, wo es heisst: *«Auge um Auge, Zahn um Zahn, Hand um Hand, Fuss um Fuss»,* zum Anlass, um das Wort Gottes zu kritisieren und zu hinterfragen wegen dieser sogenannten «Rachegedanken». Nicht wenige sagen deshalb, es gäbe keinen Gott der Liebe im Alten Testament. Einige Kritiker gehen so weit zu sagen, der Staat Israel unterliege diesem Konzept. Der angeführte Vers ist auch im Sinne der *Torah* kein Freibrief zur Befriedigung persönlicher Rachegedanken, sondern meint vielmehr das Recht auf eine materielle Entschädigung im Wert des zugefügten physischen Schadens. Die Todesstrafe wurde nur im Falle von Mord verhängt (4. Mose 35,31).

Jesus greift in der Bergpredigt die Worte «*Auge um Auge, Zahn um Zahn*» auf und fordert die Menschen auf, nach erlittenem Unrecht nicht auf Durchsetzung des persönlichen Rechtes und einer Entschädigung zu beharren (Matth. 5,38–42).

Wie können wir dennoch die Verordnungen dieses Abschnittes in den rechten Blickwinkel rücken und was ist ihre Bedeutung für uns heute? Zunächst einmal ist folgendes zu bedenken: So wie die Zehn Gebote von Gott gegeben wurden, so wurden auch die nachfolgenden Weisungen und Bestimmungen mitgeteilt. Die *Torah* trifft keine Unterscheidung zwischen dem Dekalog und den zivilen Rechtsbestimmungen in den darauffolgenden Kapiteln. Beide Bereiche enthüllen den Willen Gottes gleichermassen. Seine *Torah*, Seine Gebote, Seine Weisungen und Bestimmungen betreffen jede Sphäre menschlichen und nationalen Lebens – ziviles, wie auch religiöses und geistliches.

Zweitens, dieser ganze Teil des zweiten Buches Mose zeigt im Besonderen die unbegrenzte Gnade Gottes. Wir sehen in diesen Kapiteln die wundervolle Herablassung des allmächtigen Gottes im Himmel und auf Erden zu Seinem Volk.

Es ist für den Schöpfer dieser Welt nicht zu gering, sich um ein totes Rind oder einen toten Esel zu bemühen (22,9), sich um die Verleihung von Geld und die Verpfändung eines Mantels zu kümmern, der im Winter benötigt wird (22,24–26), oder sich um den Verlust eines Zahnes von einem Sklaven zu sorgen, und der Bestimmungen erlässt, wie in solchen Fällen zu verfahren ist. Wer ist dem HERRN, unserem Gott, gleich?

ER beherrscht das Universum und sorgt sich um Essen und Kleidung für jedes einzelne Seiner Geschöpfe zur gleichen Zeit. ER leitet den Flug des Adlers und beachtet den kriechenden Wurm. ER führt die Himmelskörper in ihren Bahnen durch die unendlichen Weiten des Weltraums und ist sich nicht zu gering, um dem Flug eines Sperlings Aufmerksamkeit zu schenken.

Die Gesetze und Verordnungen in diesem Bibeltext haben mit Gott und den Menschen zu tun. Sie zeigen uns Gott als strengen, unparteiischen und vollkommenen Richter.

Wir sehen darin einen Teil des Charakters Gottes. Diese Gesetze und Verordnungen schliessen Voreingenommenheit aus. Sie beinhalten kein Ansehen der Person, keinen Unterschied zwischen Arm und Reich, sondern vollkommene Gerechtigkeit. Dieser *Torah*-Abschnitt offenbart uns aber auch den verdorbenen und schuldbeladenen Zustand des Menschen. Es wäre für Gott nicht notwendig gewesen, diese Rechtsbestimmungen zu erlassen, wäre die Menschheit nicht fähig und willig, diese Art Verbrechen zu begehen. Das Gesetz dient dazu, dem Menschen zu zeigen, wie tief er gesunken ist. Er befindet sich bereits auf dem Tiefpunkt. Da ist nichts Gutes im Menschen. *«Das ganze Haupt ist krank, und das ganze Herz ist siech. Von der Fusssohle bis zum Haupt ist keine heile Stelle an ihm»* (Jes. 1,5–6; Röm. 3,9–18).

Diese Erkenntnis führt automatisch zur nächsten Frage: Wie kann der Mensch gerettet werden vor dem Gericht Gottes, das er zu erwarten hat? Wie kann er gerechtfertigt werden vor dem Allmächtigen?

«Wir wissen aber, dass alles, was das Gesetz sagt, es denen sagt, die unter dem Gesetz sind, damit jeder Mund verstopft werde und die ganze Welt dem Gericht Gottes verfallen sei. Darum: aus Gesetzeswerken wird kein Fleisch vor ihm gerechtfertigt werden; denn durch Gesetz kommt Erkenntnis der Sünde» (Röm. 3,19–20).

Die *Torah* gibt uns die Antwort auf die gestellte Frage. Nach 3. Mose 17,11 kann Sühnung für die Seele des Menschen nur durch Blut erwirkt werden. Was einst durch den Opferdienst im Tempel geschah, ist seit der Sühnung durch den Messias nur noch durch die persönliche Annahme Seines stellvertretenden Opfers möglich. Gott bereitete das vollkommene Opferlamm, Seinen Sohn Jeschua, der ohne Sünde war, an unserer Statt. Viele Juden der damaligen Zeit erwarteten einen Befreier vom Joch der Römer. Doch Gott sandte ihnen den Befreier von ihrer Schuld; Vergebung ein für allemal, um nicht nach jeder Sünde erneut ein Opfer darbringen zu müssen wie einst im Tempel. Egal, wie gross das Vergehen auch ist, wie tief jemand gefallen ist, durch das Blut Jesu besteht für jeden, der dies im Glauben annimmt, die Möglichkeit zur ewigen Gemeinschaft mit dem lebendigen Gott.

Einige Verse dieses Abschnittes möchte ich besonders hervorheben. In Kapitel 22, Verse 17 und 19 finden wir die scharfe Verurteilung jeglicher Art von Zauberei und dem Dienen fremder Götter. JHWE ist gegen Zauberei und Götzendienst (siehe auch Kap. 23,13). Hier ist kein Raum für Liberalität, Toleranz, Aufgeschlossenheit und interreligiösen Dialog; Verhaltensweisen und Ziele, die in unseren Tagen beinahe zu einem elften Gebot werden.

In Kapitel 22,20 fordert der HERR von Israel, den Fremden im Lande nicht zu unterdrücken, noch zu bedrängen (siehe auch 23,9). Dieses Wort ist auch eine Mahnung für den heutigen Staat Israel. Werden die Nichtjuden im Land, vor allem die arabische Bevölkerung, gleichberechtigt behandelt? *«Du sollst dem Obersten* (den Regierenden) *deines Volkes nicht fluchen»,* heisst es in Kapitel 22,27. Auch wenn Sie nicht mit dem übereinstimmen, was sie tun, es ist gegen den Willen Gottes, ihnen zu fluchen.

Der erste Teil des Verdienstes oder dessen was man empfangen hat, soll dem HERRN geweiht sein. Damit anerkennt die Person, dass jeder materielle Besitz nicht aufgrund persönlichen Verdienstes erworben wurde, sondern aufgrund von Gottes Gnade (22, 28–29). *«Du sollst kein falsches Gerücht verbreiten»* (23,1). *«Ehre und achte deinen Feind»* (23,4). *«Nimm kein Bestechungsgeschenk an»* (23,8). *«Du sollst ein Böckchen nicht in der Milch seiner Mutter kochen»* (23,19b). Dieser Vers ist sicherlich der bedeutendste dieses Abschnittes für das Alltagsleben im heutigen Israel. Er bildet die Grundlage für *koscher* essen, der Trennung von milchigen und fleischigen Produkten. Im Judentum ist daraus ein vollständig neues Gesetz entstanden, aus dem sich die Speisevorschriften ableiten. Der Vers wird wiederholt in 5. Mose 14,21.

Am Ende von Kapitel 23 macht Gott deutlich, dass Er die Bewohner aus dem verheissenen Land vertreiben wird und dies nicht Israels Sache ist. Der HERR warnt das Volk jedoch davor, den Göttern der derzeitigen Bewohner des verheissenen Landes zu dienen oder gar einen Bund mit ihnen zu schliessen. Der HERR macht dem Volk ebenfalls klar, dass Er die Grenzen des Landes festsetzen wird und dies nicht im Belieben Israels steht.

«Und ich werde deine Grenze festsetzen; sie soll reichen vom

Schilfmeer bis an das Meer der Philister (Mittelmeer) und von der Wüste bis an den Strom (Euphrat), denn ich werde die Bewohner des Landes in deine Hand geben, so dass du sie vor dir vertreiben wirst. Du sollst mit ihnen und mit ihren Göttern keinen Bund schliessen. Sie sollen nicht in deinem Land wohnen bleiben, damit sie dich nicht zur Sünde gegen mich verführen; denn dann würdest du ihren Göttern dienen, und es würde dir zu einer Falle sein» (2. Mose 23,31–33).

Der HERR gibt das Land und erweitert die Grenzen, doch Israel muss gegenüber dem Wort Gottes gehorsam sein.

Vers 8 in Kapitel 24 zeigt, dass der Bund zwischen Gott und dem Volk mit Blut geschlossen wird. Dies war im Alten Bund der Fall und dies ist auch im Neuen Bund so. Nur durch das Blut des Messias Jesus besteht die Möglichkeit, Anteil an Gottes Neuem Bund zu haben.

Schabat

«Sechs Tage sollst du deine Arbeiten verrichten. Aber am siebten Tag sollst du ruhen, damit dein Rind und dein Esel ausruhen und der Sohn deiner Magd und der Fremde Atem schöpfen.»

Diese Worte des Verses 12 in Kapitel 23 verdeutlichen, dass der Ruhetag für alle gilt, für Mensch und für Tier, für Herren und für Diener, für Juden wie für Nichtjuden.

In Jesaja 56,1–8 verheisst Gott den Menschen besonderen Segen, wenn sie den Schabat halten. Es ist der heilige Tag Gottes, an dem man keiner Arbeit nachgehen, sondern ausruhen soll. Dies ist auch die eigentliche Bedeutung des Wortes Schabat. Es entstammt dem hebräischen Wort *schev* oder *laschevet,* was so viel bedeutet wie «sitzen, ruhen, nichts tun». Deshalb wird das Wort auch hier in seiner hebräischen Sprechweise mit *Schabat* wiedergegeben und nicht als «Sabbat» bezeichnet. Im Grundtext der Bibel heisst es gar, dass Gott diesen Tag feierte, das dafür verwendete Wort *jischbot* ist ebenfalls in *Schabat* enthalten. Die vielfache Erwähnung dieses Tages in der Bibel zeigt seine Bedeutung in den Augen Gottes. In Jesaja 58,13 wird der Schabat als ein Tag der Wonne bezeichnet. Es ist unzweifelhaft, dass mit dem Schabat der Samstag, der siebte Tag der Woche, gemeint ist (1. Mose 2,1).

Auch Jesus und die Jünger hielten den Schabat; was der HERR jedoch kritisierte, waren die von den Rabbinern den Menschen auferlegten Verhaltensregeln für diesen Tag, was auch heute noch im Judentum der Fall ist. Diese stellte Jesus in Frage und verurteilte sie, jedoch nicht den siebten Tag als Ruhetag selbst (Matth. 12,1–14). Er ging am Schabat in die Synagoge und lehrte damit diesen Tag. Auch Paulus hielt den Schabat und ging an diesem Tag in die Synagoge (Apg. 17,1–2). Aufgrund der Auferstehung Jesu von den Toten am ersten Tag der Woche versammelten sich die Jünger und die ersten Gemeinden zusätzlich am ersten Wochentag. Daraus entwickelte sich der erste Wochentag, der Sonntag, zum Ruhetag der Christenheit.

Gemäss dem biblischen Bericht beginnt der Tag bereits am Vorabend. *«... und es wurde Abend, und es wurde Morgen: ein Tag»* (1. Mose 1,5). Deshalb beginnt auch der jüdische Ruhetag am Vorabend, nämlich am Freitagabend mit Sonnenuntergang. Die Vorbereitungen für den *Schabat,* vor allem durch die Hausfrau, werden im Laufe des Freitags getroffen. Die Frau des Hauses ist es auch, die kurz vor Beginn des Ruhetages die *Schabatkerzen* anzündet und dabei ein Gebet spricht. Oft gehen die Männer zum *Schabatbeginn* in die Synagoge. Am Abend versammelt sich die Familie zum *Schabatmahl.* Je nach Tradition werden Gebete und Segenssprüche gesprochen, Lieder gesungen, der Segen über Brot und Wein sowie der Segen für die Hausfrau und die Kinder erteilt. Am *Schabat* selbst geht man am Vormittag in die Synagoge. Der Rest des Tages dient der Ruhe, der Erholung, der Familie, der Gemeinschaft und des Ausrichtens auf Gott. Je nach Religiosität werden auch Ausflüge, bzw. Spaziergänge unternommen. Der *Schabat* endet mit Sonnenuntergang am Samstagabend.

Gottes Absicht war und ist, dass dieser Tag ein Segen für den Menschen sein soll.

Trumah – *«Opfergabe»*

2. Mose 25,1–27,19

Haftarah-Abschnitt: 1. Könige 5,26–6,13

Nachdem Gott Sein Volk aus der Knechtschaft befreit und ihm am Berg Sinai Seine *Torah* verkündet hat, gebietet Er Mose, ein Heiligtum zu errichten, als sichtbares Zeichen, dass Gott unter ihnen wohnt. Die unterschiedlichen Bestandteile des Heiligtums oder der Wohnstätte, die später *«Zelt der Begegnung»* (Stiftshütte) genannt wurde, sowie die Materialien, aus denen sie hergestellt werden sollen, sind das Thema dieses Wochenabschnittes. Der Text beginnt mit dem ersten jüdischen Baufond in Kapitel 25. Mose fordert eine Opfergabe vom Volk für das benötigte Material.

Im weiteren Verlauf dieses Kapitels erhält Mose weitere Anweisungen, wie er die verschiedenen Bestandteile des Heiligtums bauen soll, beispielsweise die Bundeslade, den Schaubrottisch oder den goldenen Leuchter. Kapitel 26 und 27 fahren fort mit Anleitungen für weitere Teile des Heiligtums und dem Material, aus dem diese Teile bestehen sollen, wie z. B. die Decken, Haken und Bretter, die Riegel, Vorhänge und Nägel sowie der Brandopferaltar und der Vorhof der Wohnstätte Gottes.

Erinnern wir uns an den Grund für den Bau des Heiligtums. In 2. Mose 25,8 sagt der HERR zu Mose: *«Und sie sollen mir ein Heiligtum machen, damit ich in ihrer Mitte wohne.»*

Nachfolgend einige Auslegungen dieses Verses und Erklärungen für den Bau der *Wohnstätte* aus jüdischen Quellen:

Für Maimonides, einen der berühmtesten jüdischen Denker und Rabbiner, bestand der wichtigste Zweck des Heiligtums darin, die Israeliten vom Götzendienst fern zu halten und sie auf Gott auszurichten. Gemäss Dr. J.H. Hertz, dem ehemaligen Oberrabbiner Grossbritanniens, diente das Heiligtum dazu, das Gesetz, die *Torah*, die Mose dem Volk Israel verkündet hatte, zu bekräftigen.

Es führte ihnen vor Augen, dass der HERR in ihrer Mitte ist und ihr Leben, einzeln wie auch als Gemeinschaft, durch dieses Bewusstsein beeinflusst wird. So wie Gott heilig ist, ist auch Seine *Wohnstätte* heilig und demzufolge soll auch für die Israeliten die Heiligung ihres Lebens das Ziel ihrer Bestrebungen sein. Das Heiligtum verkörpert diese Prinzipien. Sie sind die zentralen Gedanken der gesamten göttlichen Offenbarung gegenüber Mose.

Die Auslegung von Rabbiner Samson Raphael Hirsch, Führer der jüdischen Orthodoxie im Deutschland des 19. Jahrhunderts, gibt ähnliche Gedanken wieder. Er schreibt: *«Das ist mein Gott und ich soll eine Wohnung für Ihn sein. Das bedeutet, ich selbst – mein Denken und Handeln – soll ein Instrument sein, das Seiner Wesensart und Seinem Willen Ausdruck verleiht.»*

Ein anderer bekannter jüdischer Lehrer schrieb vor 1900 Jahren in einem Brief an die neutestamentliche Gemeinde in Korinth (1. Kor. 10,6), dass alle Dinge, die uns im zweiten Buch Mose überliefert sind, geschehen sind, damit sie uns als Vorbild dienen. Gottes Gegenwart im Heiligtum ist ein Vorschatten Seiner Gegenwart in uns durch die Fleischwerdung Seines Sohnes und die Sendung Seines Geistes (siehe Johannes 1). Das Heiligtum selbst, wie auch seine Einzelteile, sind Abbilder von Gottes endgültiger Erlösung in *Jeschua Ha Maschiach,* in Jesus Christus. Das Heiligtum weist den Weg des sündigen Menschen zu Gott. In Hebräer 8,5 wird es ein *«Abbild und Schatten der himmlischen Dinge ...»* genannt, in Hebräer 9,9 ein *«Gleichnis für die gegenwärtige Zeit ...»* und in Hebräer 9,24 *«... ein Gegenbild des wahren Heiligtums ...»*

Es ist lohnenswert, jeden Bestandteil des Heiligtums, der Wohnstätte Gottes unter Seinem Volk, im Zusammenhang der gesamten Heiligen Schrift näher zu studieren. Bei der näheren Beschreibung Seiner *Wohnstätte* begann der HERR mit der Bundeslade oder *Lade des Zeugnisses,* weil sie die Steintafeln mit den Geboten Gottes enthielt (25,10–22), die sich im Allerheiligsten befand, dem Ort, wo die *Schechina* war, die Gegenwart Gottes. Das Allerheiligste war durch einen Vorhang vom Rest des Heiligtums abgetrennt. *«Und zwar sollst du den Vorhang unter den Haken anbringen. Und bringe dorthin, auf die Innenseite hinter dem Vorhang, die Lade des*

Zeugnisses! So soll der Vorhang für euch das Heilige und das Allerheiligste voneinander scheiden» (2. Mose 26,33). Später durfte der Hohepriester nur einmal im Jahr das Allerheiligste betreten, um stellvertretend durch das Blut eines Opfertieres das Volk mit Gott zu versöhnen und die Schuld des Volkes zu bedecken.

So wie einst der Hohepriester mit dem Blut eines Opfertieres das Allerheiligste durch den Vorhang betreten durfte, so ist es auch denjenigen möglich, in die Gegenwart Gottes zu treten, die durch das Blut Jesu Vergebung erfahren haben und mit Gott versöhnt sind. *«Da wir nun, Brüder, durch das Blut Jesu Freimütigkeit haben zum Eintritt in das Heiligtum, den er uns eröffnet hat als einen neuen und lebendigen Weg durch den Vorhang – das ist durch sein Fleisch – und einen grossen Priester über das Haus Gottes, so lasst uns hinzutreten mit wahrhaftigem Herzen in voller Gewissheit des Glaubens, die Herzen besprengt und damit gereinigt vom bösen Gewissen und den Leib gewaschen mit reinem Wasser»* (Hebräer 10,19–22).

Der Schaubrottisch wurde aus dem gleichen Material gefertigt wie die Bundeslade, nämlich aus Akazienholz, das mit reinem Gold überzogen wurde. Darauf wurden in zwei Sechserreihen 12 Brote (auch als Kuchen bezeichnet) gelegt, auf die wiederum Weihrauch gelegt wurde (3. Mose 24,5–9). Sie gehörten dem HERRN, durften aber von Aaron und seinen Söhnen verzehrt werden. Die Brote wurden jede Woche neu zugerichtet. Sie bringen zum Ausdruck, dass Gott die Menschen versorgt und erhält. Der Schaubrottisch erinnert daher auch an Christus als das «Brot des Lebens». Indem wir unser Herz auf Christus ausrichten, sowie in der Gemeinschaft mit IHM, empfängt unsere Seele das Lebensbrot als Nahrung. *«Indem wir hinschauen auf Jesus, den Anfänger und Vollender des Glaubens, der um der vor ihm liegenden Freude willen die Schande nicht achtete und das Kreuz erduldete und sich gesetzt hat zur Rechten des Thrones Gottes. Denn betrachtet den, der so grossen Widerspruch von den Sündern gegen sich erduldet hat, damit ihr nicht ermüdet und in euren Seelen ermattet»* (Hebr. 12,2–3).

Die Menorah ist der goldene siebenarmige Leuchter. Es gab kein natürliches Licht im Heiligtum. Der Leuchter war die einzige Lichtquelle. Er bestand aus reinem Gold und war ein Symbol vollkommener Reinheit. Die Zahl sieben ist ebenfalls ein Hinweis auf die göttliche Vollkommenheit. Die Priester hatten dafür Sorge zu tragen, dass die Lampen immer brannten. Auch hier liegt die geistliche Anwendung nahe. Als Christen sollen wir in ständiger Gemeinschaft mit dem Herrn leben, denn Jesus sagt in Joh. 8,12: *«Ich bin das Licht der Welt; wer mir nachfolgt, wird nicht in der Finsternis wandeln, sondern wird das Licht des Lebens haben.»* Doch wir müssen selber etwas dafür tun, damit diese Gemeinschaft nicht unterbrochen wird und das Licht erlischt, genauso wie die Priester dafür Sorge tragen mussten, dass die Lichtquelle im Heiligtum nicht versiegte.

Die Beschreibung des Brandopferaltars folgt in Kapitel 27. Er stellt ein Symbol des Kreuzes dar. Am Brandopferaltar verrichteten die Priester ihren Dienst. Durch die Darbringung der verschiedenen Opfer dienten sie Gott und reinigten das Volk. Die Darbringung von Opfern auf dem Altar war jedoch keine einmalige Sache, sie musste fortlaufend wiederholt werden, wohingegen das Opfer des Neuen Bundes ein für allemal erfolgte. *«Christus aber ist gekommen als Hoherpriester der zukünftigen Güter und ist durch das grössere und vollkommenere Zelt – das nicht mit Händen gemacht, das heisst, nicht von dieser Schöpfung ist – und nicht mit Blut von Böcken und Kälbern, sondern mit seinem eigenen Blut ein für allemal in das Heiligtum hineingegangen und hat uns eine ewige Erlösung erworben. Denn wenn das Blut von Böcken und Stieren und die Asche einer jungen Kuh, auf die Unreinen gesprengt, zur Reinheit des Fleisches heiligt, wie viel mehr wird das Blut des Christus, der sich selbst durch den ewigen Geist als Opfer ohne Fehler Gott dargebracht hat, euer Gewissen reinigen von toten Werken, damit ihr dem lebendigen Gott dient!»* (Hebräer 9,11–14).

Ist es nicht bemerkenswert, dass nichts anderes in der Bibel mit einer solchen Genauigkeit beschrieben wird wie das Heiligtum, die Stiftshütte, das *Zelt der Begegnung?* Diese Tatsache allein sollte in uns das Verlangen wecken, jedes Einzelteil, jedes Gerät, seine Bedeutung und Anwendung zu studieren. Während Mose die Gesetzestafeln in Händen hielt, hatte er das Bild des Heiligtums bereits empfangen (Hebr. 8,5). In der gleichen Weise, wie das Gesetz des Menschen sündiges Wesen offenbart (Röm. 7,7–12), hat Gott Seinen Weg der Gnade bereits vorbereitet (2. Mose 25,8).

Ein weiterer Zweck des Heiligtums war, das Volk davor zu bewahren, gegen Gott zu sündigen. Es diente daher als ständige Erinnerung und Mahnung an Gottes Gegenwart und half den Israeliten, ein heiliges Leben zu führen. Gott begegnete Mose an der Sühnplatte (auch als Deckplatte oder Gnadenthron übersetzt, siehe 25,17), um sich ihm zu erkennen zu geben (25,21–22). Das bedeutet, wir können nur direkte Gemeinschaft mit Gott haben oder Gott kann sich uns nur zu erkennen geben «an der Sühnplatte» im Allerheiligsten. Um dorthin zu kommen, gibt es nur einen Weg – unter dem Blut des Lammes, durch Jesus den Messias, der die Sühnung erwirkt hat. *«Ihn hat Gott hingestellt als einen Sühneort durch den Glauben an sein Blut zum Erweis seiner Gerechtigkeit wegen des Hingehenlassens der vorher geschehenen Sünden»* (Röm. 3,25). *«Lasst uns nun mit Freimütigkeit hinzutreten zum Thron der Gnade, damit wir Barmherzigkeit empfangen und Gnade finden zur rechtzeitigen Hilfe!»* (Hebr. 4,16).

Möge das Nachsinnen über die *Wohnstätte* Gottes zu unserer Heiligung beitragen und uns noch näher in Seine heilige Gegenwart führen.

Menorah

Mit *Menorah* (hebr. = Leuchter, neuhebr. auch für Lampe) ist der siebenarmige Leuchter gemeint, der im Allerheiligsten des *Zeltes der Begegnung* und später des Tempels stand. Sie war aus einem Block reinen Goldes gearbeitet. Ihr Zweck war das Beleuchten des Heiligtums (2. Mose 25,37). Das Heiligtum des Tempels war jedoch grösser als das *Zelt der Begegnung* und so liess Salomo insgesamt zehn siebenarmige Leuchter *(Menorot)* herstellen (1. Kön. 7,49; 2. Chr. 4,7). Vielleicht war die erste

Menorah aus dem *Zelt der Begegnung* eine davon, vielleicht stand sie aber auch in der Mitte der zehn anderen. Bei der zweiten babylonischen Eroberung und endgültigen Zerstörung Jerusalems und des Tempels wurde das Gold von den Tempelgeräten abgerissen und nach Babylon gebracht (2. Kön. 24,13). Da auch die *Menorot* im Tempel aus purem Gold gearbeitet waren, wurden sie möglicherweise bereits bei der ersten Einnahme der Stadt durch Nebukadnezar nach Babylon in das Schatzhaus seines Tempels oder seines Palastes gebracht (Dan. 1,2; 2. Chr. 36,7). Kein Exemplar oder Muster der Menorah aus dieser Zeit wurde bisher bei archäologischen Grabungen entdeckt, lediglich Reproduktionen der ursprünglichen *Menorah* aus der Zeit des zweiten Tempels.

Entgegen mancher Legenden, nach denen die *Menorah* vor der Zerstörung durch die Babylonier versteckt worden sei, gibt es keine Hinweise, dass der ursprüngliche Leuchter nach der Rückkehr aus dem Exil auch im wiederaufgebauten Tempel stand. Die darin befindliche war vermutlich eine neue *Menorah.* Entgegen dem ersten Tempel waren es jedoch nicht zehn, sondern lediglich eine. Dieser Leuchter wurde 169 v. Chr. durch Antiochus Epiphanes bei dessen Eroberung Jerusalems und Entweihung des Tempels mitgenommen (1. Makkabäer 1,23). Nach dem Sieg der Makkabäer und der erneuten Weihung des Tempels wurden die Geräte, einschliesslich der *Menorah,* neu hergestellt (1. Makk. 1,49–50). Der von den Makkabäern neu hergestellte Leuchter befand sich anschliessend für nahezu 200 Jahre im Tempel, bis die Römer diesen im Jahre 70 zerstörten. Die Form dieses Leuchters ist auf dem Triumphbogen des Titus in Rom zu sehen.

Die *Menorah* des zweiten Tempels wurde in Rom aufbewahrt, ihr weiterer Verbleib ist unbekannt. Ein byzantinischer Historiker berichtet, dass sie im 5. Jh. nach Karthago und im 6. Jh. nach Konstantinopel gebracht worden wäre. Da sie den jeweiligen Eroberern kein Glück gebracht habe, hätte Kaiser Justinian sie wieder zurück nach Jerusalem bringen lassen, wo sie in einer Kirche aufbewahrt worden sei. Nach der Eroberung Jerusalems durch die Perser sei ihr Schicksal jedoch unbekannt. Ein anderer Bericht besagt, sie wäre in Konstantinopel verblieben. Bei der Zerstörung der Stadt während des vierten Kreuzzuges habe sich ihre Spur jedoch endgültig verloren.

Die *Menorah* ist das Symbol des jüdischen Volkes seit über dreitausend Jahren. An Säulen, Wänden und Fussböden, auf Gräbern, an Gebäuden und in Synagogen, überall erscheint sie. Ihr Licht galt immer als Symbol der Erneuerung jüdischen Lebens im Land Israel. So war es zwangsläufig, dass die *Menorah* auch zum Symbol und Wappen des modernen Staates Israel wurde.

Tetzaveh – *«Du sollst gebieten»*

2. Mose 27,20–30,10

Haftarah-Abschnitt: Hesekiel 43,10–27

Nach der Beschreibung des Heiligtums fährt dieser *Torah*-Abschnitt fort mit den Anforderungen an die, die im und am Heiligtum dienen. Am Ende von Kapitel 27 lesen wir vom Öl für die *Menorah,* dem siebenarmigen Leuchter. Kapitel 28 berichtet von dem Gesetz für das Priestertum. Wir finden darin Details über die Bekleidung des Hohenpriesters, über das Efod, über die Brusttasche und das Stirnblatt sowie über andere Bekleidungsteile. In 2. Mose 29 gibt Gott Anweisungen über die Weihe der Priester, ihre Nahrung und das beständige Brandopfer. Der Wochenabschnitt schliesst mit dem Räucheraltar in den ersten Versen von Kapitel 30.

Wenn wir uns der letzten drei *Torah*-Abschnitte erinnern, lässt sich folgendes feststellen: In «Jitro» (2. Mose 18,1–20,23) offenbarte sich Gott und gab die Zehn Gebote, Seine göttliche *Torah*. Der folgende Abschnitt, «Mischpatim» (2. Mose 21,1–24,18), war den zivilen Rechtsbestimmungen gewidmet, den Delikten und Fragen der Beschädigung von Privateigentum. Es folgte der vorangegangene Abschnitt «Trumah» (2. Mose 25,1–27,19), mit seiner detaillierten Beschreibung des Heiligtums.

Im Abschnitt «Tetzaveh» beschäftigen wir uns weiterhin mit dem Heiligtum. Genau genommen handeln fünf von elf *Torah*-Abschnitten im zweiten Buch Mose vom Heiligtum, dem *Zelt der Begegnung* (Stiftshütte), wohingegen nur ein Abschnitt zivile Angelegenheiten regelt. Dies veranschaulicht zwei Dinge: Einerseits wird aus Gottes Perspektive das Verhältnis zwischen Einzelheiten des Heiligtums, der Bedeutung des Heiligtums und der zivilen Gesetze deutlich. Anderseits wird der Stellenwert des Heiligtums zum Ausdruck gebracht innerhalb seines *Erlösungsplans* für das Volk Israel und letztlich für die ganze Welt. Die *Torah* ist das geoffenbarte Wort Gottes, die Grundlage all dessen, was in der Bibel folgt. Sie bildet das Fundament der Worte der Propheten, der Lehre Jesu und später der Apostel. Das Heiligtum bildet einen wesentlichen und umfassenden Teil der *Torah*. Es steht im Zentrum des zweiten Buches Mose, des Buches der Erlösung. Wer daher das Studium, die Lehre und die Predigt über das Heiligtum und seinem Sinn in Gottes Erlösungsplan, seine Bedeutung für Christen, vernachlässigt, beraubt sich einer Vielzahl geistlicher Schätze.

In diesem Wochenabschnitt liegt solch ein geistlicher Reichtum, dass es wahrlich lohnenswert ist, alle Einzelheiten derer zu studieren, die am Heiligtum dienen. Gläubige des Neuen Bundes werden auch als Priester bezeichnet (1. Petrus 2,9) und wir sehen in den Aufgaben und der Kleidung des Hohenpriesters am Heiligtum die Grösse und Herrlichkeit unseres Hohenpriesters *Jeschua*. Auf einige Aspekte dieses Textes und ihre tiefere geistliche Bedeutung möchte ich nun hinweisen.

Öl für den Leuchter (27,20–21)

Öl wird in der Heiligen Schrift oft als ein Symbol für den Heiligen Geist gebraucht (Sach. 4,2–6; Hebr. 1,9). Christus ist das Licht der Welt (Joh. 8,12), und ohne Sein Licht, ohne Seinen Geist, wandelt der Mensch in Finsternis und findet keinen Zugang zum Heiligtum Gottes. Selbst wenn Sie glauben, dass Jesus am Kreuz gestorben ist, hilft Ihnen das erst einmal nicht weiter. Sie müssen diese Tatsache für sich persönlich im Glauben in Anspruch nehmen, um als Folge dessen Seinen Geist, Sein Licht zu empfangen. Um vor den Thron des Allmächtigen, in die Gegenwart des himmlischen Vaters zu gelangen, braucht ein Mensch das Öl des Heiligen Geistes. Das Öl der *Menorah,* des siebenarmigen Leuchters, weist auf unsere Gemeinschaft mit Gott im Allerheiligsten hin, es fordert unseren Lobpreis, unsere Heiligung. Der Leuchter wurde nicht von Zeit zu Zeit angezündet, wenn Mose vielleicht ins Heiligtum ging (oder wir sonntags in den Gottesdienst), nein, er brannte beständig, jeden Tag und jede Nacht.

Das Priestertum (28,1–2)

Aaron, der Hohepriester, ist ein Abbild des Messias Jesus, unseres Hohepriesters (Hebräer 8–9). Seine Söhne sind ebenfalls Abbilder, Vorbilder der Gläubigen des Neuen Testamentes, die als königliche Priester bezeichnet werden (1. Petr. 2,9; Off. 1,6).

Kleidung

Wenn wir uns bewusst sind, dass wir als Christus-Gläubige Priester genannt werden, kann die Bedeutung der priesterlichen Kleidung in diesem Text für unser Leben mit Gott eine Hilfe sein. Die besondere Kleidung der Priester war eine ständige Erinnerung und Mahnung an ihre Heiligkeit und ein permanenter Wegweiser für ihr Leben. *«... dass sie die Kleider Aarons machen sollen, um ihn zu heiligen, damit er mir den Priesterdienst ausübt»* (28,3b). Die Gewänder der Priester waren weiss, die Farbe der Reinheit und Heiligkeit. Die Priester wurden gesalbt, geweiht und geheiligt (28,39–43). Vergegenwärtigen Sie sich Ihre Stellung als Priester des Neuen Bundes und denken Sie nach über den Priesterdienst und die Gewänder der Priester mit ihrer jeweiligen Bedeutung. *«... Diese heiligen Kleider sollen sie für deinen Bruder Aaron und für seine Söhne anfertigen, damit er mir den Priesterdienst ausübt»* (28,4).

Das Efod (28,6–14)

Das Efod (oft auch mit «Leibrock» oder «Priesterschurz» übersetzt) war das äussere Kleidungsstück des Hohenpriesters. Es war eine Art kurzer Umhang ohne Ärmel, der mit einem Gurt am Körper angelegt wurde. Es war der wichtigste Teil der Bekleidung des Hohenpriesters. Das Efod war in goldenen, purpurnen, scharlachroten und blauen Farben gefertigt und damit ähnlich den Vorhängen und Decken im Heiligtum, womit auf die innige Verbindung zwischen Hohepriester und Heiligtum hingewiesen werden soll. Darüber hinaus sind die genannten Farben alles Farben und Zeichen königlicher Macht.

Wir sehen daran, dass selbst der kleinste Teil der priesterlichen Kleidung seinen Sinn hat und auf den wahren Hohenpriester hinweist, der den Vorhang zum Allerheiligsten ein für allemal öffnete, *Jeschua Ha Maschiach.*

«In Steinschneidearbeit, als Siegelgravur sollst du die beiden Steine stechen nach den Namen der Söhne Israel. Mit goldenen Einfassungen umgeben sollst du sie anfertigen. Dann setze die beiden Steine oben auf die Schulterstücke des Efods, als Steine des Gedenkens für die Söhne Israel! Und Aaron soll ihre Namen auf seinen beiden Schultern tragen vor dem HERRN zum Gedenken» (2. Mose 28,11–12).

Der Hohepriester trug die Last und Sünde des Volkes Israel auf seinen Schultern und brachte diese vor Gott, um Versöhnung zu erlangen. Dies ist wiederum ein wunderbares Beispiel für das, was Jesus tat. *«Denn ein Kind ist uns geboren, ein Sohn uns gegeben, und die Herrschaft ruht auf seiner Schulter; und man nennt seinen Namen: Wunderbarer Ratgeber, starker Gott, Vater der Ewigkeit, Fürst des Friedens»* (Jesaja 9,5).

Die Brusttasche (28,15–29)

Die Brusttasche wird verschiedentlich auch mit «Brustplatte» oder «Amtsschild» übersetzt. Es war das wichtigste Ornament des Hohenpriesters. Kernstück waren 12 Edelsteine, auf denen jeweils der Name eines israelitischen Stammes geschrieben war. Auch die Brusttasche war aus dem gleichen Material und den gleichen Farben gefertigt wie das Efod und die Decken im Heiligtum. Das Bekleidungsstück wird auch «Brusttasche des Rechtsspruchs» genannt (28,15), weil es die *Urim und Tummim* enthielt, die «Licht und Recht» bedeuten. Beides waren zusätzliche Edelsteine, die sich in der Brusttasche befanden (siehe 3. Mose 8,8) und dem Hohenpriester dazu dienten, sich mit schwierigen Anliegen und Fragen an Gott zu wenden. Das Volk Israel, symbolisiert durch die wertvollsten Edelsteine, befand sich durch die Brusttasche «direkt am Herzen des Hohenpriesters», wenn dieser in das Heiligtum ging und vor der Herrlichkeit Gottes stand.

Auch dies ist ein Vorbild dessen, was der wahre Hohepriester, was Jesus für uns tat. Er sitzt zur Rechten des Vaters und ist unser Fürsprecher, wir sind wie wertvolle Edelsteine an Seinem Herzen. *«Da wir nun einen grossen Hohenpriester haben, der durch die Himmel gegangen ist, Jesus, den Sohn Gottes, so lasst uns das Bekenntnis festhalten! Denn wir haben nicht einen Hohenpriester, der nicht Mitleid haben könnte mit unseren Schwachheiten, sondern der in allem in gleicher Weise wie wir versucht worden ist, doch ohne Sünde. Lasst uns nun mit Freimütigkeit hinzutreten zum Thron der Gnade, damit wir Barmherzigkeit empfangen und Gnade finden zur rechtzeitigen Hilfe»* (Hebr. 5,14–16).

Das heilige Stirnblatt (28,36–38)

Eine Art Turban aus feinem Leinenstoff bedeckte den Kopf des Hohenpriesters. Teil seiner Kopfbedeckung war ein goldenes Stirnblatt, auf dem die Worte HEILIGKEIT DEM HERRN eingraviert waren (28,36). Der bereits verstorbene ehemalige Oberrabbiner Grossbritanniens, Dr. J.H. Hertz, schrieb: *«Diese Inschrift weist nicht nur auf die Weihung des Hohenpriesters hin, Gott zu dienen, sondern kristallisiert auch das Ziel und den Zweck dieses Dienstes. Sie verkündet das geistliche Zielbild, von dem das Heiligtum ein Sinnbild war.»*

Kipah

«Dies aber sind die Kleider, die sie anfertigen sollen: eine Brusttasche und ein Efod und ein Oberkleid, einen Leibrock aus gewirktem Stoff, einen Kopfbund und einen Gürtel. Diese heiligen Kleider sollen sie für deinen Bruder Aaron und für

seine Söhne anfertigen, damit er mir den Priesterdienst ausübt» (2. Mose 28,4).

In diesem Vers taucht der erste Hinweis darauf auf, dass Juden eine Kopfbedeckung tragen (siehe auch Vers 37). In Vers 40 desselben Kapitels wird der Kopfbund als ein Turban bezeichnet. Die Kopfbedeckung war Teil der priesterlichen Kleidung. Es gibt jedoch keine biblische Grundlage, dass alle Juden eine Kopfbedeckung tragen sollen. Im Gegenteil, das Verhüllen des Hauptes war zu biblischer Zeit ein Ausdruck der Trauer (siehe 2. Sam. 15,30 und Jer. 14,3–4). In späterer Zeit wurde beim Beten, beim Fasten oder beim Studieren des Wortes Gottes als ein Zeichen der Ehrfurcht das Haupt bedeckt. Religionsgelehrte trugen eine Kopfbedeckung als Ausdruck ihrer erhabenen Stellung. Der jüdische Geistliche Huna ben Joschua aus Babylon sagte im 5. Jh.: *«Ich gehe nicht mehr als vier Ellen (ca. 2,5 m) mit unbedecktem Kopf, weil Gott über meinem Kopf wohnt.»* Es soll ein Zeichen der Ehrfurcht und Demut gegenüber Gott sein. Die gewöhnliche jüdische Bevölkerung trug jedoch auch in dieser Zeit keine Kopfbedeckung, wie aus Zeichnungen dieser Zeit hervorgeht.

Selbst im Mittelalter war das Tragen einer Kopfbedeckung bei religiösen Handlungen eher eine Tradition und nicht verbindlich. Verschiedenen Ortes wurde jedoch eine Kopfbedeckung für diejenigen vorgeschrieben, die in der Synagoge aus der *Torah* lasen, bzw. den Segen sprachen.

Die Praxis, den Kopf zu bedecken als Ausdruck der Ehrfurcht vor Gott, setzte sich zunehmend durch und wurde vom europäischen Judentum bekräftigt und langsam zu einer einheitlichen Tradition. Eine Kontroverse entstand zwischen orthodoxem und konservativem Judentum, wobei erstere bis heute eine Kopfbedeckung nicht nur innerhalb, sondern auch ausserhalb der Synagoge tragen, wohingegen letztere die Kopfbedeckung nur in der Synagoge, bzw. bei religiösen Handlungen tragen.

Die Kopfbedeckungen für Juden änderten sich durch die

Jahrhunderte und waren auch vom ethnischen Hintergrund abhängig. Juden in verschiedenen Ländern trugen unterschiedliche Kopfbedeckungen.

Heute ist die *Kipah* einheitlich ein kleines, den Hinterkopf bedeckendes Käppchen. Es gilt als Erkennungszeichen religiöser Juden.

Ki Tisa – *«Wenn du zählst»*

2. Mose 30,11–34,35

Haftarah-Abschnitt: 1. Könige 18,1–39

Unser Bibelabschnitt beginnt mit dem Sühnegeld, dem kupfernen Reinigungsbecken, dem Salböl und dem Räucherwerk. Kapitel 31 spricht von geisterfüllten Handwerkern und dem Schabat. Weiter in Kapitel 32 finden wir die berühmte Geschichte um das goldene Kalb und Moses Fürbitte für das Volk. Im darauffolgenden Kapitel begehrt Mose die Herrlichkeit des HERRN zu schauen und in Kapitel 34 empfängt er erneut die Gesetzestafeln und sein Angesicht glänzt, als er aus der Gegenwart Gottes hervorkommt.

In den vorangegangenen zwei *Torah*-Abschnitten beschäftigten wir uns mit dem Heiligtum und den Priestern. Dieses Thema wird hier fortgesetzt mit dem Wasch- oder Reinigungsbecken (30,17–21). Das ist ein kupfernes Becken mit Gestell, welches zwischen dem Altar und dem *Zelt der Begegnung* stand. Es diente den Priestern zum Waschen der Hände und Füsse, nachdem sie ein Opfer auf dem Altar dargebracht hatten und bevor sie das Heiligtum betraten. Ohne Waschung hätten sie das Heiligtum entweiht.

Dieser Ritus wird auch heute noch von vielen frommen Juden befolgt, die vor Beginn des Gottesdienstes bzw. des Eintritts in die Synagoge ihre Hände waschen. Aus diesem Grund befinden sich neben dem Eingang vieler Synagogen kleine kupferne Waschbecken. Wie in vorherigen *Torah*-Lesungen bereits erwähnt, werden Nachfolger Jesu, Angehörige des Neuen Bundes, ebenfalls Priester genannt (1. Petr. 2,9).

So wie die Priester im *Zelt der Begegnung* und später im Tempel das Heiligtum nicht betreten durften, bevor sie am Altar ein Opfer dargebracht und ihre Hände und Füsse im Reinigungsbecken gewaschen hatten, so bedürfen auch wir der Reinigung, bevor wir uns Gott nahen. Wie geschieht dies?

«... wie auch Christus die Gemeinde geliebt und sich selbst für sie hingegeben hat, um sie zu heiligen, sie reinigend durch das Wasserbad im Wort, damit er die Gemeinde sich selbst verherrlicht darstellte, die nicht Flecken oder Runzel oder etwas dergleichen habe, sondern dass sie heilig und tadellos sei» (Epheser 5,25b–27).

Reinigen Sie Ihren Geist, reinigen Sie Ihr Herz, reinigen Sie Ihre Seele durch das Wort Gottes und treten Sie dann in seine Gegenwart. Die Reinigung war eine ewig gültige Priestervorschrift, denn ohne Reinigung durften sie das Heiligtum nicht betreten.

In den folgenden Versen (30,22–33) lesen wir von dem Öl zur heiligen Salbung und von heiligem Räucherwerk (30,34–38), das notwendig war, um den HERRN anzubeten. Wie im vorangegangenen Wochenabschnitt gesehen, symbolisiert das Öl den Heiligen Geist; und nur mit dem Öl ist Licht und Gemeinschaft mit dem lebendigen Gott gegeben. Für denjenigen, der das Öl, der den Geist Gottes nicht hat, der in seinem eigenen Fleisch, in seinem eigenen Ich lebt, ist diese Gemeinschaft nicht möglich.

Daher sagt Gott in Kap. 30, Verse 32 bis 33: *«Auf den Leib eines Menschen darf man es nicht giessen, ... Wer sonst eine Mischung wie diese herstellt oder etwas davon auf einen Fremden streicht, der soll aus seinen Völkern ausgerottet werden.»* Die Salbung des Zeltes der Begegnung sowie derjenigen, die darin Dienst tun, ist eine heilige Handlung, eine Weihung oder Einsegnung. Als Priester sind wir geheiligt (30,30) und können uns IHM nur in der Kraft des Heiligen Geistes nahen.

Das Räucherwerk symbolisiert Gebete und Lobpreis. *«... und lege etwas davon vor das Zeugnis in das Zelt der Begegnung, wo ich dir begegnen werde; als Hochheiliges soll es euch gelten»* (30,36). Im Gebet und in der Anbetung begegnen wir dem lebendigen Gott. Dies sind heilige Handlungen und wir sollten nicht zu Gott beten oder ihn anbeten um unserer Selbst willen, zu unserer eigenen Befriedigung, aus Tradition heraus, weil man es von uns erwartet oder fordert oder um andere zu beeindrucken: *«Was aber das Räucherwerk, das du machen sollst, angeht – in seiner Zusammensetzung dürft ihr keins für euch herstellen; als etwas Heiliges für den HERRN soll es dir gelten»* (30,37–38).

In Kapitel 31 begegnen uns Kunsthandwerker, die Gott berufen hatte, alle Arbeiten am Heiligtum auszuführen. Obwohl sie exzellente Könner waren, hätten ihre natürlichen Fähigkeiten zu diesem Werk nicht ausgereicht – sie mussten geisterfüllt und mit der Weisheit ausgestattet sein, um alle notwendigen Aufgaben erfüllen und Werke schaffen zu können. Wenn wir Gott allein mit unseren natürlichen Gaben dienen, die auch gottgegeben sind (Jakobus 1,17), werden wir nichts Bleibendes bewirken. Wir bedürfen der Weisheit, des Verstehens und der Erkenntnis Gottes, die für alle Aufgaben im Reich Gottes absolut notwendig sind.

Am Ende dieses Kapitels wird den Israeliten erneut geboten, den Schabat zu achten. Die Einhaltung von Gottes Ruhetag stellt nicht lediglich ein weiteres Gebot dar, sondern ist ein Zeichen zwischen Gott und Seinem Volk (31,13). Die Befolgung dieses Gebotes geschieht nicht allein um Gottes willen, sondern um des Volkes willen, ein Tag, der ihnen heilig sein soll (31,14). Die Einhaltung des Schabat dient der persönlichen Erfrischung und Erneuerung, bereitet auf die Aufgaben vor, die vor uns liegen (31,17).

2. Mose 32 befasst sich mit der Tragödie des Volkes Israel. Nur kurz nach der Gottesoffenbarung wendet es sich an fremde Götter. Während Mose auf dem Berg steht – in der Gegenwart Gottes – des HERRN *Torah* empfängt, schafft das Volk sich einen eigenen Götzen, tanzt in Ekstase um das goldene Kalb, weil sie die Rückkehr von Moses nicht abwarten wollten.

«Gott gab den Israeliten die einzigartige Gabe der Torah, eine Verhaltensanordnung, die ihnen ewiges Leben garantiert hätte. Durch Übertretung der wichtigsten aller göttlichen Verordnungen erwiesen sich die Israeliten selbst als dieser göttlichen Gabe für unwürdig», schreibt Rabbiner Schlomo Riskin aus Efrat.

Trotz ihrer wundersamen Befreiung aus Ägypten und der Erfahrung weiterer Wunder auf ihrem bisherigen Weg zum Berg Horeb, schenkten die Israeliten noch immer nicht Gott ihr vollkommenes Vertrauen, glaubten sie Seinem Wort nicht. Sie setzten ihr Vertrauen in sichtbare Dinge und verfielen dem Götzendienst. Aaron scheiterte als Führer. Vielleicht fürchtete er sich vor dem Volk und dessen Entschlossenheit, sich einen Götzen zu schaffen.

Vielleicht wollte er Zeit gewinnen, bis Mose zurückkehrte. Die Israeliten brachen ihre Beziehung zu Gott vollkommen ab und fanden schnell eine eigene Erklärung als Grund ihrer Befreiung aus der Knechtschaft (32,4). Sie hingen ihrer götzendienerischen Handlung einen religiösen Mantel um (32,5–6).

Was können wir aus der Reaktion Moses und seinem darauf folgenden Verhalten lernen? Zunächst einmal wird uns berichtet, dass Gott derart zornig wurde, dass er das ganze Volk vernichten wollte, trotz Seiner früheren Verheissungen für Israel (32,9–10) und obwohl er dieses Volk aus der Knechtschaft erlöst hatte. Niemand sollte deshalb den Zorn Gottes leicht nehmen oder gar ignorieren.

Der HERR sagte zu Mose, dass Er aus ihm eine neue grosse Nation entstehen lassen will. Plötzlich hätte Mose die Gelegenheit gehabt, diese halsstarrigen Menschen los zu werden, die sein Leben so unendlich schwer machten und ihm so viele Schwierigkeiten bereiteten. Doch er erwies sich als treuer Diener und verantwortungsvoller Führer, der seinen Auftrag ausgesprochen ernst nahm. Statt diese «Chance» zu nutzen, flehte er zu Gott für das Volk und bat den HERRN, dass Er das Volk verschonen möge. Er erinnerte Gott an Seine grossen Taten und setzte sich für seine Volksgenossen ein (32,1–14). Mose eiferte für die Sache Gottes, doch ignorierte er die Sünde nicht, sondern war zornig über das, was die Israeliten getan hatten (32,19).

Führer einer Gruppe von Menschen sind in der Lage, grossen Schaden anzurichten, nicht nur gegenüber sich selbst, sondern gegenüber der ganzen Gruppe, dem ganzen Volk. Sie sind aber auch verantwortlich für ihr Handeln. *«Als nun Mose sah, dass das Volk zuchtlos war, denn Aaron hatte es zuchtlos werden lassen zur Schadenfreude ihrer Gegner ...»* (32,25). Am Ende dieses Kapitels sehen wir, dass Gott, obwohl Er Abstand davon nahm, das ganze Volk zu vernichten, die Menschen strafte (32,35). Mose jedoch tat Fürbitte für das Volk und bat den HERRN an ihrer Statt um Vergebung.

In Kapitel 33 wird die Wanderung fortgesetzt und Mose erinnert Gott, dass diese Nation doch Sein Volk ist und dass er des HERRN Gnade und Leitung benötigt, um die ihm gestellte Aufgabe auszuführen. Dann sagt der HERR diese wunderbaren Worte zu Mose:

«Mein Angesicht wird mitgehen und dich zur Ruhe bringen, ... denn du hast Gunst gefunden in meinen Augen, und ich kenne dich mit Namen» (32,12–17). Diese Worte sind Ermutigung und Trost für jeden Gläubigen und wir dürfen sie mit all unseren Fragen über die Zukunft, welchen Weg wir gehen sollen, wie wir uns in einer bestimmten Sache entscheiden sollen, auch für uns in Anspruch nehmen. Gott ruft Ihnen und mir heute zu: *«Suche mein Angesicht und ich will mit dir gehen und dir Ruhe geben.»*

Mose wollte Gottes Herrlichkeit sehen und der HERR antwortete ihm: *«Ich werde all meine Güte an deinem Angesicht vorübergehen lassen und den Namen JHWE vor dir ausrufen: Ich werde gnädig sein, wem ich gnädig bin, und mich erbarmen, über wen ich mich erbarme»* (33,19). Dies ist Gottes Herrlichkeit, Seine Gegenwart.

In Kapitel 34,5–6 lesen wir, wie Gott an Mose vorüberzog und verkündete: *«JHWE, JHWE, Gott, barmherzig und gnädig, langsam zum Zorn und reich an Gnade und Treue, der Gnade bewahrt an Tausenden von Generationen, der Schuld, Vergehen und Sünde vergibt, aber keineswegs ungestraft lässt ...»*

Dies ist der Charakter Gottes, den Er gegenüber dem Volk Israel zum Ausdruck brachte und den jeder Gläubige auch heute erfahren kann. Dies ist Seine Herrlichkeit.

In den folgenden Versen des letzten Kapitels dieses *Torah*-Abschnittes erneuert Gott den Bund mit Seinem Volk und der Stellenwert des Landes in Gottes Verheissung wird erneut deutlich. Er warnte die Israeliten, keinen Bund mit den Bewohnern des Landes zu schliessen und keinen anderen Göttern zu dienen, denn es ist nur ein HERR und Er ist ein eifernder Gott. Am Ende dieses Kapitels glänzt Moses Angesicht, als er vom Berg Sinai herabsteigt, nachdem er die Herrlichkeit Gottes gesehen hatte.

Mögen unsere «Gesichter», vor allem die «Augen unseres Herzens» ebenfalls glänzen, wenn wir aus der Gegenwart des HERRN kommen.

Die Hörner Moses

«Da sahen die Söhne Israel Moses Gesicht, dass die Haut von Moses Gesicht strahlte. Dann legte Mose die Decke wieder auf sein Gesicht, bis er hineinging, um mit ihm zu reden» (2. Mose 34,35).

Vielleicht sind dem einen oder anderen Leser beim Besuch christlicher Stätten mittelalterliche Skulpturen von Mose aufgefallen, bei denen zwei Hörner aus dem Kopf ragen; so z. B. in Rom, Florenz oder Dijon. Grund ist eine falsche Übersetzung des obigen Verses. Da es in der hebräischen Sprache keine Vokale gibt (erst Ende des 9. Jh. n. Chr. wurde der sog. masoretische Text veröffentlicht, bei dem den einzelnen Buchstaben Punkte und Zeichen zugefügt wurden, um die korrekte Aussprache zu gewährleisten), musste der Leser wissen, wie er das jeweilige Wort zu betonen hatte. Eine falsche Betonung konnte eine unterschiedliche Bedeutung des Wortes zur Folge haben.

Spricht man das hebräische Wort für «strahlen» *karan aus als kären,* bedeutet es «Horn». Als «Horn» hielt es dann Einzug in die Vulgata, die lateinische Bibelübersetzung. Obwohl die fehlerhafte Übersetzung offensichtlich und bekannt ist, befinden sich diese Skulpturen noch immer an ihren Orten und zeigen Mose mit zwei Hörnern auf dem Kopf.

Va'Jakhel – *«Und er versammelte»*
Pekude'i – *«Kostenberechnung»*

2. Mose 35,1–38,20
2. Mose 38,21–40,38

Haftarah-Abschnitt: **1. Könige 7,40–50**
1. Könige 7,51–8,21

Dieser *Torah*-Abschnitt besteht aus zwei kleineren Abschnitten, die während eines Schaltjahres (wenn im jüdischen Kalender ein Monat hinzugefügt wird) als zwei Wochenabschnitte behandelt werden, normalerweise jedoch als ein Abschnitt gelesen werden.

Wir kommen zum letzten Teil des zweiten Buches Mose, des Buches Exodus oder *Schemot*. Er handelt vom eigentlichen Bau des Heiligtums. Statt eines kurzen Hinweises, dass der göttliche Auftrag ausgeführt sei, beschreibt die Heilige Schrift im Detail, wie jede Anweisung genau und in Treue und Liebe ausgeführt wurde. Daran sehen wir erneut die Bedeutung des Heiligtums nicht nur innerhalb des Wortes Gottes, sondern für Gottes Heilsplan überhaupt.

Der *Torah*-Abschnitt beginnt mit einer Opfergabe des Volkes für den Bau des Heiligtums. Die Konstruktion desselben findet sich in Kapitel 36. In 2. Mose 37 und 38 sind verschiedene Bestandteile des *Zeltes der Begegnung* aufgeführt: die Bundeslade, die Sühnplatte (oder Gnadenstuhl), der Schaubrottisch, der goldene Leuchter, der Räucheraltar, der Brandopferaltar, das kupferne Reinigungsbecken, der Vorhof und das Tor des Vorhofs. Kapitel 39 gibt eine erneute Beschreibung der Bekleidung des Hohenpriesters, während am Ende des Buches in Kapitel 40 das Heiligtum aufgerichtet und von der Herrlichkeit Gottes erfüllt wird.

Wie in dem *Torah*-Abschnitt von *Jitro* (2. Mose 18,1–20,23) bereits erwähnt, nimmt das Gebot über die Einhaltung des Schabat innerhalb der Zehn Gebote den breitesten Raum ein. Am Ende des vorangegangenen Abschnittes *Ki Tisa* wurden die Anweisungen für die Einhaltung des Ruhetages wiederholt, selbst in der Erntezeit sollte dies befolgt werden (2. Mose 34,21). Nun, am Beginn dieses Wochenabschnittes, findet sich erneut eine Betonung der Einhaltung des Schabat. Nicht allein die Beachtung des Ruhetages ist wiederholt, auch die Tatsache, dass es der siebte Wochentag ist und dass man diesen Tag heilig halten soll. Es ist bedeutsam, dass die Ermahnung zur Beachtung des Schabat gegeben wurde, bevor mit der Arbeit am Heiligtum begonnen wurde, die Gott dem Volk geboten hatte. Das heisst, auch um des heiligen Dienstes willen, das Heiligtum zu errichten, sollte das Schabat-Gebot nicht übertreten werden.

In den vorangegangenen Wochenabschnitten *Trumah* (2. Mose 25,1–27,19) und *Tetzaveh* (2. Mose 27,20–30,10) gab Gott eine genaue Beschreibung des Heiligtums und seiner Einzelteile sowie der priesterlichen Kleidung. In diesem Abschnitt wird über die eigentliche Ausführung der Errichtung des Heiligtums berichtet, genau wie Gott es geboten hatte, aber es stellt eigentlich eine Wiederholung dar. Hätte nicht eine Beschreibung des Heiligtums genügt? Warum muss nahezu das Gleiche im Zuge der Konstruktion noch einmal dargelegt werden? Wären nicht mehr Informationen über das Alltagsleben der Israeliten in der Wüste oder über Moses Erfahrungen auf dem Berg beim Empfang der Gebote interessanter gewesen? Was ist der eigentliche Unterschied zwischen den Anweisungen über den Bau des Heiligtums, die Mose einige Kapitel vorher empfing, und dem ausführlichen Bericht über die Ausführung in diesem Text?

Beide Berichte wurden unterbrochen durch den vorangegangenen *Torah*-Abschnitt *Ki Tisa* (2. Mose 30,11–34,35), in dem über die Sünde mit dem goldenen Kalb berichtet wird. Gott sagte zu Mose in 2. Mose 25,8: *«Und sie sollen mir ein Heiligtum machen, damit ich in ihrer Mitte wohne.»* Dies war die Absicht für den Bau des Heiligtums, Gottes Wunsch nämlich, unter Seinem Volk zu wohnen und Gemeinschaft mit ihnen zu haben. Die Israeliten aber brachen diese Beziehung ab und übten Götzendienst aus. Wenn wir die Beziehung zwischen Gott und dem Volk Israel mit einer Ehe vergleichen, wie dies an anderen Stellen der Heiligen Schrift geschieht, dann hat Israel durch die Anbetung eines Götzen Ehebruch begangen. Der HERR war so zornig darüber, dass er sie vernichten wollte (2. Mose 32,10). Er vergab ihnen aber, weil er ein barmherziger Gott ist.

«Haben wir tatsächlich ein Recht, auf Vergebung zu hoffen nach einem solch abscheulichen Verbrechen wie Götzendienst?», fragt Rabbiner Schlomo Riskin. Er fährt fort mit seiner Antwort: *«Hierin liegt die wahre Bedeutung der Wiederholung jedes Einzelteiles des Heiligtums. Gott plante die 'Hochzeitskammer' mit Israel vor dessen Sünde und akzeptiert den Bau auch, nachdem sie sündigten. Die Wiederholung ist eine Bestätigung, dass die Innigkeit zwischen Gott und Israel wiederhergestellt wurde. So gross ist das göttliche Vermögen zum Vergeben, dass Er bereit ist, von neuem zu beginnen, trotz Israels Vertrauensbruch.»*

Nach jüdischer Überlieferung dauerte der Bau des Heiligtums vier Monate. Gott wies Mose an, vom Volk eine Opfergabe zu verlangen von *«Jedem, dessen Herz willig ist»* (2. Mose 35,5). Keine besondere Aufforderung oder Erinnerung war notwendig, um das Volk zum Geben zu veranlassen – ihr eigenes Herz veranlasste sie dazu. Es geschah bei jedem Einzelnen aus freiem Willen heraus. Für die meisten war die Möglichkeit, etwas zum Bau des Heiligtums beizutragen, eine Freude. Sie erachteten es als ein Vorrecht, teilzuhaben am Bau von Gottes Wohnstätte und sie boten all ihre Kostbarkeiten für des HERRN Sache dar. Indem Sie geben, was Sie selber vom HERRN empfangen haben, schaffen Sie sich Schätze für die Ewigkeit. *«Dann kamen sie, jeder, den sein Herz willig machte. Und jeder, dessen Geist ihn antrieb, brachte das Hebopfer des HERRN zur Arbeit am Zelt der Begegnung und für den ganzen Dienst darin und für die heiligen Kleider»* (35,21).

Hinsichtlich des Gehorsams des Volkes lesen wir: *«Genau wie der HERR dem Mose geboten hatte, so hatten die Söhne Israel die ganze Arbeit gemacht. Und Mose sah sich das ganze Werk an – und siehe, sie hatten es ausgeführt; wie der HERR geboten hatte, so hatten sie es ausgeführt. Da segnete Mose sie»* (2. Mose 39, 42–43). Gott gab Anweisungen für jedes kleinste Detail am Heiligtum, nichts blieb der menschlichen Vorstellung überlassen. Es war vollkommen, denn es wurde gebaut nach dem perfekten Plan Gottes und Seines an Mose gegebenen göttlichen Vorbildes. Deshalb lesen wir in Kapitel 40,34–35: *«Da bedeckte die Wolke das Zelt der Begegnung, und die Herrlichkeit des HERRN erfüllte die Wohnung. Und Mose konnte nicht in das Zelt der Begegnung hineingehen; denn die Wolke hatte sich darauf niedergelassen, und die Herrlichkeit des HERRN erfüllte die Wohnung.»*

Vielleicht haben wir hin und wieder den Eindruck, Gottes Wort sei nicht vollständig. Wir könnten gut einige weitere Hinweise in Bezug auf unsere Nachfolge, über die Ausrichtung der Gemeinde, über die Art der Anbetung oder ähnliches gebrauchen. Aber Gottes Wort ist ausreichend für jeden Aspekt unseres Glaubenslebens, es ist vollkommen und perfekt. *«Alle Schrift ist von Gott eingegeben und nützlich zur Lehre, zur Überführung, zur Zurechtweisung, zur Unterweisung in der Gerechtigkeit (dies ist die Bedeutung von Torah), damit der Mensch Gottes richtig sei, für jedes gute Werk ausgerüstet»* (2. Tim. 3,16–17). Das Fazit aufgrund dieser Verse lautet: Alles Tun, das nicht mit Gottes Wort übereinstimmt, ist kein gutes Werk und der HERR wird sich nicht darin offenbaren.

Die Bundeslade

Die Bundeslade war das bedeutendste und heiligste Objekt im *Zelt der Begegnung*. Es handelte sich um eine Art Truhe oder Kasten, aus Akazienholz hergestellt und mit Gold überzogen. Sie war 1,10 m lang und 70 cm hoch und breit und befand sich hinter dem Scheidevorhang im Allerheiligsten (2. Mose 25,10–22 und 37,1–9).

An den Seiten waren vier goldene Ringe für die Tragestangen angebracht und die Deckplatte (= Sühnplatte oder Gnadenstuhl) bestand ebenfalls aus reinem Gold. Auf ihr befanden sich zwei Cherubim (Himmelswesen mit ausgebreiteten Flügeln). Die Bundeslade wird auch als «Lade des Gesetzes»,

«Lade des Bundes» oder «Lade Gottes» bezeichnet, weil sie die Steintafeln mit den Gesetzen enthielt, die Mose von Gott empfing und auch eine Zeitlang den goldenen Krug mit dem Manna sowie den Stab Aarons, der ausgeschlagen hatte (Hebr. 9,4). In Hebräisch heisst die Bundeslade *Aron ha Brit,* (wörtl. «der Schrank des Bundes»). Es war der Ort, wo der HERR zu Mose sprach. *«Und dort werde ich mich dir zu erkennen geben und von der Deckplatte herab, zwischen den beiden Cherubim hervor, die auf der Lade des Zeugnisses sind, alles zu dir reden, was ich dir für die Söhne Israel auftragen werde»* (2. Mose 25,22).

Die Gegenwart der Bundeslade war für die Israeliten ein Zeichen, dass Gott mit ihnen ist. So wurde sie auch bei der Belagerung Jerichos mitgeführt, als man um die Stadt zog (Jos. 6,6 u. 12). Ihr permanenter Platz war jedoch nach wie vor in der Stiftshütte, die nach der Einnahme des Landes in *Schilo* aufgestellt war. Nach der Niederlage gegen die Philister wurde die Bundeslade von diesen geraubt und im Dagontempel zu Aschdod aufgestellt (1. Sam. 4). Sie brachte jedoch Verderben über die Philister und sie gaben sie zurück (1. Sam. 5–6). David liess sie später nach Jerusalem überführen und stellte sie dort in einem eigens errichteten Zelt auf (2. Sam. 6; 1. Chr. 13; 15 u. 16). In Kriegszeiten wurde sie weiterhin bei den Truppen mitgeführt (2. Sam. 15,23–24). Nach dem Tempelbau Salomos fand sie ihren Platz erneut im Allerheiligsten des Tempels (1. Kön. 8,6; 2. Chr. 5,7). Dreissig Jahre vor dem babylonischen Exil wird sie noch einmal in der Heiligen Schrift erwähnt (2. Chr. 35,3), bevor sich ihre Spur verliert.

Nach der Eroberung Jerusalems durch die Babylonier wurde bereits ein Teil der Tempelgeräte entwendet und nach Babylon gebracht (2. Chr. 36,6–7). Bei der zweiten Belagerung Jerusalems durch die Babylonier plünderte deren König Nebukadnezar die übrigen Schätze des Tempels (2. Kön. 24,13; 2. Chr. 36,10). Einige Jahre später zerstörten die Babylonier die Stadt und den Tempel endgültig (587 v. Chr.) und liessen die übrigen

Geräte des Tempels wegbringen (2. Chr. 36,18–19). Nirgendwo wird dabei die Bundeslade erwähnt. Sie findet auch keine Erwähnung unter den Tempelgeräten, die nach der Rückkehr aus dem Exil wieder nach Jerusalem gebracht wurden (Esra 1,7; 6,14 u. 6,5). Daraus schliessend, sowie aufgrund des Wortes des Propheten Jeremia (3,16) unmittelbar vor dem Fall Jerusalems, dass die Bundeslade nicht mehr gefunden werden wird, schlussfolgerten manche, dass die Lade vor der Eroberung der Babylonier durch König Josia versteckt worden sei. Doch dafür fehlen die Anhaltspunkte. Im Gegenteil, die Jeremia-Stelle ist, wie wir später sehen werden, in einem anderen Zusammenhang zu verstehen.

Im zweiten Buch der Makkabäer, Kap. 2, Verse 1–7 heisst es, dass Jeremia selbst die Bundeslade auf dem Berg Nebo in einer Höhle versteckt habe. Dies wird jedoch sowohl in jüdischen als auch in christlichen Kreisen als eine Legende betrachtet. In der Zeit des zweiten Tempels befand sich die Bundeslade nicht mehr im Heiligtum.

Der Verbleib der Bundeslade ist unklar, ihr Schicksal rätselhaft. Diese Ungewissheit führte dazu, dass sich viele auf ihre Suche machten und gerade in unserer Zeit sind manch atemberaubende Geschichten über ihr Schicksal verbreitet worden. Es bot gar den Stoff zu Abenteuerfilmen. Fromme Juden und auch manche Christen sind überzeugt, dass im Zusammenhang mit dem Bau eines dritten Tempels auch die Bundeslade wiedergefunden wird.

Israels verstorbener Oberrabbiner Schlomo Goren (als Militärrabbiner blies er am 7. Juni 1967 das Schofar an der Westmauer, nachdem Israel die Altstadt Jerusalems eingenommen hatte) erklärte einst, er wisse, wo sich die Bundeslade befinde. Goren erforschte den Tunnel an der Westmauer und drang in eine Öffnung ein, die zu den unterirdischen Gewölben und Zisternen des Tempelberges führt (heute nicht mehr zugänglich), wo er die Bundeslade vermutete.

Andere Theorien sprechen von der Jeremiagrotte neben dem

heutigen Gartengrab als möglichem Aufbewahrungsort. Die in den vergangenen Jahren öffentlichkeitswirksamste Theorie verbreitete der Brite Graham Hancock in seinem Buch «Die Wächter des heiligen Siegels. Auf der Suche nach der verschollenen Bundeslade». Hancock versucht darin seine Auffassung zu belegen, nach der die Bundeslade nach einer langen Odyssee in der Kirche «Heilige Maria von Zion» in der alten äthiopischen Königsstadt Axum gelandet sei. Dort werde sie von einem Mönch bewacht, der bis zu seinem Tod niemandem Zugang zu der Kirche verschaffen dürfe.

Die Bundeslade wurde aber vermutlich von den Babyloniern mitgenommen und ihr Gold eingeschmolzen, denn in 2. Kön. 24,13 heisst es: *«Und er* (der König von Babel) *brachte von dort heraus* ***alle*** *Schätze des Hauses des HERRN und die Schätze des Königshauses und brach das Gold von allen goldenen Geräten ab, ...»*

«Und es wird geschehen, wenn ihr euch im Land vermehrt und fruchtbar seid in jenen Tagen, spricht der HERR, wird man nicht mehr sagen: 'Die Bundeslade des HERRN'; und sie wird keinem mehr in den Sinn kommen, und man wird nicht mehr an sie denken noch sie suchen, und sie wird nicht wiederhergestellt werden», heisst es in der bereits angeführten Stelle in Jeremia 3,16.

Diese Prophetie Jeremias bezieht sich auf eine zukünftige Zeit, auf den Neuen Bund, den Gott mit dem Volk Israel schliessen wird (Jer. 31), dann wird die Bundeslade «niemandem in den Sinn kommen». Dieser Neue Bund existiert bereits und alle durch den Glauben an Christus wiedergeborenen Menschen gehören diesem Bund an. Das heisst, wir benötigen die Bundeslade nicht mehr, die Suche nach ihr ist überflüssig, denn Jer. 3,16 besagt, dass sie nicht wiederhergestellt werden wird. Das 9. Kapitel des Hebräerbriefes macht ebenfalls deutlich, dass wir die Geräte des Heiligtums nicht mehr benötigen. Sie sind ein Abbild oder Vorbild des vollkommenen Heiligtums und Opfers gewesen, welches Christus ist.

Kapitel 3

3. Mose

Leviticus

Va'Jikra – *«Und er rief»*

3. Mose 1–5

Haftarah-Abschnitt: Jesaja 43,21–44,23

Mit diesem *Torah*-Abschnitt beginnt das dritte Buch Mose, das Buch Leviticus. Der letzte Abschnitt des zweiten Buches Mose endete mit der Fertigstellung des Heiligtums. Die Bibel fährt fort im ersten Teil von Leviticus mit dem Dienst der Anbetung und den priesterlichen Aufgaben, die in Verbindung mit dem Heiligtum ausgeübt werden. Der zweite Teil von 3. Mose hat Heiligkeit und die Heiligung des menschlichen Lebens zum Inhalt. In der Vergangenheit wurde das Buch «Das Gesetz der Priester» genannt. Der Name Leviticus entstammt der Septuaginta, der griechischen Übersetzung des *Tanach,* und bedeutet «Gesetz der Priester des Stammes Levi». Der hebräische Name des ganzen Buches, *Va'Jikra,* ist dem Eröffnungsvers des Buches entnommen und demzufolge auch die Bezeichnung des ersten Abschnittes.

Viele Leser finden nur schwer Zugang zu diesem biblischen Buch, dem auch oft wenig Beachtung in Predigt und Bibelstunden geschenkt wird, handelt es doch von Tieropfern, Bestimmungen für die Priester, Reinigungsvorschriften, dem Gottesdienst des Bundesvolkes Israel, Anweisungen über ein reines Leben sowie über das Schabatjahr und das Jubeljahr. Themen, die in der heutigen Zeit oft fremdartig und überholt erscheinen.

Wie bereits im Buch Exodus und den darin enthaltenen Anordnungen zum Bau des Heiligtums gesehen, besitzt jedoch jeder Teil des Wortes Gottes seine Bedeutung und einen tieferen geistlichen Sinn auch für die neutestamentliche Gemeinde Gottes.

Gleiches gilt für das Buch Leviticus. Der Inhalt dieses Buches ist ein weiteres Beispiel für den unbeschreiblichen Reichtum von Gottes Wort, in dem sich eine Vielzahl von Vorbildern finden auf das ewige Opfer und die Priesterschaft in Christus. Für das dritte

Buch Mose sowie jedes andere biblische Buch, das schwierig zu verstehen scheint, gilt, was Paulus im Brief an die Römer schreibt: *«Denn alles, was früher geschrieben ist, ist zu unserer Belehrung geschrieben, damit wir durch das Ausharren und durch die Ermunterung der Schriften die Hoffnung haben»* (15,4). Leviticus beschreibt in einer besonderen Weise die Anbetung Gottes und zeigt, was notwendig ist für diese wahre Anbetung, nämlich ein Opfer, Priesterschaft und einen Ort der Anbetung. Das Schlüsselwort dieses Buches heisst «Heiligkeit» und taucht über 150-mal auf. Wiederholt wird dem Volk geboten: *«Heiligt euch und seid heilig, denn ich bin heilig!»* Daher sollen alle Anweisungen, die Gott den Israeliten in diesem biblischen Buch gibt, dazu dienen, dass sie ein heiliges Leben führen.

Auch die Schreiber des Neuen Testamentes beziehen sich wiederholt auf das dritte Buch Mose. Wir sollten es deshalb sehr aufmerksam und eifrig studieren. *«Wie der, welcher euch berufen hat, heilig ist, seid auch ihr im ganzen Wandel heilig!»* (1. Petrus 1,15).

Dieser *Torah*-Abschnitt beschäftigt sich mit Gesetzen und Anordnungen für Opfer. Nachfolgend wollen wir die verschiedenen Opfer näher betrachten.

Das Brandopfer, Kapitel 1

Das Brandopfer ist ein vollständiges Opfer, um Sühnung zu erwirken. Das gesamte Tier wurde verbrannt und erinnert an die völlige Unterordnung unter den Willen Gottes. Das hebräische Wort für Brandopfer *«olah»* weist auf etwas hin, «das aufsteigt», und symbolisiert damit, das Opfer erfolgt nicht um des Sünders oder des Priesters willen, sondern steigt auf zum Himmel, um Gottes willen. Das Opfer wird durch Feuer verzehrt, ein Symbol für die Heiligkeit Gottes (Hebr. 12,29) und ist ein *«Wohlgefallen vor dem HERRN»*. Durch die Darbringung eines Brandopfers weihte der Darbringende sein Leben dem HERRN und erwirkte gleichzeitig Sühnung all seiner Vergehen.

Ziel des Opfers war die Heiligung und Hingabe des Menschen

an Gott. Das Brandopfer war das gebräuchlichste Opfer für Einzelpersonen wie auch für die gesamte Gemeinschaft. Wann immer eine Person in Sünde verfiel oder sein Gewissen ihn veranlasste, ein Opfer darzubringen, weil er sich von Gott getrennt fühlte, wurde ein Brandopfer auf dem Altar dargebracht. Es konnte entweder ein Rind, ein Schaf, eine Ziege oder auch eine Taube sein. Der Darbringende legte seine Hand auf den Kopf des Tieres, um die Übertragung seiner Schuld auf das Tier zum Ausdruck zu bringen, das zur Sühnung an seiner Stelle geopfert wurde. Es wurde jedoch nur angenommen, wenn die Hand auf den Kopf des Tieres gelegt wurde, *«Und er soll seine Hand auf den Kopf des Brandopfers legen, ...»* (1,4). Diese Geste bedeutete, dass der Sünder durch Glauben eins wurde mit dem Opfer, das an seine Stelle trat, sich damit identifizierte.

Das Brandopfer stellt ein Bild von Christus dar, der zu einem Opfer ohne Fehl für Gott wurde, um die Sühnung an unserer Statt zu erwirken. Durch die Bekehrung zu IHM übergibt der Gläubige sein Leben und weiht es Gott. Wenn Sie glauben, dass Jesus der Messias Ihre Übertretungen zum Kreuz trug, um Sühnung für Sie zu erwirken, dann wird Sein Opfer für Sie zu einem Wohlgeruch für den HERRN, wie Paulus schreibt: *«Und wandelt in Liebe, wie auch der Christus uns geliebt und sich selbst für uns hingegeben hat als Opfergabe und Schlachtopfer, Gott zu einem duftenden Wohlgeruch!»* (Epheser 5,2). Vers 14 veranschaulicht, dass das Brandopfer für jeden offensteht, dass jeder, ob arm oder reich, angesehen oder verachtet, stark oder schwach, berühmt oder unbedeutend, intelligent oder unwissend, durch das Opfer für sich die Versöhnung mit Gott erwirken kann. Es spielt keine Rolle, ob er ein Rind oder eine Taube opfert. Vögel waren die Opfertiere der armen Leute. Darin wird deutlich, dass Jesus für jeden Menschen starb. Das Sprenkeln des Blutes rings um den Altar bezeugt, dass es keine Sühnung ohne das Vergiessen von Blut gibt (3. Mose 17,11).

Das Speisopfer, Kapitel 2

Dies ist das einzige Opfer, bei dem kein Tier geschlachtet und somit kein Blut vergossen wurde. Dennoch ist es deshalb nicht von geringer Bedeutung.

Die beiden Bestandteile dieses Opfers – Weizen und Öl – bildeten die grundlegenden Speiseelemente. Beide Produkte sind das Resultat menschlicher Arbeit. Sie versinnbildlichen die Hingabe menschlichen Schaffens und Wirkens in den Dienst Gottes. Unser ganzes Leben, ungeachtet dessen, welcher Art Arbeit wir nachgehen, soll ein Dienst für den HERRN sein. Das Speisopfer folgt dem Brandopfer, denn es ist die Folge der Heiligung, der Lebensübergabe an Gott. Weizen dient zur Herstellung von Brot, was uns an Christus als das *Brot des Lebens* erinnert (Joh. 6,35), und Öl symbolisiert den Heiligen Geist, den Gott uns gesandt hat, damit wir in der Lage sind, IHM zu dienen. Über dem Opfer sollte Weihrauch aufsteigen (2,1), was unsere Gebete zu Gott symbolisiert (Psalm 141,2).

Das Speisopfer musste ohne Sauerteig und Honig dargebracht werden (Vers 11), weil Sauerteig ein Symbol des sündigen menschlichen Lebens ist (1. Kor. 5,6–8). Da auch Honig die Eigenschaft des Gärens besitzt, fällt er auch unter das Verbot. Darüber hinaus gibt der grosse jüdische Bibellehrer Maimonides als Begründung des Verbotes, Honig dem Speisopfer beizumischen, an: *«Honig wurde in heidnischen Kulten als bevorzugte Speise der Götter angesehen und sein Verbot hatte die Absicht, die Israeliten von der minderen Ansicht zu befreien, das Opfer sei eine Art Speise für Gott.»*

Das Friedensopfer, Kapitel 3

Dieses Opfer wird auch als Heils- oder Dankopfer in manchen Bibelübersetzungen wiedergegeben. Es hatte das Heil des Menschen, seinen Frieden mit Gott, zum Ziel. Es wurde auch als Dank für etwas, das man von Gott empfangen hatte, geopfert und somit auch während freudiger Anlässe dargebracht. Das Friedensopfer ähnelte dem Brandopfer, doch im Gegensatz zu letzterem wurde das Fleisch des Opfertieres nicht verbrannt, sondern diente für ein Mahl, während das Blut rings um den Altar gesprenkelt und das Fett des Tieres verbrannt wurde.

Für das Volk Israel war dieses Opfer ein Ausdruck seiner Abhängigkeit von Gott, eine Bitte um Schutz und ein Dank für die Segnungen des Lebens. Wiederum sehen wir auch in diesem Opfer ein Bild des Messias. Darin wird jedoch ein anderer Aspekt seines ewigen Opfers dargestellt. Jeder, der an Ihn glaubt, ist in die Gemeinschaft des Gottessohnes berufen (1. Kor. 1,9). ER erwirkte Frieden zwischen Gott und Menschen (Kol. 1,20). In dem Wissen darum, dass Seine Jünger eine klare Vorstellung vom Friedensopfer haben, sagte Jesus: *«Wer mein Fleisch isst und mein Blut trinkt, hat ewiges Leben, und ich werde ihn auferwecken am letzten Tag; denn mein Fleisch ist wahre Speise, und mein Blut ist wahrer Trank. Wer mein Fleisch isst und mein Blut trinkt, bleibt in mir und ich in ihm»* (Joh. 6,54–56).

Das Sündopfer, Kapitel 4,1–5,13

Sündopfer mussten in folgenden Fällen dargebracht werden:

1. Wenn der einzelne Israelit aus Versehen sündigte.
2. Wenn die ganze Gemeinde der Israeliten aus Versehen, d. h. unwissentlich, eine Übertretung begang.
3. Vergehen der Priester im Rahmen ihrer Amtshandlungen.
4. Versündigung eines Fürsten, eines Obersten der Stämme, die diesem kundgetan wurde, d. h. wenn ihn jemand darauf aufmerksam machte, dass er ein Gebot Gottes übertreten hatte.

Zwischen dem Sünd- und dem Brandopfer bestand ein Unterschied. Während letzteres auf dem Altar vollständig verbrannte, wurde vom Sündopfer lediglich das Fett auf dem Altar verbrannt. Der Rest wurde an einem reinen Ort ausserhalb des Lagers verbrannt. Auch dies ist ein Vorschatten auf das endgültige Opfer Jesu, der ausserhalb der Stadt, ausserhalb des Lagers, gekreuzigt wurde, wie es das Sündopfer erfordert. Erneut wird auch im Sündopfer die Bedeutung des Blutes deutlich, das absolut nötig ist, um Versöhnung zwischen Gott und Mensch zu erwirken.

Das Blut musste vom Priester im *Zelt der Begegnung* sieben Mal vor den HERRN gegen den Vorhang des Allerheiligsten gesprenkelt werden (Vers 6). Anschliessend musste er etwas von dem Blut an die Hörner des Räucheraltars im Heiligtum streichen.

Rabbiner Dr. J. H. Hertz schrieb über diese Handlung: *«Die Altarhörner befanden sich an den Ecken und zeigten nach oben. Ihre Bedeutung liegt in der Tatsache, dass sie himmelwärts zeigten; und die Beziehung des Blutes zu diesen Hörnern weist die Gedanken des Sünders zu Gott.»* Auch wenn wir unbewusst sündigen, sprich, uns nicht bewusst ist, dass es sich um eine Übertretung der göttlichen Gebote handelt, bei dem, was wir tun, bedürfen wir der Sühnung, der Vergebung, sobald uns dies bewusst wird oder uns jemand darauf aufmerksam macht.

Jesus Christus wurde für uns zum vollkommenen Sündopfer. Jede im Text erwähnte Anforderung für das Sündopfer ist in Ihm erfüllt:

«Nicht mit Blut von Böcken und Kälbern, sondern mit seinem eigenen Blut ein für allemal in das Heiligtum hineingegangen und hat uns eine ewige Erlösung erworben. Denn wenn das Blut von Böcken und Stieren und die Asche einer jungen Kuh, auf die Unreinen gesprengt, zur Reinheit des Fleisches heiligt, wie viel mehr wird das Blut des Christus, der sich selbst durch den ewigen Geist als Opfer ohne Fehler Gott dargebracht hat, euer Gewissen reinigen von toten Werken , damit ihr dem lebendigen Gott dient!» (Hebräer 9,12–15).

Darum ist Er zum Mittler des Neuen Bundes geworden, *«damit, da der Tod geschehen ist zur Erlösung von den Übertretungen unter dem ersten Bund, die Berufenen die Verheissung des ewigen Erbes empfangen»* (Hebr. 9,15).

Das Schuldopfer, Kapitel 5,14–26

Das Schuldopfer hat die gleiche Bedeutung wie das Sündopfer, wurde aber nur bei speziellen Vergehen dargebracht. Dazu zählten Sünden gegen die heiligen Dinge des HERRN, wie z. B. die für das Heiligtum bestimmten Abgaben oder die den Priestern zustehenden Gaben. Dazu zählten auch Übertretungen, durch die einer anderen Person Schaden zugefügt wurde, und zwar in den im Text aufgeführten Bereichen.

Bei der Betrachtung dieses Wochenabschnittes wird deutlich, dass jede Art von Opfer seine spezielle Bedeutung und besondere Anforderung besitzt. Wir sehen ebenfalls, dass *Jeschua Ha Maschiach,* dass Jesus Christus, jeden Aspekt dieser Opfer erfüllt hat.

Durch das Studium der verschiedenen Opfer erhalten wir daher ein tieferes Verständnis Seines ewigen Opfers. *«Wenn wir unsere Sünden bekennen, ist er treu und gerecht, dass er uns die Sünden vergibt und uns reinigt von jeder Ungerechtigkeit»* (1. Joh. 1,9).

Salz

«Alle Opfergaben deines Speisopfers sollst du mit Salz salzen und sollst das Salz des Bundes deines Gottes auf deinem Speisopfer nicht fehlen lassen; bei allen deinen Opfergaben sollst du Salz darbringen» (3. Mose 2,13).

Salz spielt in der Bibel, wie auch im späteren Judentum, eine bedeutende Rolle. Im Rahmen der wöchentlichen Schabatfeier, bei der ein Segen über Wein und Brot gesprochen wird, salzt man letzteres, bevor jeder am Tisch einen Bissen nimmt.

Woher kommt die Bedeutsamkeit des Salzes?

Salz wird als die gebräuchlichste und unentbehrlichste aller Speisezutaten angesehen, weil es u. a. die Bildung von Fäulnis verhindert. In einer Zeit ohne Kühlschrank und Gefriertruhe war dies ein ganz wesentlicher Aspekt.

Wie der obige Bibelvers zeigt, war Salz eine notwendige Beigabe aller Opfer im Heiligtum und später im Tempel. Die jüdische Tradition beschränkte die Salzbeigabe nicht nur auf das in diesem Vers genannte Speisopfer, sondern bezog sie auf alle Opfer. Diese Annahme wird durch Hes. 43,24 bestätigt. Im Tempel selbst befand sich eigens eine Salzkammer.

Salz ist beständig und wirkt erhaltend, Attribute, die das Grundkonzept des «Salzbundes» darstellen, der in 4. Mose 18,19 und 2. Chr. 13,5 erwähnt ist.

Das Opfersalz wurde auch Bundessalz genannt, weil im Alltagsleben der damaligen Zeit Salz auch zu einem Bundesschluss verwendet wurde. Die Bündnisse bekamen dadurch einen festen und unverbrüchlichen Charakter. Unter den antiken Völkern galt es als Zeichen der Freundschaft, gemeinsam Salz zu essen. Auch heute ist dies noch ein Brauch unter arabischen Völkern.

Die reinigende und hygienische Kraft des Salzes spiegelt sich in dem Wunder Elisas in Jericho wider. *«Und er ging hinaus zu der Quelle des Wassers, warf das Salz hinein und sagte: So spricht der HERR: Ich habe dieses Wasser gesund gemacht. Nicht mehr soll Tod und Fehlgeburt daraus entstehen»* (2. Kön. 2,21). Unter dem Aspekt der Reinigung und Hygiene steht auch die Tatsache, dass Neugeborene mit Salz abgerieben wurden (Hes. 16,4).

Im Neuen Testament wird das Salz ebenfalls an verschiedenen Stellen erwähnt. Jesus wusste um die Bedeutung des Salzes im Bewusstsein Seiner Zuhörer, als Er sagte: *«Ihr seid das Salz der Erde, wenn aber das Salz fade geworden ist, womit soll es gesalzen werden?...»* (Matth. 5,13), *«... Habt Salz in euch selbst und haltet Frieden untereinander!»* (Mark. 9,50).

Auch Paulus nimmt in seiner Verkündigung auf das Salz Bezug: *«Euer Wort sei allezeit in Gnade, mit Salz gewürzt; ihr sollt wissen, wie ihr jedem Einzelnen antworten sollt!»* (Kol. 4,6).

Tzav – *«Befiehl»*

3. Mose 6,1–8,36

Haftarah-Abschnitt: Jeremia 7,21–8,3 und 9,22–23

Dieser *Torah*-Abschnitt beginnt in Vers 2 mit den Worten *«Dies ist das Gesetz ...»,* in Hebräisch *«Dies ist die Torah ...»,* was bedeutet, dies sind Gottes Anweisungen, Seine Verordnungen, Seine Bestimmungen und Seine Lehren über die Opfer. Der Abschnitt ist eine Fortsetzung des Themas vom vorangegangenen Abschnitt.

Kapitel 6 spricht über das Brand-, das Speis- und das Sündopfer, während wir in Kapitel 7 die Vorschriften über das Schuld- und Friedensopfer finden. Im dritten und letzten Kapitel dieses Wochenabschnittes wird über die Priesterweihe Aarons und seiner Söhne berichtet.

Warum beinhalten erneut zwei Kapitel die Opferthematik, wo doch bereits die fünf vorangegangenen Kapitel sich ausführlich mit den gleichen Opfern beschäftigten? Einerseits wird darin erneut die Bedeutung des Opfers in Gottes Wort und in Seinem Heilsplan deutlich, dass es keine Versöhnung zwischen Gott und dem Menschen ohne die Darbringung eines Opfers gibt. Andererseits sind zwei Unterschiede zwischen der Beschreibung der einzelnen Opfer im vorangegangenen und in diesem Abschnitt festzustellen.

Die ersten fünf Kapitel richteten sich an das «Volk Israel», es waren Anordnungen für die Einzelperson. Die Opfervorschriften in diesem Text dagegen sind an die Priester gerichtet, wann und auf welche Art sie die Opfer für das Volk darbringen sollen.

Ein weiterer Unterschied ist die Reihenfolge der Opfer in beiden Abschnitten. Das Brandopfer ist ein dem HERRN wohlgefälliges Opfer, das die Versöhnung des Menschen mit Gott und seine Heiligung zum Inhalt hat. Das Speisopfer ist die Frucht dieser Heiligung. Der Mensch bringt sein Leben, seine Arbeit als Dienst für den HERRN dar.

Sünd- und Schuldopfer bewirken die eigentliche Vergebung von Sünde und Schuld und stellen die Verbindung zwischen Gott und Mensch wieder her. Das Friedensopfer zielt auf das Heil des Menschen und seinen Frieden mit Gott ab.

Kapitel 1–5 weist folgende Reihenfolge auf:
1. Brandopfer
2. Speisopfer
3. Friedensopfer
4. Sündopfer
5. Schuldopfer.

Kapitel 6–7 dagegen eine etwas veränderte Reihenfolge:
1. Brandopfer
2. Speisopfer
3. Sündopfer
4. Schuldopfer
5. Friedensopfer.

Ist die Änderung in der Reihenfolge eher zufällig oder hat sie eine Bedeutung? Da im Wort Gottes nichts durch Zufall geschieht, sondern hinter allem der Geist Gottes steht, muss auch die geänderte Reihenfolge der Opferaufzählung einen Grund haben.

Die erste Reihenfolge der Opfer stellt die Sichtweise Gottes dar. An erster Stelle die Versöhnung und Heiligung, dann folgt die Weihung des Lebens, deren Folge Frieden mit Gott ist. Erneute Sünde und Schuld bedarf regelmässig neuer Vergebung durch Sünd- und Schuldopfer.

Den Vorbildcharakter dieser Opfer in Bezug auf das wahre und endgültige Opfer Jesu Christi haben wir bereits im vorangegangenen Abschnitt betrachtet. Dies gilt auch für die geänderte Reihenfolge der Opfer. Sie sind ein Abbild, ein Schatten der wahren Lebensgemeinschaft mit Gott in unseren Herzen.

Die zweite Reihenfolge der Opfer stellt die Sichtweise des Menschen dar (die Priester brachten die Opfer stellvertretend für das Volk). Auch hier an erster Stelle Versöhnung und persönliche Hingabe an Gott durch das Brandopfer, im übertragenen Sinne das vollkommene Opfer Christi und die Lebensübergabe an IHN. Danach das Speisopfer als Hingabe des menschlichen Schaffens für den HERRN. Trotz der grundsätzlichen Sühnung durch das Brandopfer war für spezielle Vergehen ein zusätzliches Sünd- und Schuldopfer vonnöten (siehe vorangegangener Abschnitt). Auch als Angehörige des Neuen Bundes werden wir täglich schuldig gegenüber den Geboten Gottes und bedürfen der fortwährenden Vergebung für diese einzelnen Sünden. Die Folge – Frieden mit und Heil in Gott.

Bei dem Friedensopfer wurde alles Fett verbrannt, ein Teil des Fleisches war für die Priester bestimmt und der Rest wurde vom Darbringenden und seiner Familie verzehrt. So gipfelte das Opfer in einer gottesdienstlichen Mahlzeit. Ein Bundesmahl, das die Tischgemeinschaft mit dem HERRN darstellte und als solches auf die Feier des Abendmahls hinweist.

Die Priesterweihe, Kapitel 8

Die Ernennung Aarons und seiner Söhne zu Priestern findet sich in 2. Mose 28–29. Die Einsetzung der Priester geschah nicht durch sie selbst, sondern durch eine andere Person. Mose handelte im Auftrag des HERRN und salbte Aaron zum Hohenpriester, noch bevor das Sündopfer geschlachtet wurde. Erneut sehen wir ein Bild *Jeschuahs,* des wahren Hohenpriesters, von dem es in Hebräer 1,9 heisst: *«Du hast Gerechtigkeit geliebt und Gesetzlosigkeit gehasst; darum hat dich Gott, dein Gott gesalbt mit Freudenöl vor deinen Gefährten.»*

Die Vorbereitungen für den Priesterdienst waren umfassend. Mose wusch Aaron und dessen Söhne mit Wasser (Vers 6), so wie Jesus die Füsse der Jünger wusch (Joh. 13,3–10). So wie die Priester sich vor ihrem Dienst waschen mussten, bedürfen auch wir der Reinigung durch das «Wasserbad im Wort» (Epheser 5,25–27). Anschliessend legte Mose Aaron und dessen Söhnen die Gewänder für den Priesterdienst an. Die Kleidung, die wir als Priester des Neuen Bundes tragen, wird nach Off. 19,8 *«die gerechten Taten der Heiligen»* genannt.

Nach Darbringung von Sünd- und Brandopfer wurde ein Widder zur Priesterweihe geschlachtet. Von dessen Blut strich Mose etwas auf das rechte Ohrläppchen, auf den Daumen der rechten Hand und auf die grosse Zehe des rechten Fusses von Aaron und dessen Söhnen. Es war eine symbolische Handlung und spiegelte die Weihe des gesamten Körpers wider. Der Priester muss geweihte Ohren haben, um gegenüber dem Wort Gottes allzeit aufmerksam zu sein; er muss geweihte Hände haben, um allzeit den Willen des HERRN zu tun; und er muss geweihte Füsse haben, um stets auf den Wegen des HERRN zu wandeln.

Die Einsetzung der Priester war ein heiliger Vorgang, wurde darin doch die Gemeinschaft zwischen Gott und den Priestern zum Ausdruck gebracht und bestätigt. Die Priester waren abgesondert für den HERRN und dienten Ihm in Seinem Heiligtum.

Am Ende der Einsetzungszeremonie wurde ein Schwingopfer (siehe Verse 25–29) dem HERRN dargebracht. Dabei schwang Mose das Opfer, das er in die Hände Aarons und dessen Söhne gelegt hatte, vor und zurück und anschliessend hoch und runter – symbolisierend, dass dies ein Opfer für den HERRN ist. Diese Handlung wurde nicht bei der Darbringung eines normalen Opfers ausgeübt. Sie stellte eine besondere Art der Anbetung dar und brachte den besonderen Anlass zum Ausdruck, was auch durch die anschliessende siebentägige Trennung der Priester vom Volk geschah.

Wer Vergebung seiner Sünden durch das Blut Jesu empfangen hat, ist ein Priester des Neuen Bundes (Off. 1,6) und abgesondert durch Sein Blut, so wie Aaron und seine Söhne abgesondert waren durch das Blut der Opfertiere. *«Als aber die Güte und die Menschenliebe unseres Heiland-Gottes erschien, errettete er uns, nicht aus Werken, die in Gerechtigkeit vollbracht, wir getan hätten, sondern nach seiner Barmherzigkeit durch die Waschung der Wiedergeburt und Erneuerung des Heiligen Geistes. Den hat er durch Jesus Christus, unseren Heiland, reichlich über uns ausgegossen, damit wir, gerechtfertigt durch seine Gnade, Erben nach der Hoffnung des ewigen Lebens wurden»* (Titus 3, 4–7).

Sieben

Nach 3. Mose 8,33–35 dauerte die Einsetzungszeremonie für die Priester sieben Tage und wurde in diesem Zeitraum jeden Tag wiederholt (siehe auch 2. Mose 29,35–37).

Immer wieder begegnet uns in der Bibel die Zahl sieben, sie nimmt eine herausragende Stellung im Wort Gottes ein. Warum sieben, was ist die Bedeutung dieser Zahl?

Beginnend mit dem Schöpfungsbericht, wo Gott den siebten Tag heiligte, setzt sich dies fort durch die ganze Heilige Schrift. Bei der Betrachtung der Wochenabschnitte begegnete uns die Zahl zuletzt bei dem siebenarmigen Leuchter im Heiligtum.

Auch siebenmalige Wiederholungen finden sich oft in der Bibel, wovon die bekannteste die siebenmalige Umrundung Jerichos ist, bis die Mauern der Stadt fielen. Siebenmal wurde das Blut des Opfertieres an den Vorhang zum Allerheiligsten gesprenkelt. Naaman, der Syrer, tauchte siebenmal im Jordan und wurde so vom Aussatz geheilt. *«Siebenmal am Tag lobe ich dich wegen der Bestimmungen deiner Gerechtigkeit»,* heisst es in Psalm 119,164. Die wichtigen jüdischen Feste, Passah und Laubhüttenfest, werden sieben Tage lang gefeiert. Annähernd 400-mal taucht die Zahl sieben, bzw. entsprechende Wortkombinationen, in der Bibel auf.

Im Neuen Testament sehen wir vor allem im Buch der Offenbarung die Bedeutung der Zahl sieben.

Sieben ist die Zahl der Vollkommenheit, die heilige Zahl Gottes. Sie ist eine Art Unterschrift unter die Werke Gottes, die am siebten Tag vollendet waren. Es ist die Zahl der Vollendung, und in diesem Sinn begegnet sie uns auch im letzten Buch der Bibel.

Die hebräische Bezeichnung der Zahl sieben lautet *Scheva.* Die drei Buchstaben dieses Wortes, *Schin, Bet, Ayin,* bilden bei einer anderen Betonung auch das Wort Schova *razon* (= zufrieden sein) und bilden die Wurzel des Wortes «Schwur» oder «Schwören». Die Bedeutung des hebräischen Wortes für die

Zahl sieben unterstreicht daher ihre biblische Bedeutung. Gott war zufrieden mit dem Werk der Schöpfung, «Zufriedenheit» und «Vollendung» oder «Vollkommenheit» deuten in die gleiche Richtung. Darüber hinaus wird die Zahl sieben vielfach als eine Art «Schwur» Gottes, zur Bekräftigung, Unterstreichung und Bestätigung gebraucht.

Schmini – *«Acht»*

3. Mose 9,1–11,47

Haftarah-Abschnitt: 2. Samuel 6,1–7,17

Nach der Weihe zum Priesterdienst von Aaron und seinen Söhnen (3. Mose 8) und den sieben Tagen ihrer Absonderung begannen sie ihren Dienst am *Zelt der Begegnung* durch die Darbringung von Opfern, wie in Kapitel 9 berichtet wird. Im nächsten Kapitel werden die Ereignisse um den Tod von Aarons Söhnen Nadab und Abihu mitgeteilt sowie weitere Gebote für die Priester.

In Kapitel 11 beginnen die Reinheitsgesetze. Zunächst geht es um Speisevorschriften, mit einer Aufzählung der reinen und unreinen Tiere, die den Israeliten zum Verzehr erlaubt bzw. verboten sind. Durch die Ordnung der Opfer eröffnete der HERR Seinem Volk Zugang zu der Gemeinschaft mit Ihm und ein heiliges Leben. Dies sollte auch Auswirkung auf ihr tägliches Leben haben und die Israeliten sollten sich der Verunreinigung durch den Verzehr unreiner Tiere enthalten. In Vers 10 von Kapitel 11 werden diese Tiere gar als etwas Abscheuliches bezeichnet. Dabei galten Tiere, die als heilige Tiere in heidnischen Kulten angesehen und in diesen als Götzenopfer verwendet wurden, als besonders unrein. Die Verbote und Anweisungen hinsichtlich der Speise stellten eine Hilfe für die Priester wie auch für das ganze Volk dar, einer Vermischung mit heidnischen Götzen zu widerstehen. Auch war der Verzehr einiger der verbotenen Tiere schlichtweg ungesund, selbst wenn dies den Menschen nicht unbedingt bewusst war.

Gott verlangte von Seinem Volk Gehorsam und die Einhaltung Seiner Gebote auch hinsichtlich der Speise, damit sie einen heiligen Lebenswandel führten. In diesem Sinne sind auch die Worte des Apostels Paulus in 1. Kor. 10,23–33 zu verstehen. *«Alles ist erlaubt, aber nicht alles ist nützlich, alles ist erlaubt, aber nicht alles erbaut»* (Vers 23).

Ich möchte mich bei der Betrachtung dieses Wochenabschnittes auf zwei Themen konzentrieren, die wir in Kapitel 9 u. 10 finden. Das erste ist:

Wie können wir Gemeinschaft mit dem lebendigen Gott haben?

In 3. Mose 9 beginnen Aaron und seine Söhne ihren Dienst als Priester, indem sie für sich selbst und das Volk Opfer darbringen. Zunächst ein Sündopfer, das dazu diente, die der sündigen Natur des Menschen entspringende Entfremdung von Gott zu sühnen. Es folgte das Brandopfer und das Speisopfer, als erneuter Ausdruck der Lebenshingabe an Gott. Das abschliessende Heilsopfer wurde nur durch das Volk dargebracht, da es in einem gemeinsamen Opfermahl endete, in dem auch die Priester eingeschlossen waren und wodurch Gott für die empfangene Gnade gedankt wurde. In Vers 6 heisst es: *«... und die Herrlichkeit des HERRN wird euch erscheinen.»*

Der verstorbene Rabbiner Dr. J. H. Hertz schrieb über diesen Vers: *«Der hebräische Text ist in der Gegenwart geschrieben, das Geschehen wird bereits als eingetreten angesehen, weil es gewiss ist, dass es eintritt.»* In dem Wochenabschnitt Va'Jikra haben wir gesehen, dass in Jesus dem Messias jede dieser Opferarten erfüllt wurde. Wenn Sie daher an IHN glauben, wenn Sie Vergebung Ihrer Sünden empfangen haben, wenn Sie wiedergeboren sind durch den Geist Gottes, haben Sie nicht nur Frieden und Gemeinschaft mit dem lebendigen Gott, sondern auch die Gewissheit, dass der HERR Ihnen erscheinen wird. Nehmen Sie diese Opfer in Jesus täglich für sich in Anspruch, so wie es den Israeliten geboten war, durch die tägliche Darbringung der Opfer ihr Leben Ihm zu weihen. Nur dann hatten sie Gemeinschaft mit Gott. Das zweite und womöglich bedeutsamste Thema dieses Wochenabschnittes ist der Tod von Nadab und Abihu, den Söhnen Aarons. Es ist ein sehr trauriges, aber ernsthaftes Ereignis an dieser Stelle im Wort Gottes.

Das fremde Feuer

Nachdem Aaron die verschiedenen Opfer zum Altar gebracht und das Volk gesegnet hatte, erschien die Herrlichkeit des HERRN dem ganzen Volk (3. Mose 9,23).

Im nächsten Vers lesen wir: *«Und Feuer ging vom HERRN aus und verzehrte auf dem Altar das Brandopfer und die Fettstücke. Als das ganze Volk es sah, da jauchzten sie und fielen auf ihr Angesicht.»* Das göttliche Feuer, ein Zeichen, dass die Opfer Gottes Wohlwollen fanden und Er den Dienst der Priester bestätigte, verzehrte das Fleisch der Opfertiere auf dem Altar. Dieses Wohlgefallen und die Bestätigung durch Gott löste grosse Freude in den Menschen aus.

In den ersten drei Versen von Kapitel 10 heisst es: *«Und die Söhne Aarons, Nadab und Abihu, nahmen jeder seine Räucherpfanne und taten Feuer hinein und legten Räucherwerk darauf und brachten fremdes Feuer vor dem HERRN dar, das er ihnen nicht geboten hatte. Da ging Feuer vom HERRN aus und verzehrte sie. Und sie starben vor dem HERRN. Und Mose sagte zu Aaron: Dies ist es, was der HERR geredet hat: Bei denen, die mir nahen, will ich geheiligt, und vor dem ganzen Volk will ich verherrlicht werden. Und Aaron schwieg.»*

Dies war ein anderes Feuer als im vorangegangenen Vers; dies war das Gerichtsfeuer Gottes. Gerade erlebte Aaron einen der strahlendsten und herrlichsten Momente seines Lebens, er stand in der Gegenwart Gottes, stellvertretend für das ganze Volk. Und jetzt?

Er war schockiert, sprachlos und erschüttert. Vermutlich verlor er seine Gesichtsfarbe, er erschien wie gelähmt und schwieg. Nach diesem grossartigen Augenblick vor dem Angesicht Gottes starben seine Söhne vor seinen Augen durch ein Strafgericht des HERRN. Warum? Sie brachten eigenmächtig ungeweihtes, fremdes Feuer vor den HERRN. Welche Art von Feuer ist damit gemeint? Einige Rabbiner erklären, dass Nadab und Abihu betrunken gewesen seien, weil wenige Verse später Gott den Priestern den Genuss von Alkohol und berauschenden Getränken verbietet, wenn sie in das Zelt der Begegnung gehen (3. Mose 10,9).

Andere geben als Grund eine gewisse Ekstase an, die in der Luft gelegen habe, oder dass die beiden die neuen Führer des Volkes werden wollten. Sie hätten Mose und Aaron nicht geachtet, indem sie diese vorher nicht konsultierten. Möglicherweise haben sie auch das Feuer nicht vom Altarfeuer genommen. Eine schlüssige Erklärung wäre, dass sie ihre Opferhandlung ausserhalb der vorgeschriebenen Zeiten ausgeführt haben, d. h. ein Rauchopfer dargebracht haben, das Gott nicht geboten hat und sich dadurch versündigten. Was immer sie auch beeinflusst haben mag (vielleicht mehrere dieser Beweggründe), Tatsache ist, dass Gott ihre Handlung nicht bestätigte. Nadab und Abihu wollten Gott nach ihrem Willen, gemäss ihren eigenen Vorstellungen anbeten. Sie suchten nicht den Willen und die Ehre Gottes in der Art, wie der HERR es geboten hatte. Sie ignorierten Seine Gebote, die Er Mose mitgeteilt hatte. Sie wollten ihre Frömmigkeit und Gottergebenheit zeigen und dienten letztendlich nur sich selbst. In Wahrheit waren sie weit entfernt von Gott. Der HERR sagt in Vers 3, dass Er geheiligt und verherrlicht wird durch diejenigen, die sich Ihm nahen. Nadab und Abihu wollten sich selbst erheben durch ihre Handlung und verachteten dabei Gott und Seine Heiligkeit. Gottes Antwort darauf war eine schreckliche Strafe.

Der gesamte Vorfall unterstreicht die Heiligkeit des Dienstes der Priester. Übertragen wir dies auf den Neuen Bund, so ist es ein Vorrecht, Gott als Priester zu dienen, wenn der Dienst in Harmonie mit und im Gehorsam zu Gottes Wort erfolgt. Prüfen Sie deshalb, ob jedes Feuer, das Sie vor Gott bringen, jeder Dienst, jede Anbetung in Übereinstimmung mit Seinem Wort steht. Nadab und Abihu gehörten der Priesterfamilie an. Sie benutzten die richtigen Instrumente, aber das falsche Motiv. Es diente nicht der Ehre Gottes.

Möge Gott uns den Geist der Unterscheidung schenken, das echte vom fremden Feuer zu unterscheiden, das vor Ihn gebracht wird.

Altar

«Und Mose sagte zu Aaron: Tritt an den Altar und opfere dein Sündopfer und dein Brandopfer und erwirke Sühnung für dich und für das Volk! Opfere die Opfergabe des Volkes und tue Sühnung für sie, ganz wie der HERR geboten hat» (3. Mose 9,7).

Das hebräische Wort für Altar *mizbeach* bedeutet «schlachten» (ein Opfertier) und war ursprünglich der Ort, an dem die Opferung vollzogen wurde, wie die Opferung Isaaks verdeutlicht (1. Mose 22,9). In späterer Zeit erfolgte die eigentliche Schlachtung der Opfertiere nicht auf, sondern neben dem Altar. Auf dem Altar wurde das Opfer anschliessend Gott dargebracht.

Den ersten Altar, von dem uns in der Bibel berichtet wird, baute Noah (1. Mose 8,20). Der Altar diente nicht ausschliesslich Tieropfern, sondern auch für andere Opfer wie dem Speisopfer. Ein Altar konnte aus aufgeschichteten Steinen, aus Ton und auch aus Erde bestehen. Meist jedoch war es ein behauener Stein, der an den Ecken vier Hörner hatte.

Viele Altäre dieser Art wurden im Nahen Osten gefunden. Obwohl die Hauptfunktion des Altars darin bestand, Opfer darauf darzubringen, hatte er auch eine Schutzfunktion für Flüchtlinge, wenn diese sich an die Hörner eines Altars klammerten (siehe 1. Kön. 1,50–51 u. 2,28–29).

Der wichtigste Altar befand sich im *Zelt der Begegnung* und später im Tempel, an dem nur die Priester Dienst tun und Opfer darbringen durften. Der Altar im späteren Tempel hatte solche Ausmasse, dass gar eine Treppe hinaufführte. Daneben existierten sowohl im *Zelt der Begegnung* als auch im Tempel jeweils noch ein kleinerer Altar, auf dem nur Weihrauchopfer dargebracht wurden.

Durch die Anbetung am Altar in Form der Darbringung von Opfern versuchten die Menschen, zu Gott zu kommen. Dies bringt auch die Bezeichnung «Tisch des HERRN» für den Altar in Hes. 41,22; 44,16 u. Mal. 1,7; 12 zum Ausdruck. Damit ist weniger ein Tisch gemeint, auf dem eine Speise für Gott dargebracht wurde, sondern vielmehr ein Ort der Gemeinschaft und des Bundes zwischen Gott und Seinem Volk.

Die einstige Bedeutung des Altars bringt Jesus selber in Seiner Kritik gegenüber den Pharisäern (Matth. 23,18–20) zum Ausdruck. *«Blinde! Was ist denn grösser, die Gabe oder der Altar, der die Gabe heiligt?»* (Vers 19).

Nach Jesu Kreuzigung und Auferstehung ist für diejenigen, die Ihm nachfolgen, an Stelle des Altars der Abendmahltisch zum «Tisch des HERRN» geworden, der Ort der Gemeinschaft mit dem lebendigen Gott, an dem wir des Neuen Bundes gedenken.

Paulus beschreibt die Bedeutung des Mahls des HERRN und die damit zusammenhängende Ordnung in 1. Kor. 11,23–34. *«Wir haben einen Altar, von dem zu essen die kein Recht haben, die dem Zelt dienen. Denn die Leiber der Tiere, deren Blut durch den Hohenpriester für die Sünde in das Heiligtum hineingetragen wird, werden ausserhalb des Lagers verbrannt. Darum hat auch Jesus, um das Volk durch sein eigenes Blut zu heiligen, ausserhalb des Tores gelitten. Deshalb lasst uns zu ihm hinausgehen, ausserhalb des Lagers, und seine Schmach tragen! Denn wir haben hier keine bleibende Stadt, sondern die zukünftige suchen wir. Durch ihn nun lasst uns Gott stets ein Opfer des Lobes darbringen! Das ist: Frucht der Lippen, die seinen Namen bekennen. Das Wohltun und Mitteilen aber vergesst nicht! Denn an solchen Opfern hat Gott Wohlgefallen»* (Hebräer 13,10–16).

Tazri'a – «*(wenn sie) schwanger ist*»
Metzora – «*Aussätziger*»

3. Mose 12,1–13,59
3. Mose 14,1–15,33

Haftarah-Abschnitt: 2. Könige 4,42–5,19
2. Könige 7,3–20

Dieser *Torah*-Abschnitt besteht wiederum aus zwei kleineren Abschnitten, die während eines Schaltjahres, wenn im jüdischen Kalender ein Monat hinzugefügt wird, als zwei Wochenabschnitte behandelt werden, normalerweise jedoch als ein Abschnitt gelesen werden.

Das letzte Kapitel des vorangegangenen *Torah*-Abschnitts endete mit den Speisegesetzen. Dieser Abschnitt beinhaltet die Reinheitsgesetze nach der Geburt eines Kindes (Kapitel 12), Fälle von Aussatz sowie Vorschriften zur Reinigung des Aussätzigen (Kapitel 13–14) und das Gesetz über das Verhalten bei unreinen Ausflüssen (Kapitel 15).

Diese detaillierten Reinigungsbestimmungen sind in den Augen Gottes bedeutsam. 226 Verse (einschl. 4. Mose 19) haben mit diesen Fragen zu tun. Deshalb können auch wir sie nicht ignorieren, selbst wenn kaum darüber gesprochen wird und wir ihre Bedeutung für unser heutiges Leben schwer verstehen können.

Seit der Zerstörung des zweiten Tempels verschwanden diese Gesetze zum grossen Teil auch aus dem jüdischen Alltagsleben, weil die Mehrzahl der Gesetze über Reinheit und Unreinheit im Zusammenhang mit dem Heiligtum erlassen wurden.

Im Judentum gibt es diesbezüglich zwei verschiedene Denkrichtungen. Die eine betrachtet die Reinheitsgebote eher unter einem hygienischen Gesichtspunkt, während die andere sie nur unter dem religiösen Aspekt sieht. Beide Konzepte jedoch widersprechen einander nicht unbedingt, sondern ergänzen und bedingen einander. Aussatz oder Lepra war die schrecklichste Krankheit der damaligen Zeit. Sie bedeutete Unreinheit mit der Folge, dass man mit der Heilung, bezw. mit dem Reinigungsprozess beginnen musste. Zweck und oberstes Ziel dieser Vorschriften ist, den Menschen zu heiligen und ihn vor einer Verunreinigung zu bewahren, die ihn von der Gemeinschaft mit Gott ausschliessen würde. Reinheit und Unreinheit ist wie Leben und Tod. Gott ist rein und heilig und will uns das ewige Leben schenken.

Jede Unreinheit dagegen trennt uns vom Fluss des Lebens. So wie ein körperlicher Mangel einen Priester untauglich werden liess für den Dienst im Heiligtum, so war es einem Israeliten, der vom Aussatz befallen war, nicht erlaubt, den Tempel zu betreten; ja, er wurde gar als tot angesehen und von der Gemeinschaft mit seinen Volksgenossen ausgeschlossen.

Auch Maria befolgte die Reinigungsgesetze gem. Kapitel 12 nach der Geburt Jesu (Lukas 2,21–22). Wir verunreinigen uns täglich auf unterschiedlichste Art und Weise. Was immer uns auch verunreinigt, Gedanken, Worte oder Taten, es trennt uns von dem heiligen Gott. Daher bedürfen wir immer wieder der erneuten Reinigung.

Bei der Betrachtung des Gesetzes über die Reinigung von Aussätzigen in Kapitel 14 sind zwei Dinge bemerkenswert. Der Priester geht zu dem Kranken und beide treffen sich ausserhalb des Lagers. Bei der Reinigungszeremonie (Verse 3–7) sind die beiden Vögel Symbole des zu Reinigenden. Der geschlachtete Vogel weist darauf hin, dass der Aussätzige eigentlich dem Tode erliegen würde, doch Gottes Barmherzigkeit ihn davor bewahrt und er wieder gesund wird, symbolisiert durch den zweiten Vogel, der nun gesund und mit neuer Lebenskraft versehen wieder in die Gemeinschaft des Volkes Gottes zurückkehrt. Wasser ist in diesem Zusammenhang ein Symbol der Reinigung.

Jesus kam in diese Welt, um zu suchen und zu retten, was verloren ist. Er will, dass wir Ihm nachfolgen und ein heiliges Leben führen. Er ist interessiert an uns, Er kümmert sich um uns, auch wenn wir uns beschmutzen. Er ist der Hohepriester, der uns ausserhalb des Lagers am Kreuz begegnet und Sein Blut reinigt uns von aller Sünde. Aussatz ist ein Bild für die Sünde im Leben eines Menschen (Römer 6,12–14; 1. Joh. 1,8). Sie trennt uns von der Gemeinschaft mit Gott und ihr Ende ist der Tod, das gleiche Resultat wie bei Menschen, die vom Aussatz befallen sind.

Trotz der empfangenen Vergebung und der Gewissheit des ewigen Lebens bedürfen wir täglich immer wieder einer erneuten Reinigung, der täglichen Vergebung, da wir uns ständig verunreinigen. Wasser als ein Element der Reinigung aufgreifend, schreibt Paulus an die Epheser (Kap. 5,26): *«... um sie zu heiligen, sie reinigend durch das Wasserbad im Wort.»*

Ein zweiter Teil des Reinigungsaktes (Verse 9–20 in Kap. 14) erfolgte nach sieben Tagen. Er bewirkte den Wiedereintritt des zu Reinigenden in die Gemeinschaft. Dabei wurde ein Sühnopfer dargebracht. In einer ähnlichen Handlung wie bei der Priesterweihe in Kapitel 8 nahm der Priester etwas von dem Blut des geschlachteten Tieres und bestrich damit das rechte Ohrläppchen, den Daumen der rechten Hand und die grosse Zehe des rechten Fusses der zu reinigenden Person. Eine symbolhafte Handlung, darauf hinweisend, dass die ganze Person vom Aussatz gereinigt und nun bereit war, wieder in die Gemeinschaft des Gottesvolkes aufgenommen zu werden.

Der heilige Gott fordert von denen, die Ihm nachfolgen, die Trennung von allem, was unrein ist und die Wiedergutmachung der Verunreinigung.

Mögen diese Vorschriften über Reinheit und Unreinheit, die so fremdartig erscheinen in unserer Zeit, uns daran erinnern, dass wir einem heiligen Gott dienen, der die Heiligung Seines Volkes zum Ziel hat. Mögen sie uns daran erinnern, dass jede Verunreinigung das Getrenntsein von Gott zur Folge hat, die nur durch das Blut Jesu wieder aufgehoben werden kann.

Beschneidung

«Und am achten Tag soll das Fleisch seiner Vorhaut beschnitten werden» (3. Mose 12,3).

Bei der Beschneidung (hebräisch *Brit Milah* = Bund der Beschneidung) wird die männliche Vorhaut durch einen operativen Eingriff entfernt. Ein Brauch, der sich bei vielen Völkern der Antike findet. Heute gilt die Beschneidung vor allem als äusseres Zeichen der Zugehörigkeit zum jüdischen Volk. Sie erfolgt am 8. Tag nach der Geburt. Bei Nichtjuden, die sich heute beschneiden lassen, erfolgt dies vor allem aus gesundheitlichen oder hygienischen Gründen.

In der Bibel taucht das Ritual erstmals in 1. Mose 17 (Vers 10–12) auf. Der 99-jährige Abram beschnitt sich auf das Gebot Gottes hin. Es war das äussere Zeichen des Bundes, den Gott mit ihm schloss, und galt für alle seine Nachkommen. Deshalb wird die Beschneidung auch innerhalb der Nachkommen Ismaels praktiziert.

Die Nichtbefolgung dieses Gebotes in späterer Zeit hatte den Ausschluss vom Volk Gottes zur Folge. Der Zorn Gottes darüber, dass er seinen Sohn nicht beschnitten hatte, kostete Mose beinahe das Leben (2. Mose 4,24–26). Während der Knechtschaft in Ägypten wie auch während der Wüstenwanderung wurde das Gebot vernachlässigt und Josua liess auf das Wort des HERRN hin alles Männliche beschneiden, bevor sie in das Land Kanaan einzogen. Der Brauch hatte sowohl religiösen wie auch nationalen Charakter (siehe 1. Mose 34,13–17). Menschen und Völker, die nicht zum Volk Gottes gehörten, Heiden, wurden als Unbeschnittene bezeichnet.

Im Zuge der Assimilierung unter griechischer Herrschaft wurde das Gebot teilweise nicht befolgt. Im 2. Jh. v. Chr. verbot Antiochus Epiphanes die Beschneidung gar unter Androhung der Todesstrafe. Auch innerhalb des Reformjudentums Mitte des 19. Jhs. in Deutschland gab es infolge der Assimilierung Bestrebungen, die Beschneidung nicht durchzuführen.

Die Beschneidung ist das äussere Bundeszeichen des Volkes Israel. Dass Gott jedoch in erster Linie Wert auf die innere Einstellung, die Herzenseinstellung der Angehörigen Seines Volkes legt, wird ebenfalls bereits in der *Torah* erkennbar. Mose gebraucht die Beschneidung im übertragenen Sinne und fordert das Volk zur Demütigung unter Gott auf, wobei er von der «Beschneidung des Herzens» spricht (3. Mose 26,41 u. 5. Mose 10,16). Dieses Bild wurde später an vielen Stellen von den Propheten aufgegriffen, welche die gegenüber Gott verschlossenen Herzen der Menschen als «unbeschnitten» bezeichneten und zur Erneuerung, zur Nachfolge, zur «Beschneidung der Herzen» aufforderten (Jer. 4,4; 6,10; 9,24–25; Hes. 18,31; Joel 2,13).

Der Neue Bund, den Gott einst mit dem ganzen Volk Israel schliessen wird, hat die Erneuerung und Beschneidung der Herzen zur Grundlage (Jer. 31,31–33; Hes. 36,26 ff.).

Der Neue Bund, ein «beschnittenes», ein neues Herz, das heisst, jemand ist von neuem geboren, ein Vorgang, der im Neuen Testament mit «Wiedergeburt» beschrieben wird (Joh. 3,1–21).

Auch Johannes der Täufer und Jesus wurden beschnitten, als Zeichen ihrer äusserlichen Zugehörigkeit zum Volk Israel. Die später aufgetretene Frage, ob sich Nichtjuden, die zur Gemeinde Jesu, zum Volk Gottes gehören, auch beschneiden lassen müssen, wurde vom Apostelkonzil in Jerusalem mit Nein beschieden (Apg. 15). Paulus bekräftigte dies in seinen Briefen an die Galater (5,6) und die Philipper (3,3).

Acherei Mot – *«Nach dem Tod»*
Kedoschim – *«Heilig»*

3. Mose 16,1–18,30
3. Mose 19,1–20,27

Haftarah-Abschnitt: **Hesekiel 22,1–19**
Amos 9,7–15

Auch dieser *Torah*-Abschnitt besteht aus zwei kleineren Abschnitten, die während eines Schaltjahres, wenn im jüdischen Kalender ein Monat hinzugefügt wird, als zwei Wochenabschnitte behandelt werden, normalerweise jedoch als ein Abschnitt gelesen werden.

Im Jahre 1998 wurde dieser *Torah*-Abschnitt in der Woche gelesen, in der Israel den 50. Jahrestag seiner Staatsgründung beging. Dies erachte ich nicht als Zufall, sondern glaube, dass dieser Abschnitt auch heute eine ernste Botschaft an das jüdische Volk im Land Israel darstellt.

Was sagt dieser Wochenabschnitt? Kapitel 16 umfasst das wichtigste Thema für Israel überhaupt, den Versöhnungstag. In den beiden nachfolgenden Kapiteln geht es um die Bedeutung des Blutes sowie um sexuelle Übertretungen. Kapitel 19 enthält weitere Gesetze und Kapitel 20 gibt Anweisungen zur Bestrafung bei der Darbringung von Menschenopfern, bei der Praktizierung von Spiritismus und bei Unmoral.

Der Versöhnungstag, Kapitel 16

Bis jetzt fand der Dienst der Priester nur im Vorhof oder im vorderen Teil des Heiligtums statt. Der innere Teil, das Allerheiligste, war nicht erlaubt zu betreten.

Nur einmal im Jahr, am grossen Versöhnungstag, war es dem Hohenpriester gestattet, das Allerheiligste, das vom vorderen Teil durch einen Vorhang, den sog. Scheidevorhang getrennt war, zu betreten. Dieser Tag war und ist noch heute der höchste Feiertag für das jüdische Volk, der *Schabat* der *Schabatton* (Mehrzahl), der höchste *Schabat*. Ein Tag der Ruhe, Einkehr und Busse für das ganze Jahr, denn der HERR sagte: *«Und keinerlei Arbeit dürft ihr tun an eben diesem Tag; denn es ist der Versöhnungstag, um Sühnung für euch zu erwirken vor dem HERRN, eurem Gott»* (3. Mose 23,28). Bevor der Hohepriester die Sühnung für das Volk erwirkte, musste er sich mit Wasser reinigen und einen Jungstier als Sündopfer sowie einen Widder als Brandopfer für sich und seine Familie darbringen, damit er in völliger Gemeinschaft mit Gott war, wenn er stellvertretend für das Volk in die Gegenwart des Allmächtigen trat. Anschliessend sollte er vom Volk zwei Ziegenböcke für das Sündopfer und einen Widder für das Brandopfer nehmen. Über den beiden Ziegenböcken wurde ein Los geworfen. Der, auf den das Los für den HERRN fiel, wurde als Sündopfer für das Volk geopfert. Das Blut beider Sündopfer wurde zunächst auf die Sühnplatte im Allerheiligsten und danach auf die Hörner des Altars ausserhalb des Heiligtums gesprenkelt. Dabei reinigte er das Heiligtum und das gesamte *Zelt der Begegnung* von der Unreinheit und Sünde der Israeliten.

Gottes Gegenwart liess das Heiligtum zu einem heiligen Ort werden, der durch die Gegenwart des Volkes verunreinigt wurde. Demzufolge musste der Hohepriester das Heiligtum selbst entsühnen. Darin wird auch die Liebe und Barmherzigkeit Gottes offenbar, denn trotz der Unvollkommenheit des Volkes war Seine Gegenwart in ihrer Mitte.

Nachdem er diese Handlungen vollendet hatte, legte der Hohepriester seine Hand auf den Kopf des noch lebenden anderen Ziegenbockes, auf den das Los für Asasel fiel. Er bekannte auf ihm alle Schuld des Volkes Israel und all ihre Vergehen und übertrug sie auf den Ziegenbock. Dieser wurde danach in die Wüste geschickt. Damit hatte der Hohepriester die Versöhnung erwirkt zwischen dem Volk Israel und Gott.

Der Gebrauch des Wortes «Versöhnung» in diesem Zusammenhang ist nicht ganz korrekt. Die Bezeichnung «Entsühnen» wäre treffender, denn das hier gebrauchte hebräische Wort *Kipper* bedeutet «bedecken». Das Sündopfer, auf das der Hohepriester die Schuld des Volkes legte, wurde in die Wüste geschickt, aber es ist noch immer in dieser Welt. Auch das Sprengen des Blutes auf die Sühnplatte *(Ha Kaporet)*, die Deckplatte der Bundeslade im Allerheiligsten, bedeckte die Sünde nur und nahm sie nicht gänzlich hinweg. Aus diesem Grund musste die gesamte Handlung jährlich wiederholt werden.

Eine wichtige Frage taucht im nächsten Kapitel auf (17,11), wo es heisst, dass Sühnung nur durch Blut erwirkt werden kann. Da keine Tieropfer zu diesem Zweck mehr dargebracht werden seit der Zerstörung des Tempels, stellt sich die Frage, wie erfolgt die Sühnung? Im heutigen Judentum wird diese Frage mit «Fasten», «Gebet» und «Synagogenbesuch» beantwortet. Die *Torah* sagt jedoch eindeutig, «nicht durch Werke oder einen religiösen Lebensstil, sondern durch Blut». *«Denn die Seele des Fleisches ist im Blut, und ich selbst habe es euch auf den Altar gegeben, Sühnung für eure Seelen zu erwirken. Denn das Blut ist es, das Sühnung tut durch die Seele in ihm»* (3. Mose 17,11).

Es gab nur ein Opfer, das die Sünden nicht nur für ein Jahr bedeckte, sondern sie ein für allemal hinwegnahm, das Opfer Jeschuas, des Messias am Kreuz. Er erfüllte nicht nur die Worte der Propheten über Sein Kommen in diese Welt, sondern nahm durch Seine Auferstehung auch dem Tod die Macht. (In *Jom Kippur,* dem «Versöhnungstag», ist dieses Opfer noch nicht vollständig erfüllt, da sich die Sünde noch immer in der Welt befindet und noch nicht endgültig hinweggetan ist.)

Er lud unsere Schuld auf sich und wurde unser Hohepriester. Das Vergiessen Seines Blutes reinigt von aller Schuld. Die Sünde ist noch in der Welt, und wir bedürfen der Vergebung jedesmal erneut, wenn wir straucheln. Aber das Opfer der Versöhnung wurde ein für allemal erbracht. Jesus öffnete den Scheidevorhang und verschaffte uns bildlich gesprochen den Zugang in das Allerheiligste, in die Gegenwart Gottes. *«Denn unmöglich kann Blut von Stieren und Böcken Sünden wegnehmen. Vorher sagt er: 'Schlachtopfer und Opfergaben und Brandopfer und Sündopfer hast du nicht gewollt, auch kein Wohlgefallen daran gefunden' – die doch nach dem Gesetz dargebracht werden – dann sprach er: 'Siehe, ich komme, um deinen Willen zu tun' – er nimmt das Erste weg, um das Zweite aufzurichten –. In diesem Willen sind wir geheiligt durch das ein für allemal geschehene Opfer des Leibes Jesu Christi. Da wir nun, Brüder, durch das Blut Jesu Freimütigkeit haben zum Eintritt in das Heiligtum ...»* (Hebräer 10,4; 8–10;19).

Kapitel 18

In diesem Kapitel geht es um das Verbot geschlechtlicher Verirrungen, Praktiken, die von den heidnischen Nationen der damaligen Zeit verübt wurden. Gott will nicht, dass sich Sein Volk durch weltliches Handeln verunreinigt, denn ER sagt in Kapitel 19,2: *«... Ihr sollt heilig sein; denn ich , der HERR, euer Gott, bin heilig.»*

Die hier verbotenen unmoralischen Handlungen wurden durch die Kanaaniter praktiziert und waren der Grund, warum Gott diese aus dem Land vertrieb, das sie auf diese Weise verunreinigt hatten (18, 24–25).

Israel wird gewarnt, die hier aufgeführten Greuel nicht auch zu verüben und es den Kanaanitern nicht gleich zu tun. Doch waren diese Praktiken teilweise auch während der Königszeit anzutreffen und das Volk musste die gleiche Erfahrung machen wie die Kanaaniter. *«Und das Land wurde unrein gemacht, und ich suchte seine Schuld an ihm heim, und das Land spie seine Bewohner aus» (18,25).*

Weitere Gesetze

In Kap. 17,14 und 19,26 verbietet Gott den Verzehr von Blut. Dieses Verbot gilt nach dem Apostelkonzil auch für nichtjüdische Gläubige, die zur Gemeinde Jesu gehören (Apg. 15,20; 29 u.

21,25). In Kapitel 19, Vers 27 gebietet Gott den männlichen Israeliten, ihr Haupthaar nicht rundherum zu scheren und auch die Ränder ihrer Bärte nicht abzuschneiden. Aus diesem Vers leitet sich ab, dass orthodoxe Juden Bärte tragen und Ultra-Orthodoxe begründen damit auch ihre Tradition der Schläfenlocken.

Das letzte Kapitel dieses Wochenabschnittes betrifft die Darbringung von Kinderopfern, was mit der Todesstrafe zu ahnden war. In der heutigen Zeit sind wir wiederum Zeugen der Darbringung von Kinderopfern in einer modernen und staatlich sanktionierten Form, in Form von tausendfachen Abtreibungen, auch in Israel. Ähnlich ist es mit der Esoterik, die in unterschiedlichen Spielarten überall praktiziert wird, doch der HERR sagt in unserem Text: *«Und die Person, die sich zu den Totengeistern und zu den Wahrsagern wendet, um ihnen nachzuhuren, gegen diese Person werde ich mein Angesicht richten und sie ausrotten aus der Mitte ihres Volkes»* (20,6).

Möge unter dem Volk Israel, wie auch unter uns allen, der Wunsch und das Verlangen wachsen, nach den Weisungen und Geboten Gottes zu leben, dass sie erkennen, dass ihre Hoffnung und ihr Wohlergehen einzig und allein in IHM liegt.

«So sollt ihr euch heiligen und sollt heilig sein, denn ich bin der HERR, euer Gott, und sollt meine Ordnungen einhalten und sie tun. Ich bin der HERR, der euch heiligt» (3. Mose 20,7–8).

Asasel

«Und Aaron soll Lose werfen über die zwei Ziegenböcke, ein Los für den HERRN und ein Los für Asasel» (3. Mose 16,8).

Der Ziegenbock, auf den das Los für *Asasel* fiel, wurde nicht geschlachtet und war damit kein Opfertier, sondern wurde lebendig vor den HERRN gestellt und sodann als Sündenbock beladen mit der Schuld des Volkes Israel in die Wüste geschickt. Die rätselhafte Bezeichnung *Asasel* taucht nur im Zusammenhang von 3. Mose 16 auf und ist an keiner weiteren Stelle der Bibel zu finden.

Wer oder was ist *Asasel?* Eine Person, ein Ort? Die Meinungen und Auslegungen darüber gehen auseinander. Die Vulgata (lateinische Bibelübersetzung) übersetzte *Asasel* einfach mit «Sündenbock», eine Auslegung, die sich auch in den meisten englischen Bibelausgaben (u. a. in der Authorised Version) wiederfindet. Die Septuaginta (griechische Übersetzung des AT) gibt *Asasel* mit «der Hinweggeschickte» wieder.

Ableitend von dem hebräischen Namen wurde im Judentum *Asasel* von vielen Auslegern mit «fortschicken» oder «völlig entfernen» (die Sünde des Volkes) übersetzt. Seit der Zeit des zweiten Tempels wird *Asasel* als «ein steiler Berg», «eine hohe Felsspitze», von welcher der Ziegenbock hinabgestürzt wurde, angesehen, eine Praxis, die aus dem Bibeltext jedoch nicht abzuleiten ist.

Eine Reihe Bibelausleger sieht in *Asasel* einen gefallenen Engel, einen Dämon oder einen bösen Geist, der in der Wüste haust. Dass mit *Asasel* ein Dämon gemeint sein könnte, wird von der Mehrheit der Kommentatoren im Judentum jedoch abgelehnt, da einem Dämon im Rahmen einer solch heiligen Handlung keine Opfer dargebracht würden, was durch 3. Mose 17,7 verboten sei. Dem ist jedoch entgegenzuhalten, dass in 3. Mose 16 dem Dämon keine Opfer gebracht werden, sondern der Ziegenbock die Sünde, das Getrenntsein des Volkes von Gott, symbolisch trägt. Verantwortlich dafür ist der Gegenspieler Gottes, Satan selbst, was durch die Bezeichnung *«Für den HERRN»* und *«Für Asasel»* zum Ausdruck gebracht wird. Diese Erklärung deckt sich auch mit der weit verbreiteten Ansicht aus frühester Zeit, wobei die Bezeichnung *Asasel* personifiziert wurde.

Asasel ist der Teufel selbst, das Haupt der gefallenen Engel, der später Satan heisst, der Diabolos. *Asasel* ist eine Bezeichnung, gleicherweise wie *Sheol* (Totenreich) oder *Abaddon* (Hölle).

Emor – *«Sprich»*

3. Mose 21–24

Haftarah-Abschnitt: Hesekiel 44,15–31

Dieser *Torah*-Abschnitt hat Regelungen für die Priester und das Heiligtum in Kapitel 21 u. 22 zum Gegenstand. Im Zentrum des Abschnitts sind die Feste des HERRN in Kapitel 23 beschrieben. Im abschliessenden Kapitel 24 finden sich Vorschriften für den Leuchter und die Schaubrote im Heiligtum.

Die vorangegangenen Kapitel (3. Mose 18–20) hatten Bestimmungen über die Heiligung des ganzen Volkes zum Inhalt. In *Emor* finden wir nun darüber hinaus noch spezielle Verordnungen für die Priester, an die höhere Anforderungen gestellt wurden. Berufen von Gott, Ihm am Heiligtum zu dienen, sich durch die Darbringung der Opfer dem HERRN zu nahen, waren die Priester abgesondert für diesen Dienst und es galten für sie besondere Bestimmungen. Sie durften sich nicht verunreinigen durch den Kontakt mit Toten (ausgenommen Familienangehörige). Sie durften keinen körperlichen Makel aufweisen, ihre Unreinheit nicht auf die gottesdienstlichen Handlungen am Heiligtum übertragen. Die Priester hatten besondere Vorschriften bei der Eheschliessung zu beachten. Bei der Frau sollte es sich um keine Witwe, Verstossene, Entehrte oder Hure handeln. Der Grund für diese Gebote war Heiligkeit, denn der Priester *«... soll dir heilig sein; denn heilig bin ich, der HERR, der euch heiligt» (21,8), oder «Nur zum Vorhang soll er nicht kommen, und an den Altar soll er nicht herantreten, denn ein Makel ist an ihm, dass er nicht meine Heiligtümer entweiht; denn ich bin der HERR, der sie heiligt»* (21,23).

Die Priester waren abgesondert für Gott und hätten sie diese Gebote nicht befolgt, hätten sie den Namen Gottes entweiht (22,2). Am Ende von Kapitel 22 folgen weitere Anweisungen für die Darbringung von Opfern, die körperlich vollkommen sein müssen.

Auch diese Vorschrift stellt einen Vorschatten auf den Messias dar, der zu einem makellosen Opfer wurde. *«Wie viel mehr wird das Blut des Christus, der sich selbst durch den ewigen Geist als Opfer ohne Fehler Gott dargebracht hat, euer Gewissen reinigen von toten Werken, damit ihr dem lebendigen Gott dient»* (Hebräer 9,14). Der gesamte Abschnitt über die Verordnungen der Priester ist geprägt durch die Worte: «Heiligkeit, Heiligung, Weihung, Hingabe, Absonderung, verunreinige dich nicht, Reinheit, sei heilig, entweihe nicht den Namen Gottes und salben». Diese Merkmale und Wesenszüge möchte Gott an Seinen Dienern sehen. Heiligkeit ist das Thema des gesamten Buches Leviticus (3. Mose). Es war nicht nur für die Israeliten in biblischer Zeit von Bedeutung, sondern betrifft auch die Gläubigen des Neuen Bundes in *Jeschua,* wie Petrus in seinem ersten Brief Kapitel 1, Verse 15–16 schreibt und dabei auf das dritte Buch Mose Bezug nimmt: *«Sondern wie der, welcher euch berufen hat, heilig ist, seid auch ihr im ganzen Wandel heilig! Denn es steht geschrieben: 'Seid heilig, denn ich bin heilig.'»*

Die Tatsache, dass eines der fünf Bücher der *Torah* sich überwiegend mit dem Thema der Heiligkeit beschäftigt, ist ein deutlicher Hinweis auf die Bedeutung dieses Themas in den Augen Gottes. Die Strafe für Nichtbeachtung der diesbezüglichen Gebote war schwer, in einigen Fällen wurden Vergehen gar mit dem Tode bestraft. Nur durch Befolgung dieser Anordnungen erfüllte das Volk Israel die Forderung Gottes, ein heiliges Volk zu sein (20,26).

So wie die Israeliten aus der Knechtschaft Ägyptens erlöst wurden durch das Blut der Passahlämmer, sind auch wir erlöst durch das Blut Jesu. Unser Vater im Himmel möchte von uns ebenfalls, dass wir heilig sind, wie es Petrus in den o. g. Worten ausdrückt. Wir sehen uns deshalb gleichermassen der täglichen Anforderung von «Heiligung, heiligen, Absonderung, Hingabe, Reinheit usw.» gegenübergestellt. Doch wie können wir dies erfüllen? Der Wunsch, so zu sein, in einem solchen Gott wohlgefälligen Zustand zu leben, reicht allein nicht aus. Täglich stellen wir sicher fest, dass wir dies aus eigener Kraft nicht können, sondern immer wieder Niederlagen und eigenes Versagen erleben.

Paulus berichtet von ähnlichen Erfahrungen, wie er im Brief an die Römer schreibt (7,15): *«Denn was ich vollbringe, erkenne ich nicht, denn nicht, was ich will, das tue ich, sondern was ich hasse, das übe ich aus.»* Er fordert daher: *«Da wir nun diese Verheissungen haben, Geliebte, so wollen wir uns reinigen von jeder Befleckung des Fleisches und des Geistes und die Heiligkeit vollenden in der Furcht Gottes»* (2. Kor. 7,1). Die «Furcht Gottes» ist ein Schlüssel, um ein heiliges Leben zu führen, basierend auf Glaube und auf Gnade. Gott ist kein guter Kamerad, der dazu dient, uns unsere Wünsche zu erfüllen. Ihn anbeten geschieht nicht durch Zusammenkünfte, die eher den Eindruck von «Happenings» vermitteln. Wir sollen uns selbst heiligen und zu heiligen Zusammenkünften kommen, deren Grundlage die Gottesfurcht ist. Nicht Furcht vor dem strafenden Gott, sondern Ehrfurcht vor der Heiligkeit Gottes.

Wir bedürfen der täglichen Reinigung, sprich der Sündenvergebung durch das Blut Jesu, dem täglichen Erfülltsein mit Seinem Geist, um in einem geheiligten Zustand uns dem Thron des heiligen Gottes zu nahen, wie die Priester es taten im Heiligtum. Denn Er hat uns zu einem Königtum und zu Priestern gemacht (Off. 1,6).

«Lasst euch auch selbst als lebendige Steine aufbauen, als ein geistliches Haus, ein heiliges Priestertum, um geistliche Schlachtopfer darzubringen, Gott wohlannehmbar durch Jesus Christus! Ihr aber seid ein auserwähltes Geschlecht, ein königliches Priestertum, eine heilige Nation, ein Volk zum Besitztum, damit ihr die Tugenden dessen verkündigt, der euch aus der Finsternis zu seinem wunderbaren Licht berufen hat» (1. Petrus 2,5 u. 9).

Öl für den Leuchter

Die ersten vier Verse von Kapitel 24 sind eine Wiederholung der bereits in 2. Mose 27,20–21 gegebenen Anweisungen über das Öl und den Leuchter, dessen Lampen Tag und Nacht brennen mussten. Es war die Aufgabe des Volkes, reines Öl für den Leuchter herzustellen, und es lag in der Verantwortung der Priester, dafür Sorge zu tragen, dass die Lampen permanent brannten und das Heiligtum erleuchteten. Selbst wenn die Israeliten schliefen, hatte Gott Männer eingesetzt, die sicherstellten, dass jederzeit Licht im Heiligtum war.

Wie in vorangegangenen Abschnitten bereits erwähnt, symbolisiert das reine Olivenöl den Heiligen Geist und als Priester des Neuen Bundes liegt es in unserer Verantwortung, sicherzustellen, dass wir immer mit dem Geist Gottes erfüllt sind, dass Sein Licht in uns brennt. Es lag allein an den Priestern, dass der Leuchter immer brannte. Gemäss der Offenbarung des Johannes repräsentiert der siebenarmige Leuchter die Gemeinden und demzufolge auch den einzelnen Gläubigen.

Die Feste des HERRN

In Kapitel 23 dieses *Torah*-Abschnittes sind die «Feste des HERRN» genannt. Es sind dies das *Passahfest,* das *Fest der ungesäuerten Brote,* das *Fest der Erstlingsfrucht,* das *Wochenfest,* das *Fest des Schofarblasens,* der *Versöhnungstag* und das *Laubhüttenfest.* Die Bezeichnung «Feste» ist keine ganz korrekte Übersetzung des hebräischen Textes. Wir feiern viele Feste, doch die biblischen Feste haben eine tiefere Bedeutung. Im Hebräischen werden sie als *Moadei JHWH's* bezeichnet, als die «Begegnungszeiten JHWH's», an denen eine heilige Versammlung zu halten ist.

Es sind sieben Begegnungszeiten, die nach dem jüdischen, dem biblischen Kalender gefeiert werden. An dreien dieser Festversammlungen (Passah, Wochen- u. Laubhüttenfest) war den Israeliten geboten, nach Jerusalem zu pilgern, dem Ort, den Gott sich auf dieser Erde erwählt hat, wo Er Seinen Namen niedergelegt hat (5. Mose 12,11). Sie wurden auch Wallfahrtsfeste genannt.

Die Feste werden heute nur im Judentum gefeiert, doch sie besitzen auch für Christen eine tiefe Bedeutung, finden sie doch in Jesus ihre Erfüllung. In diesem Sinne werden sie auch von messianischen Juden begangen.

Am *Passahfest* erinnert sich das jüdische Volk an den Auszug aus Ägypten, die Befreiung aus Knechtschaft und Sklaverei, an die Erlösung. Jesus wurde für uns zum wahren Passahlamm, das die Sünden der Welt trug (1. Kor. 5,7; 1. Petr. 1,18–21). ER erfüllte alle Voraussetzungen, die an die Passahlämmer gestellt wurden.

Das *Fest der ungesäuerten Brote* schliesst sich unmittelbar an das Passahfest an. Es ist heute in das Passahfest integriert und beides zusammen wird als *Pessach* bezeichnet. Dieses Fest symbolisiert die Absonderung des Volkes Gottes von der Welt. Nichts Gesäuertes durfte und darf während dieser sieben Tage gegessen werden oder im Haus sein. Das Gesäuerte ist ein Bild der Sünde und diesen Sinn des Festes greift Paulus in 1. Kor. 5,7–8 auf, wo er die Gläubigen auffordert: *«Fegt den alten Sauerteig aus, damit ihr ein neuer Teig seid, wie ihr ja bereits ungesäuert seid! Denn auch unser Passahlamm, Christus, ist geschlachtet. Darum lasst uns Festfeier halten, nicht mit altem Sauerteig, auch nicht mit Sauerteig der Bosheit und Schlechtigkeit, sondern mit Ungesäuertem der Lauterkeit und Wahrheit.»* Beide Feste werden in der Zeit von März/April gefeiert.

Als nächstes folgt das *Fest der Erstlingsfrucht*. Das erste Getreide war reif und bevor man damit Brot herstellte, wurde dem HERRN im Tempel eine Gabe dargebracht. Dieses Fest wird heute im Judentum nicht mehr gefeiert. Es fand einen Tag nach dem Fest der ungesäuerten Brote statt, dem dritten Tag nach der Schlachtung der Passahlämmer. Am Tag, als die Israeliten ihre Erstlingsfrüchte als Opfer in den Tempel brachten, erstand Jesus als die erste Frucht von den Toten auf. Paulus bezeichnet Ihn daher in 1. Kor. 15,20–23 auch als den Erstling.

Das nächste Fest ist das *Wochenfest* oder *Schavuot* (hebr. für Wochen). Es markierte das Ende der Erntezeit und die Israeliten hatten erneut Ernteopfer im Tempel darzubringen. Es geschah während dieses Festes, dass der Heilige Geist ausgegossen wurde (Apg. 2) und wird deshalb von der Christenheit als Pfingstfest begangen. Die Tatsache, dass es zu den drei Wallfahrtsfesten gehört, erklärt auch, warum sich zur Zeit der Ausgiessung des Heiligen Geistes so viele Menschen in Jerusalem aufhielten. Diese ersten vier Feste haben in Jesus bereits ihre vollkommene Erfüllung gefunden.

Es folgt das *Fest des Posaunen-, Lärm- oder Schofarblasens.* Im Judentum wird es heute *Rosch Ha Schana* genannt und als jüdisches Neujahrsfest gefeiert (weitere Informationen dazu unter der Erklärung für «Kalender» im *Torah*-Abschnitt *«Bo»*). Zu biblischer Zeit kündigte das Blasen des Schofars den neuen Monat an. Im siebten Monat wurde es besonders laut geblasen, weil noch zwei hohe Feste in diesem Monat folgten. Das Blasen des Schofars wurde auch gebraucht, um das Volk zu versammeln und war daneben ein Zeichen in Kriegszeiten. Bei Seiner Wiederkunft in diese Welt wird Jesus als der Richter kommen (Off. 19,11–16) und nach der Offenbarung des Johannes läutet das Blasen der Posaunen oder der Schofare die letzten Gerichte für diese Welt ein. Sie gehen der Wiederkunft des HERRN voraus. Daher wird sich dieses Fest mit der Wiederkunft des Messias vollkommen erfüllen.

Das sechste der biblischen Feste ist der *Versöhnungstag,* der im vorangegangenen Wochenabschnitt näher betrachtet wurde. Er hat seine teilweise Erfüllung bereits gefunden, doch endgültig erfüllt sich dieses Fest, wenn der HERR Sein Friedensreich aufrichtet auf dieser Welt und die Sünde endgültig hinweggetan ist. Der Versöhnungstag besitzt einen weiteren prophetischen Aspekt. Er war und ist (wenn auch heute in anderer Form als zu biblischer Zeit) ein Tag der Busse für das ganze Volk Israel. Dieser Gesichtspunkt wird sich in vollkommener Weise erfüllen, wenn Israel seinen Messias, seinen Erlöser erkennen wird gem. Sacharja 12,10; wenn das ganze Volk umkehren wird, *«und so wird ganz Israel errettet werden, ...»* (Römer 11,26).

Das letzte der sieben Feste ist das *Laubhüttenfest* (hebr. *Sukkot).* Es erinnert die Israeliten an ihre 40-jährige Wüstenwanderung, während der sie in Laubhütten wohnten. Es weist darüber hinaus auf die Vergänglichkeit des Menschen in dieser Welt hin, der sich nur auf einer Pilgerreise befindet, bis er in die ewige Ruhe Gottes gelangt. Einst, im kommenden Friedensreich, dem Königreich des Messias, wird die ganze Welt das Laubhüttenfest feiern, wie es der Prophet Sacharja vorhersagt (Kap. 14,16).

«Und es wird geschehen: Alle Übriggebliebenen von allen Nationen, die gegen Jerusalem gekommen sind, die werden Jahr für Jahr hinaufziehen, um den König, den HERRN der Heerscharen, anzubeten und das Laubhüttenfest zu feiern.»

Be'Har – *«Auf dem Berg»*
Be'Chukotai –
«In meinen Satzungen»

3. Mose 25,1–26,2
3. Mose 26,3–27,34

Haftarah-Abschnitt: Jeremia 32,6–27
Jeremia 16,19–17,14

Dieser *Torah*-Abschnitt besteht wiederum aus zwei kleineren Abschnitten, die während eines Schaltjahres, wenn im jüdischen Kalender ein Monat hinzugefügt wird, als zwei Wochenabschnitte behandelt, normalerweise jedoch als ein Abschnitt gelesen werden.

Nach dem rituellen und ethischen Bereich gelangen wir nun zum Schlussteil des dritten Buches Mose, den prophetischen Ermahnungen und Warnungen.

Kapitel 25 handelt von dem Gesetz des Landes einschliesslich des Schabatjahres, dem Halljahr und der Lösung des Erbes.

In Kapitel 26 verheisst Gott Israel Fruchtbarkeit des Landes und Sieg über die Feinde, aber auch Strafe und Leiden, wenn sie Seine Gebote nicht befolgen. Dennoch versichert Gott am Ende dieses Kapitels Seine ewige Treue, dass Er trotz der Untreue Israels an dem Bund, den Er mit Abraham, Isaak und Jakob schloss, festhalten wird. Die Züchtigung Gottes aufgrund des Ungehorsams Seines Volkes dient dazu, dass dieses sich demütigt und zu IHM zurückkehrt (Vers 41).

Kapitel 27 hat die Heiligung von Personen und Gegenständen zum Inhalt.

Kapitel 25

«Wenn dein Bruder verarmt und etwas von seinem Eigentum verkauft, dann soll als sein Löser sein nächster Verwandter kommen und das Verkaufte seines Bruders einlösen» (3. Mose 25,25).

«Wenn aber die Hand eines Fremden oder eines Beisassen neben dir etwas erreicht und wenn dein Bruder neben ihm verarmt und sich dem Fremden verkauft, dem Beisassen neben dir oder einem Abkömmling aus der Sippe des Fremden, dann soll, nachdem er sich verkauft hat, Lösungsrecht für ihn bestehen. Einer von seinen Brüdern soll ihn einlösen. Entweder sein Onkel oder der Sohn seines Onkels soll ihn einlösen, oder einer von seinen nächsten Blutsverwandten aus seiner Sippe soll ihn einlösen; oder kann seine Hand es wieder aufbringen, dann soll er sich selbst einlösen» (3. Mose 25,47–49).

In Kapitel 25, Vers 23 macht Gott es unzweifelhaft klar, das Land gehört Ihm und soll deshalb nicht auf Dauer verkauft werden. Dadurch würde der Verkäufer sein Erbe auf Dauer verlieren. Der Löser soll das Verkaufte wieder einlösen und damit den Stand und das garantierte Erbrecht des Verkäufers wiederherstellen.

Das Konzept des «Verwandten-Löser» ist später im Buch Ruth in einer anschaulichen Weise im Falle von Ruth und Boas illustriert (siehe Buch Ruth, Kapitel 2,1–3; 3,10–18; 4,1–10).

Die Praxis der «Lösung» durch einen nahen Verwandten basiert in der *Torah* und entspricht dem Willen Gottes. Es stellt aber mehr dar als die Ausübung eines Konzeptes zur biblischen Zeit; es beinhaltet auch ein prophetisches Bild, denn in Jesaja 59,20 heisst es: *«Und ein Erlöser wird kommen für Zion und für die, die in Jakob vom Treuebruch umkehren, spricht der HERR.»*

Das in unserem *Torah*-Abschnitt sowie im Buch Ruth und auch in der angeführten Stelle in Jesaja verwendete hebräische Wort für «(Er)Löser» heisst *Goel*. Daran wird deutlich, dass der Erlöser, von dem Jesaja redet, die gleiche Funktion hat, der gleichen Praxis unterliegt, wie der Löser, von dem unser Wochenabschnitt spricht.

Der angeführte Vers in Jesaja spricht vom Messias, der kam, um Sein Volk Israel zu erlösen, das Heil für die ganze Welt brachte und der zurückkehren wird in diese Welt. *«Und so wird ganz Israel errettet werden, wie geschrieben steht: 'Es wird aus Zion der Erretter* (oder Erlöser) *kommen, er wird die Gottlosigkeit von Jakob abwenden'»*, nimmt Paulus in Römer 11,26 Bezug auf die Prophetie Jesajas.

Der *Goel* oder «Verwandten-Löser», wie er uns im *Tanach*, im Alten Bund, begegnet, ist daher ein Abbild von Christus, von *Jeschua Ha Maschiach.*

Es gibt einige Voraussetzungen für einen «Verwandten-Löser»:
1. Er hat das Recht zur Lösung.
2. Die Lösung bezieht sich auf Personen und auf das Erbe.
3. Er muss ein Verwandter sein.
4. Er muss in der Lage sein, zu lösen.
5. Er hat den vollen Kaufpreis zu zahlen.

Jede dieser Voraussetzungen ist in Jesus Christus erfüllt worden.

Jesus, der «Sohn Davids», kam unter Seine Brüder, doch sie lehnten ihn ab (Joh. 1,11), denn sie erwarteten einen Erlöser, der ihnen nationale Befreiung schenkte und den Besitzstand des Landes wiederherstellte. Doch der Erlöser für das jüdische Volk kam und wird wiederkommen, um die Gottlosigkeit des jüdischen Volkes zu nehmen, sie zu erretten von ihren Sünden und das Heil Gottes zu geben. Erst danach wird auch das Land gereinigt und geheilt, denn es ist durch die Übertretungen des Volkes verunreinigt.

«So waren auch wir, als wir Unmündige waren, unter die Elemente der Welt versklavt; als aber die Fülle der Zeit kam, sandte Gott seinen Sohn, geboren von einer Frau, geboren unter Gesetz, damit er die loskaufte, die unter Gesetz waren, damit wir die Sohnschaft empfingen» (Galater 4,3–5).

«Christus hat uns losgekauft von dem Fluch des Gesetzes, indem er ein Fluch für uns geworden ist ...» (Galater 3,13).

Die Geschichte von Ruth und Boas ist ein wunderbares Bild der Erlösung der ganzen Welt durch Jesus den Messias. Boas, der «Verwandten-Löser», weist auf Christus hin. ER zahlte den Preis mit Seinem eigenen Blut, denn Er war willig und bereit, den Lösungspreis zu zahlen. Ruth, die keine Jüdin war, repräsentiert diejenigen, die in ein neues Leben eintreten durch den Glauben an IHN.

Das prophetische Bild des (Er)Lösers bei Boas und Ruth gipfelt darin, dass beide im Stammbaum des Messias genannt sind (Matthäus 1,5). Die Treue der Nichtjüdin Ruth, ihr Glaube an den Gott Israels, wurde darin belohnt, dass sie die Urgrossmutter Davids wurde (Ruth 4,17–22).

«Doch ich weiss: Mein Erlöser lebt» (Hiob 19,25).

Kapitel 26

Gott verheisst Seinem Volk Frieden und Wohlergehen, Gunst und Fruchtbarkeit, wenn es Seine Gebote befolgt und in Seinen Wegen wandelt. Doch Er verheisst Not, Elend, Leiden, Trockenheit, Hungersnöte, Krankheiten und Zerstreuungen, wenn es dies nicht tut.

Erleben wir nicht eher das Gegenteil davon in der Welt? Sind es nicht vielfach die Aufrichtigen und Gottesfürchtigen, die in den Satzungen des HERRN wandeln, die leiden müssen? Sind es nicht eher die Gottlosen, denen es wohl zu gehen scheint?

Grosse Männer Gottes, die Ihm gehorsam waren und Seinen Willen taten, erfuhren oft viel Leid und Not in ihrem Leben. Wie können wir die Verse in Kapitel 26 recht verstehen?

Das Schlüsselwort ist «ihr», das in Hebräisch in der Pluralform geschrieben ist und sich auf das Volk Israel bezieht. Rabbiner Schlomo Riskin aus Efrat sagt dazu:

«Die Einzelperson empfängt nicht unbedingt Lohn in ihrem Leben, aber die Nation ja. Wenn wir (die Nation) die Weisungen Gottes befolgen, verheisst uns Gott Regen, Speise und äussere Sicherheit – alles nationale Aspekte. Es gibt jedoch keine Garantien für Einzelpersonen.»

Als Gläubige des Neuen Bundes kann Gott uns auch materiellen Segen schenken, doch wir haben keinen Anspruch darauf als Folge der Befolgung seiner Gebote. Im Neuen Testament ist uns kein irdischer Wohlstand verheissen, denn unser Bürgerrecht ist in den Himmeln (Phil. 3,20).

Parallelen zu diesem Kapitel finden sich in 5. Mose 28–30, und sie erfüllten sich in der Geschichte Israels. Wenn gottesfürchtige Könige das Volk regierten, erlebten die Menschen Wohlstand, ging es ihnen gut, ja Gott erweiterte sogar ihre Grenzen.

In den Geschichtsbüchern der Bibel lesen wir, dass Israel in diesen Zeiten auch übermächtige Feinde besiegte, denn Gott sagt in Vers 7: *«Und ihr werdet euren Feinden nachjagen, und sie werden vor euch durchs Schwert fallen.»* Wenn Gott mit Seinem Volk ist, wird keine Macht in der Lage sein, ihnen Schaden zuzufügen.

Ähnliches trug sich zu, als der moderne Staat Israel vor über 50 Jahren entstand. Es war ein göttliches Zeichen, dass 600 000 Juden in der Lage waren, sich gegenüber 100 Millionen Arabern zu behaupten. Wunder auf Wunder ereigneten sich im Unabhängigkeitskrieg (Mai 1948 bis Febr. 1949) und vielfach war es unerklärlich, warum arabische Armeen plötzlich verwirrt und ausser Fassung umkehrten und flohen. *«Fünf von euch werden hundert nachjagen, und hundert von euch werden zehntausend nachjagen, und eure Feinde werden vor euch durchs Schwert fallen»* (26,8).

Götzendienst und das Vergiessen unschuldigen Blutes waren die Gründe für die Zerstörung des ersten und zweiten Tempels, gefolgt von der weltweiten Zerstreuung des Volkes. Hader und Streit innerhalb des Volkes, der Einfluss des griechischen (humanistischen) Denkens, Aufgabe der Traditionen der Väter, all dies waren Gründe für die grosse Katastrophe, die über das Volk Israel in den Jahren 70 und 135 n. Chr. hereinbrachen.

Die Nichtbeachtung des Schabatjahres (ähnlich, wie der siebte Tag der Ruhetag für den Menschen ist, sollte auch das Land im siebten Jahr ruhen und nicht bewirtschaftet werden, 3. Mose 25, 1–7) und des Jubeljahres (siehe Begriffserklärung) war ein weiterer Grund, warum Gott Sein Volk zerstreute. Der HERR nahm dies wörtlich, denn die 70 Jahre im babylonischen Exil dienten nach 2. Chr. 36,21 dazu, dass das Land seine «Schabatjahre» ersetzt bekam, die in der Zeit davor nicht beachtet wurden.

Gott strafte Sein Volk nicht bloss für ihre Vergehen. Er kündigte ihnen an, dass Er sie siebenfach züchtigen würde wegen ihrer Sünde (Verse 24 und 28).

Die in den Versen 23 bis 31 beschriebenen Krankheiten und Hungersnöte sind eine nahezu detaillierte Beschreibung der schrecklichen Ereignisse, die während der Belagerung und Zerstörung Jerusalems im Jahre 70 geschahen, vor der Zerstörung des Tempels. Die Bewohner des belagerten Jerusalem bekämpften und töteten sich gegenseitig für ein Stück Brot. Der jüdische Historiker Flavius Josephus berichtet über einen Fall, in dem eine Mutter vor Verzweiflung über den Mangel an Essbarem das Fleisch ihres Sohnes kochte, den sie zuvor getötet hatte. *«Und ihr werdet das Fleisch eurer Söhne essen, und das Fleisch eurer Töchter werdet ihr essen»* (Vers 29).

Nach der grossen Tragödie, die mit der Zerstörung des Tempels über das jüdische Volk hereinbrach, zerstreute Gott sie über die ganze Welt. Über Jahrhunderte hinweg lag das Land öde und waren die Städte verfallen. Eine Vielzahl fremder Mächte herrschte während der vergangenen zweitausend Jahre über das Land Israel.

«Und ich werde eure Städte zur Trümmerstätte machen und eure Heiligtümer öde machen, ... Und ich werde das Land öde machen, dass eure Feinde, die darin wohnen, sich darüber entsetzen sollen. Euch aber werde ich unter die Nationen zerstreuen, und ich werde das Schwert hinter euch herziehen. Euer Land wird eine Öde und eure Städte werden eine Trümmerstätte sein» (Verse 31–33).

In der Zerstreuung war das jüdische Volk nicht mehr in der Lage oder auch nicht mehr fähig, sich seinen Feinden entgegenzustellen und gegen sie zu kämpfen, wie dies im Lande Israel geschah. Meist waren sie schutzlos und hilflos ihren Unterdrückern ausgeliefert. Auch davon spricht dieses Kapitel.

«Und die Übriggebliebenen von euch – in ihr Herz werde ich Verzagtheit bringen in den Ländern ihrer Feinde: Und das Rauschen eines verwehten Blattes wird sie verfolgen, und sie werden fliehen, wie man vor dem Schwert flieht, und fallen, obwohl niemand sie verfolgt. Und sie werden einer über den andern hinstürzen wie vor dem Schwert, obwohl niemand sie verfolgt; und ihr werdet vor euren Feinden nicht standhalten können. Ihr werdet umkommen unter den Nationen, und das Land eurer Feinde wird euch fressen» (Verse 36–38).

Wir haben keine Antworten, keine Erklärungen für die schrecklichen Leiden und Tragödien, die während der vergangenen 2000 Jahre über das Volk kamen. Wir haben keine Worte des Trostes für diejenigen, die ihre Liebsten im Holocaust verloren. Wir können nur sagen, dass Gott trotz allem Sein Volk nicht verlassen hat. ER ist treu und steht zu Seinem Bund, wovon die Errichtung eines unabhängigen jüdischen Staates nur drei Jahre nach den Schrecken Zeugnis ablegt.

«Aber selbst auch dann, wenn sie in dem Land ihrer Feinde sind, werde ich sie nicht verwerfen und sie nicht verabscheuen, ein Ende mit ihnen zu machen, meinen Bund mit ihnen ungültig zu machen; denn ich bin der HERR, ihr Gott. Und ich werde für sie an meinen Bund mit den Vorfahren denken, die ich aus dem Land Ägypten vor den Augen der Nationen herausgeführt habe, um ihr Gott zu sein. Ich bin der HERR» (Verse 44–45).

Der HERR ist der Gott Israels, gestern, heute und wird es auch morgen sein. Wie genau ist doch Gottes Wort! Deshalb ist dies auch eine Botschaft an das heutige Israel. Sie sind auf der Suche nach Frieden, Sicherheit und Wohlstand seit der Gründung des Staates. Der HERR sagt ihnen: *«Dann werde ich euch die Regengüsse geben», «das Land wird seinen Ertrag geben», «ihr werdet euer Brot essen bis zur Sättigung», «und werdet sicher in eurem Land wohnen.» «Und ich werde Frieden im Land geben, dass ihr euch niederlegt und es niemand gibt, der euch aufschreckt»* (3. Mose 26, 4–6).

Gott hat verheissen, all ihre Wünsche zu erfüllen, doch er nannte eine Bedingung für das Volk Israel: *«Wenn ihr in meinen Ordnungen lebt und meine Gebote haltet und sie tut»* (26,3).

Möge dies unser Gebet sein, für Israels Wohlergehen und zu Gottes Ehre: *«Höre, Israel: Der HERR ist unser Gott, der HERR allein!»* (5. Mose 6,4).

Das Halljahr

In 3. Mose 25,1–7 gebietet Gott, in jedem siebten Jahr das Land nicht zu bewirtschaften, es soll ein «feierlicher Schabat für das Land sein». Was in diesem Jahr von selbst wächst, soll den Menschen als Speise dienen. So wie Mensch und Tier am siebten Tag ruhen sollen, soll auch das Land, das Gott gehört, (25,23) ein Jahr der Ruhe haben. Das Schabatjahr nahm seinen Anfang nicht mit Beginn des religiösen Kalenders im Frühjahr, sondern im siebten Monat (Sept. / Okt.). Am 10. Tag des siebten Monats sollte das Blasen des *Schofar,* des Widderhornes, dieses Jahr ankündigen (Vers 9).

Gott gebot in den folgenden Versen (8–24), dass nach sieben mal sieben Jahren, also im fünfzigsten Jahr, ein Halljahr ausgerufen werden soll. In diesem, auch als Jubel- oder Erlassjahr übersetzt, sollte aller Besitz wieder zum ursprünglichen Eingentümer zurückkehren. Es war ein heiliges Jahr der Freilassung, was auch für Sklaven galt. Jeder sollte in diesem Gnadenjahr wieder zu seiner Familie zurückkehren.

Auch sollte das Land nicht bewirtschaftet werden, nur was von selbst wächst, sollte als Speise dienen. Da bereits im Jahr davor (Schabatjahr) das Land nicht bebaut und abgeerntet wurde, verhiess Gott, dass er im sechsten Jahr so viel Ertrag schenken würde, dass dies für drei Jahre ausreichen würde (Vers 21).

Das Gebot über das Halljahr war in keiner Weise unbedeutend, weil es dabei «nur» um das Land ging. Mose erhielt die Verordnung von Gott im Rahmen aller anderen Gebote. Die Bedeutung der Zahl sieben wird hier nicht nur erneut deutlich, die Ausführungsbestimmungen zu diesem Gesetz weisen vor allem auf den eigentlichen Eigentümer aller Dinge hin, den Schöpfer dieser Welt. Es kommt zum Ausdruck, dass wir Menschen nur Verwalter der Dinge sind, die wir von Gott empfangen haben.

Wir sehen darin auch einen Hinweis auf das ewige Gnadenjahr, wenn wir, befreit von der Last der Arbeit, im Frieden und in der Freiheit Gottes ruhen dürfen.

Viele Gruppen, Organisationen und Parteien fordern heute den Schutz der Natur und soziale Gerechtigkeit. Das Wort Gottes lehnen sie ab, ja machen es teilweise gar für die Ungerechtigkeit in der Welt verantwortlich. Ihr Denken basiert auf einem humanistischen Gedankengut und verschiedentlich besteht die Gefahr, dass Naturschutz beinahe zu einer neuen Religion erkoren wird. Doch trotz aller Bemühungen und Forderungen nehmen die Umweltverschmutzung und soziale Ungerechtigkeit in der Welt zu.

Gottes Gebot über das Halljahr verdeutlicht nicht nur Seine Fürsorge für das Land, sondern ist auch ein Ausdruck Seiner sozialen Gerechtigkeit. Kauf und Verkauf von Land hatte sich nach der Zahl der seit dem letzten Halljahr verflossenen Jahre zu richten. Damit wurde nicht das Eigentum an dem Land verkauft, sondern der Besitz und das damit verbundene Recht, eine bestimmte Anzahl von Ernteerträgen zu erwerben. Übervorteilung, Unterdrückung und Entziehung von Hab und Gut wurden damit ausgeschlossen.

Der verstorbene Rabbiner Dr. J. H. Hertz schrieb zum Halljahr: *«Die Institution des Halljahres war eine phantastische Sache zum Schutz gegen Armut. Dadurch wurde die Ansammlung von Besitz in den Händen weniger, wurde Verarmung des Volkes, verhindert und unabhängiger Grundbesitz sichergestellt. Es war eine solch seltene und wirkungsvolle Einrichtung ethischer Werte in die Wirtschaft, dass viele sich fragen, ob diese wunderbare Anordnung jemals praktiziert wurde.»*

Das Halljahr war einst eine Realität im alten Israel, doch wurde es im Laufe der Zeit nicht mehr beachtet, was mit ein Grund dafür war, warum das Volk in die babylonische Gefangenschaft musste, damit das Land seine Ruhejahre ersetzt bekam (2. Chr. 36,21).

Für Israel geht es heute im Zusammenhang mit diesem Text weniger um die Frage, ob ein demokratischer Rechtsstaat diese

Rechtsbestimmungen anwenden kann und soll, sondern vielmehr darum, dass die darin vermittelten ethischen Gebote, der Schutz gegen Eigentumsentzug und gegen Übervorteilung im heutigen Wirtschaftsleben anerkannt und berücksichtigt werden, und dass jeder wieder zu seiner Familie zurückkehrt, in einer Zeit, wo Familien auseinanderbrechen und dies nachhaltig negative Auswirkungen für die Gesellschaft hat.

Vor allem aber geht es um die Anerkennung, dass das Land Israel Gottes Land ist und auch das heutige Volk Israel kein Recht hat, dieses Land auf Dauer zu verkaufen oder abzugeben.

Kapitel 4

4. Mose

Numeri

Be'Midbar – *«In der Wüste»*

4. Mose 1,1–4,20

Haftarah-Abschnitt: Hosea 2,1–22

Genesis, das erste Buch Mose, enthält die Beschreibung der Schöpfung, den Fall des Menschen, die Flut, die Zerstreuung von Babel und die Berufung Abrahams und seiner Nachkommen. Das zweite Buch Mose, Exodus, hat Befreiung zum Thema und beschreibt die Errettung aus der Knechtschaft. Das dritte Buch Mose, Leviticus, handelt von dem Dienst der Priester im Heiligtum und von der Heiligung der Priester und des ganzen Volkes.

Nun beginnt das vierte Buch Mose, das Buch Numeri. Es leitet seinen Namen von den beiden Zählungen für die wehrpflichtigen Männer ab, die darin aufgeführt sind. Der hebräische Name Be'Midbar («in der Wüste» oder «in der Wildnis») leitet sich von den ersten Worten des Buches ab.

«Und der HERR redete zu Mose in der Wüste Sinai im Zelt der Begegnung am ersten Tag des zweiten Monats, im zweiten Jahr nach ihrem Auszug aus dem Land Ägypten» (4. Mose 1,1).

Der grösste Teil des vierten Buches Mose ist dem Bericht über die Wüstenwanderung des Volkes Israel gewidmet und deckt einen Zeitraum von etwa 38,5 Jahren ab; Beginnend mit dem Abbruch des Lagers, nachdem das *Zelt der Begegnung* fertiggestellt war, und endend mit den Vorbereitungen für den Einzug in das verheissene Land. Es handelt sich daher in der Tat um ein «Wüstenbuch». Erlöst von Ägypten, ausgestattet mit der Erfahrung grosser Gotteswunder sowie des Empfanges der göttlichen Weisungen und Gebote, angeführt durch einen Mann, der eine persönliche Begegnung mit dem lebendigen Gott hatte, geleitet auf übernatürliche Weise durch eine Wolke und eine Feuersäule, besass das Volk Israel die idealen Voraussetzungen, die Schwierigkeiten ihrer Reise zu überwinden und im Triumph in das verheissene Land einzuziehen. Stattdessen jedoch scheiterten sie fortwährend. Nur zwei Männern aus dem ganzen Volk war es letztlich vergönnt, in das gelobte Land zu kommen.

Auch das vierte Buch Mose ist für Christen von grosser Bedeutung. Erlöst von Sünde und der Knechtschaft der Welt durch das Blut Jesu, gerechtfertigt durch Glauben, im Besitz der Gewissheit des ewigen Lebens und der Verheissung, dass Jesus eine Stätte im Haus des Vaters bereitet (Joh. 14,3), sind auch wir auf einer Reise durch die «Wildnis», den Weltendschungel. Wir stehen vielen Schwierigkeiten und Herausforderungen gegenüber und haben laufend Versuchungen und Angriffen des Feindes zu widerstehen. Gottes Gegenwart, die sich durch das Heiligtum in der Mitte des Volkes Israel manifestiert hatte, hielt es nicht davon ab, von den Geboten Gottes abzuweichen und den rechten Weg zu verlassen. Durch Seinen Geist ist der HERR auch in unserer Mitte. Doch wir scheitern und versagen vielleicht genauso wie die Israeliten während unserer Wanderung durch die Wüste dieser Welt.

Die Worte dieses biblischen Buches sind für uns lehrreich und auf die persönliche Situation anzuwenden. In Kapitel 1 dieses *Torah*-Abschnittes zählt Mose die Männer für den Militärdienst. *«Und es waren alle Gemusterten der Söhne Israel nach ihren Vaterhäusern von zwanzig Jahren an und darüber – jeder, der mit dem Heer auszog in Israel –, es waren all die Gemusterten 603 550»* (4. Mose 1,45–46).

In Kapitel 2 finden wir die Bestimmungen für die Lagerordnung der jeweiligen Stämme. Kapitel 3 und 4 beinhalten die Ordnungen der Leviten und ihre Aufgaben am *Zelt der Begegnung*, darunter ihre Verantwortung für den Transport und den Unterhalt des Heiligtums.

In 4. Mose 1,52–53 heisst es: *«Und die Söhne Israel sollen sich lagern – jeder an seinem Lagerplatz und jeder bei seinem Feldzeichen – nach ihren Heeresverbänden. Die Leviten aber sollen rings um die Wohnung des Zeugnisses herum lagern, damit nicht ein Zorn über die Gemeinde der Söhne Israel komme; und die Leviten sollen den Dienst an der Wohnung des Zeugnisses versehen.»*

Das Hauptthema dieses Wochenabschnittes ist ORDNUNG und die zentrale Botschaft in diesen Kapiteln lautet: «Das Volk Gottes hat die göttlichen Ordnungen zu beachten.» Tun sie das nicht, kommt der Zorn Gottes über sie und sie werden auf ihrer Reise scheitern und das Ziel nicht erreichen. Ordnung hat auch zu tun mit Unterordnung. Beides sind Ausdrücke, die in unserer Zeit unpopulär sind, dabei sind sie absolut notwendig, um das Ziel, um unsere Bestimmung, das himmlische Reich, zu erreichen. Wenn die Gemeinde Jesu die göttlichen Ordnungen, wie sie im Wort Gottes dargelegt sind, nicht befolgt, wenn sie sich den eingesetzten Leitern widersetzt, ihren eigenen Ideen, Wünschen und Erkenntnissen folgt, wird sie nicht in der Lage sein, die durch den Feind aufgeworfenen Hindernisse zu überwinden, den aufkommenden Nöten und Schwierigkeiten auf ihrer Reise durch diese Welt zu begegnen. Sie wird scheitern.

Eine Grundvoraussetzung für die Organisation des Lagers des Volkes Gottes war, dass jedem seine Abstammung bewusst war. Jedem war klar, zu welchem Stamm er gehörte. Auf die Gemeinde übertragen: Gott kann das Lager Seines Volkes nur ordnen, wenn das Volk aus Menschen besteht, die wiedergeboren sind durch den Geist Gottes, die eine «himmlische Herkunft aufweisen». Nur ein Lager, das sich aus solchen «Bewohnern» zusammensetzt, ist in der Lage und fähig, in den bevorstehenden Kämpfen zu bestehen.

Sind Sie sich dieses eindeutigen Erkennungszeichens bewusst, haben Sie Gewissheit darüber, Gott zu gehören? Kirchenmitgliedschaft oder regelmässiger Gottesdienstbesuch gewähren nicht automatisch die Aufnahme in «Gottes Lager». Sie brauchen die Gewissheit Ihrer «himmlischen Abstammung»; Gewissheit der neuen Geburt durch den Geist Gottes, durch Busse und Umkehr. *«Jesus antwortete: Wahrlich, wahrlich, ich sage dir: Wenn jemand nicht aus Wasser und Geist geboren wird, kann er nicht in das Reich Gottes hineingehen»* (Joh. 3,5).

In Kapitel 2 finden wir die Anordnung der Lagerplätze innerhalb des Volkes. Jeder Stamm lagerte unter seinem Zeichen, seinem Banner. Vers 2 heisst wörtlich übersetzt: *«Jeder soll sich bei seinem Panier, bei den Abzeichen seiner Familie lagern.»*

Was steht auf dem Panier geschrieben, das Sie tragen? Der Gemeindename, eine Organisation, persönliche Erfolge, eigene Wünsche und Ziele, eine bestimmte Theologie oder was auch immer? Es gibt nur ein Banner, das Kinder Gottes tragen müssen, um den Schwierigkeiten und Herausforderungen des Lebens begegnen zu können, das Banner, auf dem der Name JESUS steht. Alle anderen Banner sind untauglich, um gegen die Angriffe des Feindes bestehen zu können, um die Reise des Lebens siegreich zu beenden und in das «Land, in dem Milch und Honig fliesst», um in das Reich Gottes, einzuziehen. Je mehr wir diesem Banner anhaften, desto stärker und zuversichtlicher werden wir sein.

Die Leviten waren verantwortlich für den Transport und den Unterhalt des Heiligtums. Sie trugen Verantwortung für alle heiligen Geräte und hatten einen reibungslosen Ablauf des Dienstes am *Zelt der Begegnung* zu gewährleisten. Die Leviten dienten anstelle aller männlichen Erstgeborenen der Familien im Volk, die dem HERRN gehören sollten (3,12).

Das ganze Volk befand sich auf derselben Reise mit dem gleichen Ziel. Die Leviten jedoch waren vollzeitliche Diener. Sie dienten dem Volk und unterstützten den Hohenpriester in seinem Dienst. *«Und der HERR redete zu Mose und sprach: Lass den Stamm Levi herannahen und stelle ihn vor den Priester Aaron, dass sie ihm dienen! Und sie sollen den Dienst für ihn und den Dienst für die ganze Gemeinde versehen vor dem Zelt der Begegnung, um die Arbeit an der Wohnung zu verrichten»* (4. Mose 3,5–7).

Ihr Dienst ist ein Vorbild für diejenigen, die Gott im Rahmen der unterschiedlichsten Aufgaben in einer Kirche oder Gemeinde dienen. Ihr Zweck ist es, unter den Gläubigen in Christus zu wirken. Es gibt eine Vielzahl von Aufgaben in einer Gemeinde oder einem Glaubenswerk, so wie es auch eine Vielzahl von Aufgaben am *Zelt der Begegnung* gab. Die Darbringung der täglichen Opfer, die Pflege der heiligen Geräte, die Verantwortung, das Brennen des Leuchters sicherzustellen, die Handhabung des Salböls und die Darbringung der Rauchopfer waren die nach aussen sichtbarsten und in den Augen des Volkes bedeutendsten Aufgaben der Priester. Doch der Gottesdienst am *Zelt der Begegnung* konnte nicht durchgeführt werden, wenn das Heiligtum nach dem Transport nicht in der vorgeschriebenen Weise aufgebaut wurde. Er konnte nicht durchgeführt werden, wenn die notwendigen Unterhaltsarbeiten vernachlässigt wurden.

In den Augen der Menschen mag es eine andere Wertigkeit über die Aufgaben am Heiligtum gegeben haben als in den Augen Gottes. Was Menschen am unbedeutendsten erscheint, beispielsweise die Verantwortung für Bretter, Riegel, Säulen und Gestelle, für die Decken, Seile, Pflöcke und Stangen, nimmt im Text den gleichen Raum ein wie die Fürsorge für die heiligen Geräte. Es hat in den Augen Gottes den gleichen Stellenwert und soll ihn deshalb auch für uns haben.

Im übertragenen Sinn bedeutet dies, dass die Instandhaltung eines Versammlungshauses, das Gestalten der Räume, das Giessen der Blumen, Reinigung, Kochen und andere praktische Arbeiten in den Augen Gottes den gleichen Stellenwert besitzen und von gleicher Bedeutung sind wie Predigen, Lehren, Evangelisieren oder Seelsorge. Entscheidend ist die Erkenntnis, dass der Gottesdienst am Heiligtum nur gewährleistet war, wenn jeder die ihm zugeteilte Aufgabe treu erfüllte.

Leviten

Die Leviten sind die Nachkommen Levis, des dritten Sohnes von Jakob und Leah. Sie waren der kleinste Stamm Israels während der Wüstenwanderung (4. Mose 3,39 und 26,62) und gliederten sich in drei Gruppen, nach den drei Söhnen Levis: Gerschon, Kehat und Merari (2. Mose 6,16). Mose und Aaron waren auch Leviten, aus der Sippe Kehat. Gott setzte Aaron und seine Nachkommen zum Priesterdienst ein (2. Mose 28,1), der ausschliesslich auf sie beschränkt war. Die übrigen Leviten dienten als Gehilfen für den Dienst am Heiligtum (4. Mose 1,48–53). Die Priester waren ihnen jedoch übergeordnet und hatten die Aufsicht über das Heiligtum. Zum Transport durfte das Allerheiligste von den Leviten erst betreten werden, nachdem die Priester die Bundeslade abgedeckt hatten (4. Mose 4,5 und 18–19).

Da die Leviten vollzeitliche Diener am Heiligtum Gottes waren, wurden sie vom Volk unterhalten. Jeder Israelit musste den Zehnten geben für die Leviten (4. Mose 18,21). Bei der Verteilung des Landes wurde den Leviten kein eigenes Gebiet zugeteilt, denn der HERR ist ihr Anteil und Erbe inmitten der Söhne Israels (4. Mose 18,20). Noch bevor das Volk in das Land einzog, erhielten die Leviten allerdings 48 Städte, in denen sie wohnen sollten (4. Mose 35,1–8 und Josua 21).

Leviten gehörten auch zu denen, die David zum König machten (1. Chr. 12,27). Unter König David wurden ihre Aufgaben ausgeweitet. Fortan dienten sie auch als Torhüter und Sänger am Heiligtum, halfen bei der Vorbereitung der Opfer (1. Chr. 23,24–32), verwalteten die Tempelschätze (1. Chr. 9,26), nahmen öffentliche Aufgaben in Verwaltung und Rechtsprechung wahr (1. Chr. 26,29) und halfen bei der Renovierung des Tempels. Sie waren dem Königshaus gegenüber loyal bis zur Zerstörung des Tempels (2. Chr. 23,2–9).

Nach der Reichsteilung zogen die Leviten vom Nordreich Israel in das Südreich Juda, da sie unter Jerobeam ihren Dienst nicht mehr versehen konnten (2. Chr. 11,13–14). Nach der Rückkehr aus dem babylonischen Exil dienten sie auch als Verkündiger und Lehrer des Wortes Gottes (Nehemia 8,7–9).

Sie wurden dadurch, insbesondere zur Richterzeit, zu Wanderern, die über das ganze Land verteilt lebten und auf die Unterstützung des Volkes angewiesen waren.

Naso – «*Nimm die Summe*»

4. Mose 4,21–7,89

Haftarah-Abschnitt: Richter 13,2–25

Das zentrale Thema des ersten *Torah*-Abschnittes im vierten Buch Mose war ORDNUNG. Dieser zweite Abschnitt führt das Thema fort, indem Mose eine Zählung unter den Sippen der Gerschoniter und Merariter aus dem Stamm Levi vornimmt.

In Kapitel 4 lesen wir über ihren Dienst am *Zelt der Begegnung*. Mose zählte diejenigen unter den beiden Sippen, die für den Dienst am Heiligtum in Frage kamen, und niemandem eines anderen Stammes war es erlaubt, diesen Dienst auszuüben.

So lautete das Gebot Gottes, dies war Sein Wille. *«Von dreissig Jahren an und darüber bis zu fünfzig Jahren sollst du sie mustern, alle, die in den Dienst treten, um die Arbeit am Zelt der Begegnung zu verrichten»* (4,23).

Vielleicht hätten Männer aus anderen Stämmen auch gerne am Heiligtum mitgearbeitet, hatten auch Ideen und Vorstellungen, wie der Dienst am besten zu verrichten war. Doch es war ihnen nicht gestattet. Nur die Leviten waren für diesen Dienst bestimmt. Womöglich würde man heute eine solche Restriktion als intolerant oder diskriminierend ansehen. Doch dies war Gottes Wille. Der HERR ist ein Gott der Ordnung und Sein Volk kann nur Segen empfangen, wenn es sich diesen Ordnungen unterstellt.

Gleiches gilt für die Gemeinde heute. Nur diejenigen, die zum königlichen Priestertum zu zählen sind (1. Petrus 2,9) und Gottes Kinder heissen, sind dazu bestimmt, IHM zu dienen. Der Gottesdienst hat nach Gottes Wort zu erfolgen, der einzig massgeblichen Autorität und Ordnung, und nicht nach menschlichen Vorstellungen und Wünschen.

Der Zweck und das Ziel des Dienstes vor dem Thron Gottes ist, immer *Seine* Ehre zu suchen und nicht die Ehre und Anerkennung von Menschen. Wäre die Kirche diesen strikten Anweisungen in ihrer Geschichte nachgekommen oder würde es in unserer Zeit tun und nicht menschlichen Weisungen und Ansichten folgen, wäre ihr Zeugnis für die Welt weitaus wirkungsvoller.

Das Ergebnis der Unterordnung unter die göttliche Ordnung ist der Segen Gottes. Dem HERRN zu dienen bedeutet nicht, einen Platz zur Selbstverwirklichung gefunden zu haben, sondern bedeutet die Wahrnehmung der Aufgabe, die Gott Ihnen zugedacht hat, bedeutet die Last auf sich zu nehmen und Ihm nachzufolgen. *«... jeden Einzelnen zu seiner Arbeit und zu seiner Traglast ...»* (4,49). Jesus sagt in Matthäus 10,38–39: *«Und wer nicht sein Kreuz aufnimmt und mir nachfolgt, ist meiner nicht würdig. Wer sein Leben findet, wird es verlieren, und wer sein Leben verliert um meinetwillen, wird es finden.»*

Die nachfolgenden Kapitel führen das Thema der Ordnung innerhalb des Volkes Gottes noch weiter aus. In Kapitel 5 gibt Gott Weisung über die Reinheit und Unreinheit innerhalb des Lagers. Unreinheit und Sünde haben keinen Platz im Lager des Volkes Gottes.

Sünde ist im Leben eines jeden Menschen, aber ihr Platz ist ausserhalb des Lagers, was bedeutet, wenn die Person sich nicht reinigt, sprich keine Vergebung erfährt, verunreinigt sie das ganze Lager. Selbst individuelle Sünden innerhalb des Volkes Gottes können Auswirkungen auf die ganze Gemeinde haben.

Wir bedürfen der täglichen Vergebung und Reinigung durch das Blut Jesu. Wenn Kinder Gottes untereinander schuldig werden, sollen sie das Vergehen bekennen und einander vergeben (5,5–7). In vielen Gemeinden bringt man heutzutage nicht mehr den Mut auf, Gemeindeglieder, die in fortwährender Sünde leben, ohne die Bereitschaft, sich zu ändern, zu disziplinieren. Doch Gottes Wort ist eindeutig: *«Sowohl Mann als auch Frau sollt ihr hinausschicken, vor das Lager sollt ihr sie hinausschicken, damit sie nicht ihr Lager unrein machen, in deren Mitte ich wohne»* (5,3).

Gott will, dass wir einen heiligen Lebenswandel führen, dann werden wir auch Seine Gegenwart erfahren. Deshalb ist Heiligung das zweite Thema in diesem Wochenabschnitt. Am Ende dieser

Verse von Kapitel 5 sehen wir, dass es unmöglich ist, eine Sünde zu verbergen. Gott offenbart alles.

Kapitel 6 spricht über die «Gottgeweihten», die *Nasiräer* (= Abgesonderter), jemand, der völlig abgesondert ist für den HERRN. Das Gelübde eines *Nasiräers* wurde aus persönlichen Beweggründen und aus eigenem Antrieb sowohl von Männern als auch von Frauen geleistet. Das Nasiräergelübde bestand aus folgenden drei Punkten, die dieses auch nach aussen zum Ausdruck brachten:

1. Entsagung von berauschenden Getränken als ein Symbol des Genusses und der Freude. Traubensaft und getrocknete Trauben wurden ebenfalls verboten, was auf den Verzicht des Genusses von Speisen hinweist. Traubenkuchen galten ausserdem als Speise für Götzen (Hosea 3,1).
2. Während der Zeit des Gelübdes soll das Haar nicht geschoren werden. Dadurch heiligt die Person ihr Haupt und weiht es ganz dem HERRN. Der freie Haarwuchs war das Symbol der Kraft und Lebensfülle, die der *Nasiräer* nun ganz dem HERRN zur Verfügung stellte.
3. Während der Zeit seines Gelübdes sollte der *Nasiräer* sich keinem Toten nähern, nicht einmal, wenn es seine engsten Familienangehörigen waren.

Nach Ablauf des Gelübdes sollte der *Nasiräer* im Heiligtum Opfer darbringen.

Der *Nasiräer* führte einen geheiligten Lebenswandel, ähnlich dem der Priester. Nur tat er dies aus freiem Entschluss und hatte kein Amt inne, bzw. übte keine Funktion aus. Der Prophet Amos (2,11) sieht das Auftreten von *Nasiräern* als Gnadenerweis Gottes an. Die Mindestdauer der Absonderung betrug dreissig Tage. In Ausnahmefällen kam es auch vor, dass das ganze Leben einer Person Gott geweiht war. Hannah beispielsweise weihte ihren späteren Sohn Samuel dem HERRN, noch bevor dieser geboren wurde (1. Sam. 1,11). Der Mutter von Simson erschien vor dessen Geburt ein Engel des HERRN, um ihr anzukündigen, dass sie schwanger werden und einen Sohn gebären würde, der ein *Nasiräer* sein sollte (Ri. 13,5 u.

16,17). Im Neuen Testament begegnen uns in Apg. 21,23–26 *Nasiräer,* mit denen Paulus in den Tempel ging. Vermutlich handelte es sich gar um Nachfolger Jesu, die zur Urgemeinde gehörten (Vers 23). Möglicherweise hat Paulus in Apg. 18,18 selbst ein Nasiräergelübde abgelegt.

Der *Nasiräer* wird in vollkommener Weise in Jesus dargestellt, der in Heiligkeit allem entsagend lebte und völlig abgesondert war für den Vater im Himmel. *«Denn ich bin vom Himmel herabgekommen, nicht dass ich meinen Willen tue, sondern den Willen dessen, der mich gesandt hat»* (Joh. 6,38).

«Denn ein solcher Hoherpriester geziemte sich auch für uns: heilig, sündlos, unbefleckt, abgesondert von den Sündern und höher als die Himmel geworden» (Hebr. 7,26).

Im abschliessenden Kapitel 7 bringen die Stammesfürsten ihre Gaben dar, nachdem das *Zelt der Begegnung* vollendet wurde. Obwohl die Opfergaben der jeweiligen Stammesfürsten identisch sind, ist jede Darbringung in insgesamt 89 Versen dieses Kapitels separat aufgeführt. Darin wird die Liebe, Beachtung und Fürsorge Gottes für jeden Einzelnen sichtbar. Es erinnert auch an die Gabe der armen Witwe in Markus 12,41–44, die nur einen Pfennig in den Opferkasten legte. Aber es war alles, was sie hatte, und Jesus sagt über sie, dass sie mehr in den Schatzkasten legte als all die anderen, die von ihrem Überfluss gaben. Wenn wir gehorsam sind, wie die arme Witwe es war, werden wir den Segen Gottes empfangen. Gott wird sich uns offenbaren, wie Er es gegenüber Mose tat, nachdem die Stammesfürsten ihre Gaben zur Einweihung des Heiligtums dargebracht hatten.

«Und wenn Mose in das Zelt der Begegnung hineinging, um mit ihm zu reden, dann hörte er die Stimme zu ihm reden von der Deckplatte herab, die auf der Lade des Zeugnisses war, zwischen den beiden Cherubim hervor, und er redete zu ihm» (4. Mose 7,89).

Erneut sehen wir die göttliche Ordnung in dieser Zeremonie. Jeder Stamm brachte die gleiche Opfergabe. Keiner wollte den anderen überbieten. Es herrschte ein Geist der Einheit und Harmonie unter ihnen.

Priestersegen

«Und der HERR redete zu Mose und sprach: Rede zu Aaron und zu seinen Söhnen und sprich: So sollt ihr die Söhne Israel segnen! Sprecht zu ihnen: Der HERR segne dich und behüte dich! Der HERR lasse sein Angesicht über dir leuchten und sei dir gnädig! Der HERR erhebe sein Angesicht auf dich und gebe dir Frieden! Und so sollen sie meinen Namen auf die Söhne Israel legen, und ich werde sie segnen» (4. Mose 6,22–27).

Der Priestersegen oder Aaronitische Segen (hebr. *Birchat Kohanim)* stellt nicht nur die bekanntesten Verse dieses Wochenabschnittes dar, sondern womöglich der gesamten *Torah*. In sicherlich den meisten Kirchen und Gemeinden werden diese Worte nach jedem Gottesdienst gesprochen.

Der verstorbene Rabbiner Dr. J.H. Hertz beschrieb sie einst als die Krone und das Siegel der gesamten heiligen Ordnung, die Israel nun von Gott erhalten hatte, um für die Reise in das verheissene Land gerüstet zu sein. *«Sie kulminieren in der Bitte um Schalom, um Frieden, dem Wohlergehen, in dem alles materielle und geistliche Wohlbefinden eingeschlossen ist. Der Priestersegen war eine der beeindruckendsten Merkmale des Tempeldienstes»,* schrieb Hertz.

Täglich, nach der Darbringung des Morgen- und Abendopfers, sprach der Priester mit erhobenen Händen diesen Segen. Zur Zeit des Tempels sprachen sie dabei den dreifach im Segen genannten Namen Gottes (JHWH) aus. Nach Ende der Tempelzeit wurde dieser in den Synagogen jedoch durch den Namen *Adonai* (HERR) ersetzt.

Der priesterliche Segen ist zugleich das Ziel und das Ergebnis, die Folge der göttlichen Ordnung. Wenn die Israeliten zum *Zelt der Begegnung* kamen und das Angesicht des HERRN suchten, wurde Sein Name auf sie gelegt. Sie empfingen den göttlichen Frieden und der HERR segnete sie. Eine persönliche Beziehung zwischen Gott und Seinem Volk kommt darin zum

Ausdruck. Sein Name ist ein Ausdruck der Ewigkeit, das Leuchten Seines Angesichtes ein Bild des ewigen Urlichtes und das Strahlen Seiner Gnade. Sein Friede, die Bedeutung des Wortes *Schalom,* meint «Ganzheit», «Vollkommenheit», «Einheit», «Heil» und die «Fülle Seines Wesens».

Erinnern wir uns der tiefen Bedeutung dieser Worte, wenn wir sie das nächste Mal zum Abschluss eines Gottesdienstes hören. Sie konnten nur durch einen Priester ausgesprochen werden. Es ist unser Hohepriester Jesus Christus, *Jeschua Ha Maschiach,* in dessen Namen wir Frieden und ewiges Leben haben. Wer Sein Angesicht sucht und Seinen Namen anruft, wird den göttlichen Frieden und den Segen des Allerhöchsten empfangen.

«Und es ist in keinem anderen das Heil; denn auch kein anderer Name unter dem Himmel ist den Menschen gegeben, in dem wir gerettet werden müssen» (Apg. 4,12).

Be'Ha'Alotecha –
«Wenn du aufsetzt» (die Lampen)

4. Mose 8,1–12,16

Haftarah-Abschnitt: Sacharja 2,14–4,7

Auch dieser *Torah*-Abschnitt fährt zunächst fort mit dem Thema der Ordnungen Gottes für Sein Volk und Sein Heiligtum. Der Text beginnt mit dem Aufsetzen der Lampen auf den siebenarmigen Leuchter und der Reinigung der Leviten. In Kapitel 9 werden Anweisungen gegeben, wie das Passahfest zu halten ist.

Nun waren alle Vorbereitungen für die Reise in das verheissene Land abgeschlossen. Es folgen noch Anordnungen über die Führung des Volkes während der Wüstenwanderung, bevor am Ende von Kapitel 10 der eigentliche Aufbruch beginnt. Kapitel 11 berichtet über das Murren der Israeliten und ihre Sehnsucht nach den Fleischtöpfen Ägyptens sowie Gottes Reaktion darauf. Der letzte Teil dieses Wochenabschnittes handelt von Aarons und Mirjams Kritik und Auflehnung an, bzw. gegen Mose, mit der Folge, dass Mirjam aussätzig wird.

Basierend auf diesem Text, will ich unsere Aufmerksamkeit auf drei Bereiche lenken: Gottes Führung, ein wenig beachteter Aspekt Seines Charakters und das Schicksal Seiner Diener.

In unserem Wandel als Gläubige sehen wir uns der Frage gegenübergestellt, was will Gott von mir, was soll ich tun, welchen Weg soll ich gehen? Natürlich wollen wir Ihm nachfolgen und dienen, aber ich weiss nicht genau, wie ich mich in dieser oder jener Situation entscheiden soll. Was ist Gottes Wille für mich in dieser oder jener Frage?

Wie erkannten die Israeliten Gottes Willen? Sie hatten Sein Wort und Seine Weisungen, wie wir dies auch haben. Doch wie erkannten sie den Weg, den sie in der Wüste einschlagen mussten?

Wie erfuhren sie den Willen Gottes in der Frage, wie lange sie an einem Ort verweilen sollten und wann sie wieder aufzubrechen hatten?

«Und an dem Tag, als die Wohnung aufgestellt wurde, bedeckte die Wolke die Wohnung des Zeltes des Zeugnisses; und am Abend war sie über der Wohnung wie das Aussehen eines Feuers bis zum Morgen. So war es ständig: die Wolke bedeckte sie, und des Nachts war es wie das Aussehen eines Feuers. Und sooft die Wolke sich von dem Zelt erhob, brachen danach die Söhne Israel auf; und an dem Ort, wo die Wolke sich niederliess, dort lagerten die Söhne Israel. Nach dem Befehl des HERRN brachen die Söhne Israel auf, und nach dem Befehl des HERRN lagerten sie; alle Tage, während die Wolke auf der Wohnung ruhte, lagerten sie. Und wenn die Wolke viele Tage auf der Wohnung stehen blieb, verrichteten die Söhne Israel den Dienst des HERRN und brachen nicht auf. Und es kam vor, dass die Wolke nur wenige Tage auf der Wohnung war – nach dem Befehl des HERRN lagerten sie sich, und nach dem Befehl des HERRN brachen sie auch auf. Und es kam vor, dass die Wolke nur vom Abend bis zum nächsten Morgen da war und die Wolke sich am Morgen erhob, dann brachen sie auf. Oder einen Tag und eine Nacht – erhob sich die Wolke, so brachen sie auf. Oder dauerte es zwei Tage oder einen Monat oder eine längere Zeit – wenn die Wolke auf der Wohnung verweilte, indem sie darauf ruhte, dann lagerten die Söhne Israel und brachen nicht auf, und wenn sie sich dann erhob, brachen sie auf. Nach dem Befehl des HERRN lagerten sie, und nach dem Befehl des HERRN brachen sie auf, sie verrichteten den Dienst des HERRN nach dem Befehl des HERRN durch Mose» (4. Mose 9,15–23).

Während Israels Wüstenwanderung zu dem von Gott verheissenen Land ging es nicht um die Frage, welche Route sie für die geeignetste hielten, nicht darum, welchen Platz zum Campieren sie auswählen würden und auch nicht um die Frage, wie lange sie es für notwendig erachteten, an dem jeweiligen Ort zu verbleiben und wann weiterzuziehen. Sie mussten stehen bleiben, lagern und weiterziehen gemäss dem Befehl des HERRN, ausgedrückt durch die Wolke über dem *Zelt der Begegnung*.

Selbst wenn dem Volk eine Lagerstätte gut gefiel, wenn es bequem war und sie dachten, hier könnten wir längere Zeit verweilen, mussten sie auf den Befehl Gottes hin unverzüglich weiterziehen. Oder wenn sie einen Lagerplatz als völlig ungeeignet ansahen und am liebsten sofort weitergezogen wären, konnte es sein, dass sie für längere Zeit dort zu lagern hatten. Hätten sie den Befehl des HERRN nicht befolgt, wären sie nicht mehr unter der Führung Gottes und in grosser Gefahr gewesen.

Wenn Sie den Platz, an dem Sie sich befinden, als dauerhaft oder nur vorübergehend ansehen, sieht Gott dies vielleicht ganz anders. Um zum Ziel zu gelangen, um Seinen Segen zu empfangen, müssen Sie Seinem Wort folgen. Sie mögen sagen, es war einfach für die Israeliten, dem Befehl Gottes zu folgen, denn die Wolke stellte ein sichtbares Zeichen dar.

Zunächst einmal ist festzuhalten, dass die Wolke erst auf das *Zelt der Begegnung* herniederkam, nachdem die Arbeiten am Heiligtum gemäss den Anweisungen Gottes vollendet waren (2. Mose 40,33–35). Das heisst, nur wenn ich Gottes Willen tue, Ihm gehorsam bin, wird auch «die Wolke herniederkommen», sprich, ich Seine Gegenwart erfahren.

Das Volk Israel bemerkte nur, dass die Wolke sich erhob, wenn sie ihren Blick auch auf das Heiligtum gerichtet hatten. Wenn sie Tag und Nacht nur mit sich selbst und ihren Arbeiten beschäftigt waren, bemerkten sie nicht, wenn die Wolke sich vom Heiligtum erhob. Die Wolke, die das *Zelt der Begegnung* bedeckte, war die Manifestation von Gottes Gegenwart, der *Schechinah,* in der Mitte des Volkes.

Menschen, die Jesus Christus nachfolgen, Gottes Neuem Bund angehören, werden als Tempel Gottes (1. Kor. 3,16; 6,19) bezeichnet, in dem der Heilige Geist wohnt, in dem Gott selber gegenwärtig ist (Eph. 2,19–22). Wenn Sie mit dem Geist Gottes erfüllt sind und Seinem Wort vertrauen, dann werden Sie auch Seinen Willen erfahren und erkennen, «wann Sie weiterziehen sollen» und «wo Sie lagern sollen».

Sie müssen Ihren Blick aber auf Ihn richten, Ihr Herz und Ihre Seele auf Ihn ausrichten, um die *Schechinah,* um Seine Gegenwart, die in Ihnen ist, zu erkennen. Die ausführliche Berichterstattung in den oben aufgeführten Versen ist ein Ausdruck der Fürsorge Gottes für Sein Volk während dessen Wanderung.

Obgleich Gott selber bestimmte, wann das Volk aufzubrechen und wann es zu lagern hatte, waren doch noch Signale erforderlich, um einen reibungslosen Ablauf zu gewährleisten. Dazu diente das Blasen der in Kapitel 10, Verse 1–10 erwähnten silbernen Trompeten. Durch diese liess Mose das Volk um das Heiligtum versammeln und die Führer der verschiedenen Abteilungen zusammenrufen, um ihnen Anweisungen für den Marsch zu geben und den eigentlichen Aufbruch zu signalisieren.

Der zweite Aspekt in diesem Wochenabschnitt, den ich erwähnen möchte, ist der Zorn Gottes. Liebe, Barmherzigkeit, Gnade und Erbarmen sind gewöhnlich die Attribute, die wir Gott zuordnen. In den Versen 1–2 von Kapitel 11 ist aber auch vom Zorn Gottes die Rede, wie auch in anderen Stellen der Heiligen Schrift. Dabei ist nicht gemeint, dass Gott ärgerlich über oder unzufrieden mit Seinem Volk war. Nein, es heisst, dass Sein Zorn erglühte (in Vers 10 heisst es, dass des HERRN Zorn heftig entbrannte) und daraufhin ein Feuer im Lager ausbrach. Blankes Entsetzen befiel die Menschen und sie schrieen zu Mose um Hilfe. Ursache für den Zorn Gottes waren die Klagen des Volkes, ihr Murren, ihre Unzufriedenheit und Undankbarkeit. Sie sehnten sich zurück nach der Knechtschaft in Ägypten, wo sie zumindest Nahrung hatten. Daran wird deutlich, dass Zorn auch ein Teil des Charakters Gottes ist, wenn Sein Volk Sein Wort, Seine Verheissungen und Seine Treue verachtet.

Dies führt zum dritten Aspekt dieses Wochenabschnittes, dem Schicksal der Diener Gottes. Mose war derart verzweifelt, dass er begann, Gott anzuklagen: *«Und wenn du so mit mir tust, dann bringe mich doch um, wenn ich in deinen Augen Gunst gefunden habe, damit ich mein Unglück nicht mehr ansehen muss»* (11,15).

Mose, der Diener des HERRN, der Gottes Herrlichkeit sah, der gehorsam war und als der demütigste Mensch auf Erden beschrieben wird (12,3), wusste nicht mehr ein noch aus, war verzweifelt und niedergeschlagen. Von Hoffnungslosigkeit geprägt sah er keinen Ausweg mehr. Er brach zusammen und sah sich nicht mehr in der Lage, seiner Aufgabe gerecht zu werden. Mose war enttäuscht von Gott.

Doch der HERR hatte Mose nicht verlassen. Er hörte sein Schreien und wusste um seine Verzweiflung. Als Mose am tiefsten Punkt angelangt war, sandte Gott Hilfe. Mose sollte siebzig Älteste versammeln, auf die Gott Seinen Geist legte, damit sie mit Mose gemeinsam an der Last des Volkes trugen. Doch Gott sandte nicht nur Hilfe für Mose, Er erfüllte auch den Wunsch des Volkes nach Fleisch (11,16–25).

Gott bringt Seine Diener oft an einen Punkt, an dem alles ausweglos und hoffnunglos erscheint und sie nicht mehr weiter können. Doch der HERR weiss um Ihre Situation. Er hat Ihr Rufen vernommen und will Ihnen helfen, doch auf Seine Art und in Seiner Zeit, so wie Er es mit Mose tat. *«Und der HERR sprach zu Mose: Ist die Hand des HERRN zu kurz? Jetzt sollst du sehen, ob mein Wort für dich eintrifft oder nicht»* (4. Mose 11,23).

Manna

«Das Manna aber war wie Koriandersamen und sein Aussehen wie das Aussehen des Edelharzes. Das Volk lief umher, und sie sammelten es und mahlten es mit Handmühlen oder zerstiessen es in Mörsern; und sie kochten es in Töpfen, auch machten sie Brotfladen daraus; und sein Geschmack war wie der Geschmack von Ölkuchen. Und wenn nachts der Tau auf das Lager herabfiel, dann fiel auch das Manna darauf herab» (4. Mose 11,7–9).

Manna (hebr. *Man*) war das Hauptnahrungsmittel der Israeliten während ihrer 40-jährigen Wüstenwanderung. Unmittelbar nach dem Auszug aus Ägypten beklagte sich das Volk über fehlende Nahrung, woraufhin Gott ihnen versprach, «Brot vom Himmel regnen zu lassen» und sie mit dem Manna versorgte (2. Mose 16).

Es war fein und körnig, weiss wie Koriandersamen und sein Geschmack war wie Honigkuchen (2. Mose 16,14; 31). Gott hatte es für jeden Tag versprochen und die Israeliten fanden es jeden Morgen auf dem Boden vor. Sie sollten sich nur den Bedarf für einen Tag einsammeln. Wer sicher gehen wollte, dass er auch am nächsten Tag Speise hatte und deshalb lieber eine Ration für zwei Tage einsammelte, musste feststellen, dass sich das *Man* nicht aufbewahren liess, sondern bis zum nächsten Tag verschimmelt war. Nur am sechsten Tag sollte die doppelte Menge gesammelt werden, die nicht verdarb, da sie für den *Schabat* bestimmt war, an dem nichts eingesammelt werden sollte. Die Erfahrung mit dem *Man* war Vertrauen in Gottes Fürsorge.

Zweifel daran und Vertrauen in die eigene Fürsorge, sprich das zusätzliche Sammeln einer Ration für den nächsten Tag, endete in der Feststellung, dass das Vertrauen in die eigenen Fähigkeiten zum Scheitern verurteilt war und die Versorgung mit Nahrung in diesem Fall nicht gewährleistet war. Die Versorgung mit dem *Man* hörte erst auf, als die Israeliten erstmals vom Ertrag des Landes Kanaan assen (Jos. 5,12).

Über die Beschaffenheit des *Man* wurden mancherlei Vermutungen angestellt. Angefangen von Insektensekret bis zum Saft des Tamariskenbaumes, dessen honigartige Ausscheidungen sich verfestigen, zunächst weiss sind und später eine gelbliche Farbe annehmen und die noch heute von Beduinen gekocht und als «Manna des Himmels» bezeichnet werden, gab es viele Erklärungsversuche. Doch um eine solch grosse Volksmenge wie die Israeliten während ihrer Wüstenwanderung zu versorgen, bedurfte es gewiss mehr als Insektensekret und den Harz von Bäumen.

Es gibt keine zufrieden stellende menschliche Erklärung dafür. Es war schlicht ein Wunder Gottes, das von dem HERRN auch als eine geistliche Lektion gebraucht wurde. Mose sagte über das *Man: «... Dies ist das Brot, das euch der HERR zur Nahrung gegeben hat»* (2. Mose 16,15b). Dieses

«Brot des Himmels» hat jedoch eine weiterführende geistliche Bedeutung. Es weist auf das wahre Brot des Lebens hin, das ebenfalls vom Himmel kam, den Messias.

«Da sprachen sie (die jüdische Volksmenge) *zu ihm* (Jesus): *Was tust du nun für ein Zeichen, damit wir sehen und dir glauben? Was wirkst du? Unsere Väter assen das Manna in der Wüste, wie geschrieben steht: 'Brot aus dem Himmel gab er ihnen zu essen.' Da sprach Jesus zu ihnen: Wahrlich, wahrlich, ich sage euch: Nicht Mose hat euch das Brot aus dem Himmel gegeben, sondern mein Vater gibt euch das wahrhaftige Brot aus dem Himmel. Denn das Brot Gottes ist der, welcher aus dem Himmel herabkommt und der Welt das Leben gibt. Da sprachen sie zu ihm: Herr, gib uns allezeit dieses Brot! Jesus sprach zu ihnen: Ich bin das Brot des Lebens: Wer zu mir kommt, wird nicht hungern, und wer an mich glaubt, wird nie mehr dürsten»* (Johannes 6,30–35).

Schelach Lecha – *«Sende dir aus»*

4. Mose 13,1–15,41

Haftarah-Abschnitt: **Josua 2,1–24**

Dieser *Torah*-Abschnitt handelt von den zwölf Kundschaftern, die Mose auf das Wort des HERRN hin aussandte, um das Land Kanaan zu erkunden. Es geht um ihren Bericht und die sich daraus ergebenden Folgen.

Bereits zu Beginn sehen wir wiederum einen wunderbaren Aspekt des Wesens Gottes. Der vorangegangene *Torah*-Abschnitt endete mit dem Murren des Volkes Israel. Sie klagten und jammerten; selbst Moses Familienangehörige, sein Bruder und seine Schwester, stellten sich gegen ihn und klagten ihn an. Mose war demoralisiert.

Dieser Abschnitt schliesst sich jedoch mit einer Erneuerung der Landverheissung unmittelbar an. *«Sende dir Männer aus, dass sie das Land Kanaan auskundschaften, das ich den Söhnen Israel gebe!* (13,2a). Auch wenn Kinder Gottes versagen und Gottes Zorn hervorrufen, ist Er dennoch treu gegenüber Seinem Wort und Seinen Verheissungen.

In diesem *Torah*-Abschnitt gelangen wir zu einem Wendepunkt auf der Reise des Volkes Israel in das verheissene Land. Nach der Befreiung aus Ägypten, der Durchquerung des Roten Meeres, dem Empfang von Gottes *Torah* und dem Bau des Heiligtums erreichen die Israeliten Kadesch-Barnea, an der Grenze zum Land Kanaan (an der heutigen Grenze zwischen Israel und Ägypten). Mose sandte zwölf Männer aus, um das Land auszukundschaften, und nach vierzig Tagen kehrten sie zurück. Sie hatten tatsächlich ein Land vorgefunden, das so fruchtbar war, dass es «von Milch und Honig überfliesst», wie der HERR es verheissen hatte (13,27).

Dennoch gaben zehn Kundschafter einen negativen Bericht, indem sie sagten: *«Wir können nicht gegen das Volk hinaufziehen, denn es ist stärker als wir»* (13,31). Die Israeliten waren entmutigt und begannen erneut zu klagen und zu jammern. *«Da erhob die ganze Gemeinde ihre Stimme und schrie, und das Volk weinte in jener Nacht. Und alle Söhne Israel murrten gegen Mose und gegen Aaron, und die ganze Gemeinde sagte zu ihnen: Wären wir doch im Land Ägypten gestorben, oder wären wir doch in dieser Wüste gestorben! Wozu bringt uns der HERR in dieses Land? Damit wir durchs Schwert fallen und unsere Frauen und unsere kleinen Kinder zur Beute werden? Wäre es nicht besser für uns, nach Ägypten zurückzukehren? Und sie sagten einer zum andern: Lasst uns ein Haupt über uns setzen und nach Ägypten zurückkehren!»* (14,1–4).

Sie wollten sogar Josua und Kaleb steinigen, die beiden Kundschafter, die einen guten Bericht überbrachten und das Volk ermutigten, Gott zu vertrauen und nicht die Menschen des Landes zu fürchten, weil der HERR auf der Seite Israels war.

Wiederum wurde Gott zornig und sagte zu Mose: *«Wie lange will mich dieses Volk verachten, und wie lange wollen sie mir nicht glauben bei all den Zeichen, die ich in ihrer Mitte getan habe? Ich will es mit der Pest schlagen und es austilgen; und ich will dich zu einer Nation machen, grösser und stärker als sie»* (14,11–12).

Nachdem Mose um Gnade für das Volk gefleht hatte, vergab ihnen Gott zwar, doch massregelte Er sie. Die zehn Kundschafter, die verantwortlich waren für den Aufruhr, starben sofort durch eine Plage. Für das Volk waren die Folgen dieses Zwischenfalles in Kadesch-Barnea schlimm und weitreichend. Sie sollten das gelobte Land niemals sehen und bis an ihr Lebensende in der Wüste bleiben. Erst ihre Kinder, eine neue Generation, war dazu bestimmt, in das verheissene Land einzuziehen. Alle, die aus Ägypten ausgezogen waren, starben in der Wüste, mit Ausnahme von Josua und Kaleb, deren Gottvertrauen grösser war als die Furcht vor Menschen.

Ist es in unserem persönlichen Leben nicht oft ähnlich? Sie folgen dem HERRN nach auf Ihrer Lebensreise durch diese Welt. Sie dienen Ihm in unterschiedlichen Bereichen. Sie besitzen die Verheissung der ewigen Herrlichkeit als Ziel dieser Reise. Auf vielfältige Weise haben Sie Gottes Hilfe und Bewahrung bereits erfahren und Seine treue Vaterhand gespürt. Plötzlich jedoch sehen Sie sich einer Situation gegenübergestellt, in der Sie von grosser Furcht gepackt werden. Sie wissen um Gottes Wort, doch Menschen und Umstände entmutigen Sie. Sie beginnen an Ihrer Berufung, an Ihrem Auftrag, an Gottes Führung zu zweifeln. Vielleicht denken Sie gar, das Leben war einfacher und angenehmer, bevor ich zum Glauben kam, bevor ich dem HERRN nachfolgte.

Die Erlebnisse des Volkes Israel in Kadesch-Barnea enthalten auch eine geistliche Botschaft für uns. Paulus schreibt, dass all diese Dinge uns zum Vorbild geschehen sind (1. Kor. 10,6). Trotz ihrer Erlösung aus der Knechtschaft in Ägypten, hinderte ihr Unglaube sie daran, in das verheissene Land einzuziehen. Unglaube nennt die Bibel Sünde und Abfall von Gott. Der Schreiber des Hebräerbriefes nimmt in Kapitel 3, Verse 12 bis 19 auf den Zwischenfall in Kadesch-Barnea Bezug:

«Seht zu, Brüder, dass nicht etwa in jemandem von euch ein böses Herz des Unglaubens sei im Abfall vom lebendigen Gott, sondern ermuntert einander jeden Tag, solange es 'heute' heisst, damit niemand von euch verhärtet werde durch Betrug der Sünde! Denn wir sind Teilhaber des Christus geworden, wenn wir die anfängliche Zuversicht bis zum Ende standhaft festhalten. Wenn gesagt wird 'Heute, wenn ihr seine Stimme hört, verhärtet eure Herzen nicht wie in der Erbitterung,' welche haben denn gehört und sich aufgelehnt? Waren es denn nicht alle, die durch Mose von Ägypten ausgezogen waren? Welchen aber zürnte er vierzig Jahre? Nicht denen, welche gesündigt hatten, deren Leiber in der Wüste fielen? Welchen aber schwor er, dass sie nicht in seine Ruhe eingehen sollten, wenn nicht denen, die ungehorsam gewesen waren? Und wir sehen, dass sie wegen des Unglaubens nicht hineingehen konnten.»

Die Scofield-Bibel kommentiert zu Kapitel 15, Vers 1: *«Die Wüste war ein Teil der notwendigen Erziehung des erlösten Volkes, aber nicht die Jahre der Wanderungen. Diese Jahre waren allein eine Folge des Unglaubens des Volkes zu Kadesch-Barnea. Das Schilfmeer, Mara, Elim und Sinai waren Gottes Wege zur Entfaltung und Erziehung des Volkes und haben notwendigerweise ihr*

Gegenstück in der Erfahrung des Christen. Aber von Kadesch-Barnea an bis zum Jordan ist alles (mit Ausnahme der Gnade Gottes einem ungläubigen Volk gegenüber) uns zur Warnung und nicht zur Nachahmung geschrieben. Es gibt eine gegenwärtige Ruhe Gottes, deren Typus der Schabat und Kanaan ist, in die der Gläubige eingehen kann und soll durch den Glauben.»

Ich halte es für äusserst bemerkenswert, dass Gott gerade dann, wenn das Volk sich im Unglauben von dem Land abwendet, Richtlinien für das Verhalten des Volkes gibt, wenn es in das Land eingezogen sein wird.

Zu Beginn dieses Abschnittes, in Kapitel 13, als Mose die zwölf Kundschafter auswählt, wird jeder Einzelne mit Name und Abstammung genannt. Einer von den Zwölfen empfängt von Mose vor Beginn der Mission einen neuen Namen (13,8; 16). Es handelt sich um Hoschea, den Sohn Nuns, den Mose «Josua» (hebr. *Jehoschua)* nennt. Eine Namensänderung ist in der Bibel äusserst bedeutsam. Abraham und Sarah erhielten von Gott selbst neue Namen. Jakob empfing einen neuen Namen, nachdem er mit dem Engel des HERRN gerungen hatte und Josua erhielt seinen neuen Namen von Mose. Josua war der militärische Führer des Volkes und sein Name taucht bereits beim Kampf gegen Amalek in 2. Mose 17, Verse 8 ff. auf. Ob Mose ihm bereits zu dieser Zeit oder erst jetzt bei Aussendung der Kundschafter den neuen Namen gab, ist mit endgültiger Sicherheit nicht zu sagen. Trifft letzteres zu, wäre auch dies kein Widerspruch und würde nicht auf verschiedene Verfasser der fünf Bücher Mose hinweisen. Der Bibelkommentator Carl Friedrich Keil schrieb zu dieser Problematik:

«Da keine dieser Stellen (die Erwähnung des Namens Josua im zweiten Buch Mose) genealogischen Inhaltes ist, so dass man in ihr den Geschlechtsnamen Josuas zu erwarten berechtigt wäre, so kann in ihnen allen ohne weiteres der Name Josua, unter welchem Hosea in der Geschichte bekannt geworden, proleptisch gebraucht sein. Andrerseits aber ist auch in unserm Vers nicht klar ausgesprochen, dass Mose dem Hosea erst jetzt den neuen Namen Josua gegeben habe.»

Hoschea bedeutet «Er hat geholfen». Durch die Umbenennung

fügt Mose dem Namen einen Buchstaben des göttlichen Namens (JHWH) hinzu (wie es auch bei Abraham und Sarah geschah) und ändert den Namen in *Jehoschua,* was «Er wird helfen» bedeutet und auf Gott als die wahre Hilfe hinweist. Der Name *Jehoschua* enthält die Wurzel des Wortes «Errettung» und weist damit auf die wahre Rettung für das jüdische Volk, auf den Messias, auf Jesus hin, dessen Name *Jeschua* lautet und «Retter» oder «Erlöser» bedeutet.

Josua und Kaleb sind auch für uns Vorbilder im Vertrauen auf Gottes Wort, trotz aller Unannehmlichkeiten und Widrigkeiten, denen wir als Gläubige begegnen. Sie empfingen den Lohn für ihr Vertrauen und durften in das Land Kanaan einziehen. Josua wurde gar zum Anführer der Israeliten bei der Eroberung des Landes.

Zum Schluss möchte ich noch einen interessanten Vers in diesem Wochenabschnitt erwähnen. In Kapitel 13,23 heisst es, dass die Kundschafter eine derart grosse Weinrebe aus Hebron mitbrachten, dass zwei Personen sie an einer Stange tragen mussten. Dies ist das Bild für den Tourismus im heutigen Israel und das Emblem des Tourismusministeriums. So wird jeder Israel-Besucher während seiner Reise vielfach an die Geschichte der Kundschafter mit all ihren Folgen erinnert.

Quasten

«Und der HERR sprach zu Mose: Rede zu den Söhnen Israel und sage zu ihnen, dass sie sich eine Quaste an den Zipfeln ihrer Oberkleider machen sollen für alle ihre künftigen Generationen, und dass sie an die Quaste des Zipfels eine Schnur aus violettem Purpur setzen sollen. Und das soll euch zur Merkquaste werden, und ihr sollt sie ansehen und dabei an alle Gebote des HERRN denken und sie tun, und ihr sollt nicht eurem Herzen und euren Augen nachfolgen, deren Gelüsten ihr nachhurt, damit ihr an alle meine Gebote denkt und sie tut und heilig seid eurem Gott» (4. Mose 15,37–40).

In 5. Mose 22,12 wird ergänzend erklärt, dass sie an den vier Zipfeln des Gewandes getragen werden sollen. Sie dienen als Erinnerungszeichen an die göttlichen Gebote. Dies ist der Grund, warum religiöse Juden Quasten (hebr. *Zizit*) an ihren Kleidern tragen. Sie befinden sich an den vier Ecken des *Tallit,* des Gebetsmantels, der beim Beten auf die Schulter gelegt wird und den grössten Teil des Körpers verhüllt. Darüber hinaus tragen religiöse Juden über der Unterwäsche noch den *Tallit ketana,* den kleinen Gebetsmantel, an dessen Ecken auch *Zizit* angebracht sind. Dieser kleine *Tallit* wird den ganzen Tag getragen. Die *Zizit* hängen über der Kleidung, denn der Träger muss sie sehen.

Die Farbe der *Zizit* wird als violetter Purpur, als hyazinthblau oder auch als himmelblau übersetzt. In Hebräisch heisst die verwendete Farbe *Techelet,* die als eine Mischung zwischen Blau und Grün beschrieben wird und dem Meer gleicht. Sie wurde auch in den Decken am *Zelt der Begegnung* verarbeitet und war die königliche Farbe, die von Prinzen und Herrschern getragen wurde. Die Farbe erinnerte an den Himmel, wies auf den Herrscher von Himmel und Erde hin, auf den Thron der Herrlichkeit und symbolisierte darüber hinaus Reinheit. *Techelet* wurde aus der *Hillazon-Schnecke* gewonnen, die an der nördlichen Mittelmeerküste Israels anzutreffen war. Da sie jedoch äusserst selten vorkam und es schwierig wurde, genügend Schnecken zu finden, entschieden die rabbinischen Autoritäten im 2. Jahrhundert, auf diese Anforderung zu verzichten. Seither begnügt man sich mit gewöhnlichen weissen Fäden, vorausgesetzt, sie wurden eigens als *Zizit* hergestellt und geflochten. Ihre Länge wird nicht angegeben, doch gilt heute als Massstab etwa fünf Daumenlängen. In neutestamentlicher Zeit liebten es die Schriftgelehrten und Pharisäer, besonders grosse Quasten zu tragen, um ihre Gesetzestreue zu zeigen. Jesus kritisiert dies an ihnen in Matth. 23,5: *«Alle ihre Werke aber tun sie, um sich vor den Menschen sehen zu lassen; denn sie machen ihre Gebetsriemen breit und die Quasten gross.»* Vereinfacht dargestellt, setzen sich die *Zizit* (Mehrzahl *Ziziyot*) aus acht Fäden zusammen, die jeweils aus fünf Doppelknoten bestehen. Acht plus fünf ergibt die Zahl 13. Der Zahlenwert des Wortes *Zizit* beträgt 600, zusammen mit der Anzahl der Quasten und Knoten ergibt dies 613. Dies ist die Anzahl der Gebote in der *Torah*, 248 Gebote und 365 Verbote. Diese Zahlensymbolik der *Zizit* geht jedoch aus dem Bibeltext nicht hervor, sondern basiert auf dem jüdischen Religionsgesetz.

Da Jesus die Gebote der *Torah* einhielt, trug auch er *Zizit* oder Quasten. *«Und sie baten ihn, dass sie nur die Quaste seines Gewandes anrühren dürften, und alle, die ihn anrührten, wurden völlig geheilt»* (Matthäus 14,36; siehe auch 9,20).

Luther übersetzte diese Stellen mit *«Saum seines Gewandes».* Das hier im griechischen Urtext gebrauchte Wort *kraspedon* wird in der Septuaginta (älteste griechische Übersetzung der Hebräischen Bibel aus dem Jahre 285 v. Chr.) für *Zizit* verwendet.

Korach – *«Korach»*

4. Mose 16,1–18,32

**Haftarah-Abschnitt:	1. Samuel 11,14–12,22**

Nachdem in den ersten Abschnitten des vierten Buches Mose Gottes Ordnung und Seine Heiligkeit das vorherrschende Thema war, begegnen wir in diesem *Torah*-Abschnitt der Rebellion Korachs und seiner 250 Anhänger gegen die göttliche Ordnung und die Strafe, die auf die Aufständischen fällt. Kapitel 17 berichtet über Aarons grünenden Stab und gibt eine Bestätigung seines Priesteramtes. Der Wochenabschnitt schliesst mit Anweisungen für die Priester und die Leviten sowie die Opfer des Volkes für sie.

Es war abzusehen, dass ein solcher Aufruhr stattfinden würde. In den beiden vorangegangenen Abschnitten murrten zunächst Mirjam und Aaron und nach dem Bericht der Kundschafter kam es schon fast zu einem Aufstand unter dem Volk. Sie murrten und nörgelten über Moses und Aarons Führerschaft und drohten, einen neuen Führer zu wählen, der sie nach Ägypten zurückbringen würde.

«Wozu bringt uns der HERR in dieses Land? Damit wir durchs Schwert fallen und unsere Frauen und unsere kleinen Kinder zur Beute werden? Wäre es nicht besser für uns, nach Ägypten zurückzukehren? Und sie sagten einer zum andern: Lasst uns ein Haupt über uns setzen und nach Ägypten zurückkehren!» (4. Mose 14,3–4).

Obwohl sie aufgrund ihres Unglaubens die Strafe Gottes erfahren und durch die Hand der Amalekiter und Kanaaniter eine Niederlage erleiden mussten (4. Mose 14,39–45), änderte sich die Situation nicht. Der Ausbruch einer Rebellion schien nur eine Frage der Zeit zu sein.

«Und Korach, der Sohn Jizhars, des Sohnes Kehats, des Sohnes Levis, unternahm es und mit ihm Datan und Abiram, die Söhne Eli-

abs, und On, der Sohn Pelets, die Söhne Rubens, und sie erhoben sich gegen Mose mit 250 Männern von den Söhnen Israels, Fürsten der Gemeinde, Berufene der Zusammenkunft, namhafte Männer. Und sie versammelten sich gegen Mose und gegen Aaron und sagten zu ihnen: Genug mit euch! Denn die ganze Gemeinde, sie alle sind heilig, und der HERR ist in ihrer Mitte. Warum erhebt ihr euch über die Versammlung des HERRN?» (4. Mose 16,1–3).

Datan und Abiram waren führende Männer des Stammes Ruben, dem Erstgeborenen unter den zwölf Söhnen Jakobs. Möglicherweise dachten sie, dass aufgrund ihres Privilegs, dem Stamm des Erstgeborenen anzugehören, der Führer des Volkes auch aus ihrem Stamm kommen sollte. Der Anführer der Revolte war Korach. Er war ein Vetter von Mose und Aaron (2. Mose 6,14–21) und selber ein Levit. Korach und seine Anhänger fühlten sich gekränkt und übergangen, da alle priesterlichen Aufgaben und Privilegien auf Aaron und seine Familie übertragen waren.

Dies waren die Führer des Aufstandes. Für jüdische Ausleger ist die Tatsache, dass der Stamm Ruben und der Stamm Levi während der Wanderung nebeneinander marschierten (4. Mose 2,16–17) ein weiterer Grund dafür, dass sich beide auch während des Aufstandes miteinander verbanden. Sie kritisierten Mose öffentlich, warfen ihm Täuschung vor und stellten die Führerschaft von Mose und Aaron in Frage. Es kam zu einer harten Auseinandersetzung, bei der Mose sehr zornig wurde (16,11–15). Korach und seine Anhänger ernannten sich selbst als die neuen Führer des Volkes und wollten Gottes Bestätigung ihrer Leiterschaft deutlich machen, indem sie Moses Vorschlag akzeptierten und Räucherwerk vor den HERRN brachten. Doch Gott lehnte ihre Anbetung ab und richtete sie für ihre Rebellion.

«... da spaltete sich der Erdboden, der unter ihnen war, und die Erde öffnete ihren Mund und verschlang sie und ihre Familien und alle Menschen, die Korach angehörten, und ihren ganzen Besitz. Und sie fuhren, sie und alles, was ihnen gehörte, lebendig in den Scheol hinab; und die Erde bedeckte sie, und sie wurden mitten aus der Versammlung weggerafft. Und ganz Israel, das um sie herum war, floh bei ihrem Geschrei; denn sie sagten: Dass uns die Erde

nicht verschlinge! Und Feuer ging aus von dem HERRN und frass die 250 Männer, die das Räucherwerk dargebracht hatten» (16,31b–35).

Aus den Ereignissen dieser Rebellion gegen die eingesetzten Führer des Gottesvolkes lassen sich einige Schlussfolgerungen und Lehren ziehen, vor allem im Blick darauf, wie Mose und Aaron in einer der schwierigsten Situationen ihres Dienstes reagierten.

1. Korach und seine Anhänger rebellierten gegen die göttliche Ordnung. Sie suchten ihre eigene Ehre. *«Und Mose sprach zu Korach: Hört doch ihr Söhne Levis! Ist es euch zu wenig, dass der Gott Israels euch aus der Gemeinde Israel ausgesondert hat, um euch zu sich nahen zu lassen, damit ihr den Dienst an der Wohnung des HERRN ausübt und vor der Gemeinde steht, um ihr zu dienen, dass er dich und alle deine Brüder, die Söhne Levis, mit dir hat herzunahen lassen? Und ihr trachtet auch noch nach dem Priesteramt! Darum seid ihr es, die sich zusammenrotten, du und deine ganze Rotte, gegen den HERRN! Denn Aaron, was ist er, dass ihr gegen ihn murrt?»* (16,8–11).

Korach und einige seiner Anhänger hatten ihre eigene Aufgabe. Sie dienten Gott am Heiligtum und standen vor der Gemeinde, doch es war ihnen nicht genug. Sie suchten noch mehr Ehre und Ansehen. Sie wollten die Leiter der ganzen Gemeinde werden und folgten dabei in Wahrheit ihren menschlichen Wünschen und Zielen, die jedoch dem Wort Gottes entgegenstanden. *«Und niemand nimmt sich selbst die Ehre, sondern er wird von Gott berufen wie auch Aaron»* (Hebräer 5,4). Der Brief des Judas enthält Warnungen vor Abfall, Aufruhr und Unglauben. Darin wird vor falschen Lehrern in der Gemeinde entschieden gewarnt und Korach beim Namen genannt (Verse 11–12). Diese Worte im Judasbrief fordern uns auf, Motive und Lehren am Wort Gottes zu prüfen.

2. Nachdem Mose die Beschuldigungen gegen sich hörte, begann er nicht, sich zu rechtfertigen vor der Gemeinde und ging auch nicht zum Gegenangriff über, indem er seine Ankläger öffentlich beschuldigte. Er fiel stattdessen auf sein Angesicht und redete mit

denen, die ihn anklagten. Er tat dies nicht in seiner eigenen Kraft und Weisheit, sondern verwies auf Gott, der zwischen ihnen richten sollte (16,4–5).

3. Wenn Menschen Ihnen mit dem Geist Korachs begegnen, dann trennen Sie sich von ihnen. *«Und er (Mose) redete zu der Gemeinde und sprach: Weicht doch von den Zelten dieser gottlosen Männer, und rührt nichts an, was ihnen gehört, damit ihr nicht weggerafft werdet in allen ihren Sünden»* (16,26).

4. Offenbaren Sie alles, was dem Wort Gottes entgegensteht, aber richten Sie niemanden, denn das Gericht ist des HERRN.

5. Korach und seine Anhänger brachten ihr eigenes Feuer (Gottesdienst) und ihr eigenes Räucherwerk (Opfer, Lobpreis) auf den Altar, doch Gott nahm es nicht an. Wir sind deshalb aufgefordert, auf den Ursprung jeder Art von «Feuer» und «Räucherwerk» zu schauen, das Menschen vor den HERRN bringen.

6. Obwohl es offensichtlich war, dass Korach und seine Männer gegen den Willen Gottes handelten und von Ihm gerichtet wurden, war das Volk nicht bereit, dies zu akzeptieren. *«Und die ganze Gemeinde der Söhne Israel murrte am andern Morgen gegen Mose und gegen Aaron und sagte: Ihr habt das Volk des HERRN getötet!»* (17,6). Sie waren bereit, Sünde inmitten des Volkes Gottes zu dulden und beschuldigten diejenigen, die für die Wahrheit eingetreten waren. Diese Art von Verführung, von falscher Toleranz, geht auf Kosten der Wahrheit und wir sind aufgefordert, demgegenüber wachsam zu sein.

7. Zweimal wird in diesem *Torah*-Abschnitt berichtet, dass Mose und Aaron trotz des Ungehorsams des Volkes Fürbitte für die Gemeinde taten (16,22 u. 17,10–11), als Gott im Begriff war, diese zu vernichten. Obwohl sie schweren Anklagen durch das Volk ausgesetzt waren und darunter litten, suchten Mose und Aaron das Wohl der Gemeinde.

8. Am Ende belohnte Gott die Treue von Mose und Aaron und bestätigte ihre Führerschaft und Priesterschaft vor der ganzen Gemeinde durch das Ergrünen von Aarons Stab (17,1–13).

Auf das Angesicht fallen

In vielen christlichen Zusammenkünften weltweit ist zu beobachten, dass Menschen auf den Rücken fallen. Oft geschieht dies nach Berührung durch den Verkündiger. In der Heiligen Schrift findet sich diese Praxis nicht. Im Gegenteil, wenn Menschen sich in Ehrfurcht zu Gott nahten, fielen sie immer auf ihr Angesicht. Allein in diesem *Torah*-Abschnitt geschieht dies dreimal.

- *«Als Mose das hörte, fiel er auf sein Angesicht»* (16,4).
- *«Und sie (Mose und Aaron) fielen auf ihr Angesicht ...»* (16,22).
- *«... Da fielen sie (Mose und Aaron) auf ihr Angesicht»* (17,10).

Selbst der philistische Gott *Dagon* fiel vor der Lade des HERRN auf sein Angesicht (1. Samuel 5,3). Auch bei der Anbetung Gottes fielen die Menschen immer auf ihr Angesicht. *«Und Feuer ging vom HERRN aus und verzehrte auf dem Altar das Brandopfer und die Fettstücke. Als das ganze Volk es sah, da jauchzten sie und fielen auf ihr Angesicht»* (3. Mose 9,24).

«Und alle Söhne Israel sahen das Feuer herabfahren und die Herrlichkeit des HERRN über dem Haus. Da knieten sie mit dem Gesicht zur Erde auf das Pflaster nieder und beteten an, und sie priesen den HERRN: Denn er ist gütig, denn seine Gnade währt ewig» (2. Chronik 7,3).

Dies ist im Neuen Testament nicht anders. *«Und als die Jünger es hörten, fielen sie auf ihr Angesicht und fürchteten sich sehr»* (Matthäus 17,6).

«Und es geschah, als er in einer der Städte war, siehe, da war ein Mann voller Aussatz; und als er Jesus sah, fiel er auf sein Angesicht und bat ihn und sprach: Herr, wenn du willst, kannst du mich reinigen» (Lukas 5,12).

«Das Verborgene seines Herzens wird offenbar, und so wird er auf sein Angesicht fallen und wird Gott anbeten und verkündigen, dass Gott wirklich unter euch ist» (1. Kor. 14,25).

Meist wird das auf den Rücken fallen mit einer besonderen Gotteserfahrung gleichgesetzt. Nach dem Zeugnis der Heiligen Schrift ist rücklings fallen aber ein Zeichen des Gerichtes. Beispiele hierfür sind:

Der Hohepriester Eli fiel rücklings und starb, nachdem er die Nachricht erhalten hatte, dass die Bundeslade von den Philistern erobert worden war. Es war ein Gericht, das Gott ihm angekündigt hatte (1. Sam. 3,12–13). *«Und es geschah, als er die Lade Gottes erwähnte, fiel Eli rücklings vom Stuhl an der Tür und brach das Genick und starb; ...»* (1. Samuel 4,18).

«Und das Wort des HERRN für sie wird sein: zaw la zaw, zaw la zaw, kaw la kaw, kaw la kaw, hier ein wenig, da ein wenig; damit sie hingehen und rückwärts stürzen und zerschmettert werden, sich verstricken lassen und gefangen werden» (Jesaja 28,13).

Auf dem Rücken liegen bedeutet auch das Aufdecken der Blösse. Für Ham hatte es Folgen, dass er die Blösse seines Vaters Noah aufdeckte. Die Nachkommen seines Sohnes Kanaan wurden von Noah verflucht und sollten die Knechte ihrer Brüder sein (1. Mose 9,20–29).

Die Blösse sollte verdeckt sein und das Aufdecken der Blösse einer anderen Person wird an vielen Stellen in der *Torah* untersagt. An dem Altar im Tempel wurde eigens eine Rampe angebracht, damit beim Stufensteigen niemand die Blösse des Priesters sehen konnte (2. Mose 20,26).

In Offenbarung 3,17 heisst es: *«Weil du sagst: Ich bin reich und bin reich geworden und brauche nichts, und nicht weisst, dass du der Elende und bemitleidenswert und arm und blind und bloss bist.»*

Die Gläubigen des Neuen Bundes werden in Epheser 6 aufgefordert, die Waffenrüstung Gottes anzuziehen, um gegen die Listen des Teufels bestehen zu können. Allein in den Versen 11–13 heisst es dreimal: *bestehen, widerstehen, stehen.* Umfallen bedeutet Niederlage, so wie für den römischen Soldaten auf dem Rücken liegen die totale Niederlage bedeutete.

Chukat – *«Ordnung/Satzung»*

4. Mose 19,1–22,1

Haftarah-Abschnitt: Richter 11,1–33

«Und der HERR redete zu Mose und zu Aaron und sprach: Dies ist die Ordnung (oder Satzung) des Gesetzes, das der HERR geboten hat ...» (19,1).

In einigen Jahren wird Chukat mit dem nachfolgenden Abschnitt Balak zusammen als ein Abschnitt gelesen werden. Der Vers markiert den Beginn dieses *Torah*-Abschnittes, dem die Verordnung über die rote Kuh folgt. Eine fehlerlose junge Kuh, ohne jeglichen Makel aufweisend, sollte geschlachtet und verbrannt werden. Ihre Asche sollte aufbewahrt werden für das Wasser der Reinigung. Auf diejenigen, die sich durch den Kontakt mit Toten verunreinigt hatten, wurde das Reinigungswasser, in das vorher etwas von der Asche der roten Kuh gestreut wurde, gesprenkelt, zur Reinigung und zur Entsühnung.

Die Vorschriften über die rote Kuh und das Reinigungswasser gehören eher zu den Reinigungsgesetzen in 3. Mose 12–15. Warum wird dies hier, mitten in dem Bericht über die Wüstenwanderung, erwähnt?

Nach dem göttlichen Gericht über Korach und seine Anhänger und der sich anschliessenden Plage, bei der zusätzlich 14 700 Menschen starben, gab der HERR diese Verordnung. Durch die hohe Anzahl von Toten mögen sich viele im Volk durch die Berührung mit diesen verunreinigt haben.

«So lange nun der Tod innerhalb der Gemeinde die natürlichen Grenzen der Sterblichkeit nicht überschritt, konnten die herkömmlichen Reinigungsgebräuche ausreichen. Als er aber infolge des göttlichen Gerichtsurteiles in bis dahin unerhörter Weise um sich griff, mussten die Verunreinigungen sich so häufen, dass die ganze Gemeinde von der Todesunreinheit infiziert zu werden in Gefahr

kam und an ihrer Bestimmung zum heiligen Volke JHWH's irre werden konnte, wenn ihr Gott nicht ein Mittel bot, durch welches sie, ohne der Gemeinschaft seines Gnadenbundes verlustig zu gehen, sich von dieser Unreinheit reinigen konnte. Dieses Mittel erhielt sie in dem nachfolgenden Gesetze» (Carl Friedrich Keil).

Die Verordnung in Kapitel 19, unmittelbar nach dem Gericht Gottes, gab dem Volk damit auch das Bewusstsein der Fortdauer des Bundes, den Gott mit ihnen geschlossen hatte. Rabbiner Dr. J.H. Hertz sagte, dass dieses Gesetz über Generationen hinweg in Israel als ein Beispiel absoluten Gehorsams gegenüber den Verordnungen Gottes diente. Raschi, der berühmteste jüdische Bibelkommentator, schrieb: *«Die Schrift gebraucht in diesem Zusammenhang den Begriff 'Verordnung', um damit auszudrücken: 'Dies ist eine Satzung vor mir und ihr habt nicht die Freiheit, dies in Frage zu stellen.'»*

Da es keine Zufälle im Wort Gottes gibt, hat dieses Kapitel gerade auch an diesem Platz seinen Stellenwert. Neben dem oben Erwähnten stellt es auch die Fürsorge Gottes für Sein Volk dar, das auf dem Weg durch die Wildnis in ständiger Gefahr stand, sich zu verunreinigen. Es ist daher auch eine Veranschaulichung für uns als Gläubige des Neuen Bundes, dass wir uns reinigen müssen von aller Unreinheit, der wir während unserer Pilgerwanderung durch diese Welt ausgesetzt sind.

Dies geschieht durch das Blut Jesu Christi, der zum makellosen Opferlamm an unserer Statt wurde. Wasser symbolisiert hierbei beides, den Geist und das Wort, die uns die Verunreinigung, die Sünde, zum Bewusstsein bringen (Joh. 7,37–39; Eph. 5,26).

Der Beginn von Kapitel 20 berichtet über den Tod Mirjams und in den folgenden Versen über Wasser, das aus dem Felsen kam, nachdem Mose darauf geschlagen hatte. Erneut begannen die Israeliten zu murren und gegen Mose zu hadern. Sie sehnten sich nach ihrer Zeit in Ägypten zurück, diesmal, weil sie kein Wasser hatten. Mose und Aaron waren verzweifelt und wussten nicht, was zu tun war. Wiederum werden sie uns zum Vorbild. Anstatt zu versuchen, das Volk zu beruhigen, ihm zu versichern, dass sie bald Wasser finden würden, gingen sie in das *Zelt der Begegnung* und warfen sich vor Gott auf ihr Angesicht, sie suchten Hilfe bei Ihm. Die Folge war: *«... und die Herrlichkeit des HERRN erschien ihnen. Und der HERR redete zu Mose ...»* (20,6–7).

Gott sprach zu Mose, er und Aaron sollten zu dem Felsen reden, woraufhin dieser Wasser hervorbringen werde (Vers 8). Doch Mose tat etwas anderes. Er verlor seine Beherrschung und schlug mit seinem Stab auf den Felsen, so wie er es zuvor bereits einmal am Berg Horeb getan hatte (2. Mose 17) und wobei ebenfalls Wasser aus dem Felsen kam. Gott strafte daraufhin Moses Ungehorsam schwer, indem Er ihm und Aaron nicht erlaubte, das Volk Israel in das verheissene Land zu bringen (20,12).

Lässt sich nicht Verständnis aufbringen für Moses Handlung, bedarf er nicht des Mitleides? Dieser grosse Mann Gottes, der so oft Fürbitte tat für das Volk, wenn Gott im Begriff war, sie zu vernichten; auch er verlor einmal seine Beherrschung, nachdem er wiederholt durch die Hartnäckigkeit und Unzufriedenheit, durch ihr störrisches und verstocktes Verhalten zum Zorn gereizt und provoziert wurde.

Der Zwischenfall verdeutlicht die Ernsthaftigkeit von Gottes Wort und Seinen Weisungen. Wir können nicht damit spielen und es entsprechend unseren Bedürfnissen oder Wünschen verändern. Mose war des Unglaubens schuldig, weil er nicht der Macht Gottes vertraute, sondern das Wunder sich zugute halten wollte.

«... Hört doch, ihr Widerspenstigen! Werden ***wir*** *für euch Wasser aus diesem Felsen hervorbringen?»* (20,10). Er verwies nicht auf Gott als denjenigen, der sie mit Wasser versorgte, sondern auf sich und Aaron. Dies war ihrer beider Sünde, für die Gott sie vom Einzug in das verheissene Land ausschloss, trotz allem, was sie für den HERRN getan hatten.

Am Ende von Kapitel 20 finden wir den Bericht über Aarons Tod. Die Bibel macht deutlich, dass der Tod zum irdischen Leben dazugehört. Die Sünde des Menschen, sein Getrenntsein von Gott ist der Grund, dass ein jeder sterben muss. *«Denn der Lohn der Sünde ist der Tod, die Gnadengabe Gottes aber ewiges Leben in Christus Jesus, unserem Herrn»* (Römer 6,23). Wer in Frieden sterben will, muss sich auf seinen Tod vorbereiten, so wie Aaron es tat.

Er stieg den Berg Hor hinauf und legte sein hohepriesterliches Gewand ab. Er hatte Frieden in dem Bewusstsein, dass Gottes Gnade grösser war als seine Sünde. Seine Söhne und Mose begleiteten ihn. Menschen bedürfen der Begleitung anderer auf der letzten Strecke ihres Lebens, die ihnen beistehen. Mose versuchte nicht, Aaron daran zu hindern, auf den Berg zu steigen; er bat Gott nicht, das Leben seines Bruders zu erhalten. Sie wussten, dass dies die Stunde Gottes war und dass Aaron geborgen war in der Hand Gottes.

Jesus starb auch auf einem Berg, einem Hügel. Seine Gnade und Barmherzigkeit trägt jeden durch den Vorgang des Todes, wenn er Sein stellvertretendes Sterben im Glauben angenommen hat. Jesus kam als der Erlöser für die Menschen, damit auch wir in Frieden sterben können. Wer auch immer an Christus glaubt, betritt durch den Tod die ewige Herrlichkeit. *«Jesus sprach zu ihr: Ich bin die Auferstehung und das Leben; wer an mich glaubt, wird leben, auch wenn er gestorben ist; und jeder, der da lebt und an mich glaubt, wird nicht sterben in Ewigkeit. Glaubst du das?»* (Joh. 11,25–26).

Der Tod Aarons markiert nahezu das Ende der Wüstenwanderung. Israel ist nun auf seinem Weg in das verheissene Land, auch wenn sie dabei noch das Gebiet von Edom umgehen müssen. Zwischen 4. Mose 14,45 (der Niederlage durch die Amalekiter und Kanaaniter, nachdem das Volk sich weigerte, das Land Kanaan einzunehmen) und 4. Mose 20,14 (der Aussendung von Boten zu dem König von Edom) liegt ein Zeitraum von etwa 38 Jahren (5. Mose 2,14).

Der *Torah*-Abschnitt endet in Kapitel 21 mit dem Bericht über den Sieg der Israeliten über den König von Arad und ihren Weiterzug nach Moab. Danach besiegten sie den König der Amoriter und den König von Basan. Während dieser letzten Etappe ihrer Reise begannen die Israeliten erneut, gegen Mose zu murren, und machten ihn dafür verantwortlich, dass es ihnen an Brot und Wasser mangelte. *«Da sandte der HERR feurige Schlangen unter das Volk, und sie bissen das Volk; und es starb viel Volk aus Israel»* (21,6).

Gemäss der Anweisung Gottes baute Mose eine Schlange aus Bronze und befestigte sie auf einer Stange. Jeder, der daraufhin gebissen wurde und auf die eherne Schlange blickte, blieb am Leben. Wiederum wird hierin ein Vorschatten auf die vollkommene Erfüllung in dem von Gott gesandten Erlöser sichtbar, denn die eherne Schlange ist ein Abbild Christi, der für uns zum Gericht wurde.

«Und wie Mose in der Wüste die Schlange erhöhte, so muss der Sohn des Menschen erhöht werden, damit jeder, der an ihn glaubt, ewiges Leben habe. Denn so sehr hat Gott die Welt geliebt, dass er seinen eingeborenen Sohn gab, damit jeder, der an ihn glaubt, nicht verloren geht, sondern ewiges Leben hat. Denn Gott hat seinen Sohn nicht in die Welt gesandt, dass er die Welt richte, sondern dass die Welt durch ihn errettet werde. Wer an ihn glaubt, wird nicht gerichtet; wer aber nicht glaubt, ist schon gerichtet, weil er nicht geglaubt hat an den Namen des eingeborenen Sohnes Gottes» (Johannes 3,14–18).

Die rote Kuh

Bei der roten Kuh aus Kapitel 19 muss es sich um ein dreijähriges makelloses Jungtier handeln, das keinen körperlichen Mangel und keine andersfarbigen Haare oder Flecken aufweist. Selbst die Hufe müssen rot sein und das Tier muss im Land Israel geboren sein. Des Weiteren darf noch kein Joch auf ihr gelegen haben, das heisst, das Tier darf für keine körperliche Arbeit verwendet worden sein. Die meisten dieser Voraussetzungen ergeben sich aus den ersten beiden Versen der o. g. Schriftstelle, andere aus der mündlichen Überlieferung Israels. Hiernach wurde das Tier geschlachtet und verbrannt, doch nicht als ein Opfer, denn es geschah nicht im Tempel. Ein besonderer Platz auf dem Ölberg, gegenüber dem östlichen Tor des Tempels, war dafür vorgesehen.

Die Asche der roten Kuh wurde aufbewahrt und bei Bedarf mit Quellwasser vermischt und als «Wasser der Reinigung» auf diejenigen gesprenkelt, die sich verunreinigt hatten. Der Dienst der Priester war ohne diese Reinigung, diese Heiligung, nicht möglich. Die Bedeutung dieser heiligen Handlung wird noch grösser, berücksichtigt man die herausragende Rolle des Tempels im Leben und Glauben des jüdischen Volkes sowie den Dienst des Priesters im Zusammenhang mit Sündenvergebung sowohl für den Einzelnen als auch für das ganze Volk.

Die Anweisungen über diese mysteriöse junge Kuh in Kapitel 19 gaben und geben auch in unserer Zeit Anlass zu manchen Spekulationen, denn der Wiederaufbau des Tempels in Jerusalem ist nicht nur für Juden ein Thema, sondern beschäftigt auch christliche Kreise. Bücher wurden darüber geschrieben, Vorträge gehalten und diesbezügliche jüdische Bemühungen ideologisch und praktisch unterstützt. Der Bau des dritten Tempels ist auch für viele Christen Voraussetzung für das Kommen des Messias, die Wiederkunft Jesu Christi auf diese Welt. Belegt wird dies u. a. mit Schriftstellen wie Dan. 9,27 oder Off. 11,1–2.

Im Zusammenhang mit der Diskussion über den dritten Tempel taucht immer wieder die geheimnisvolle rote Kuh aus 4. Mose 19 auf. Für jüdisch-orthodoxe Kreise ist die Existenz dieser roten Kuh Bedingung für jeden künftigen Dienst im Tempel. Denn, selbst wenn ein neuer Tempel existieren würde, könnte der Tempeldienst nur aufgenommen werden, wenn die Priester sich zuvor mit der Asche einer roten Kuh gereinigt hätten. Seit Jahren tauchen Berichte aus aller Welt auf, nach der eine solche Kuh gezüchtet wurde. Zu Beginn des Jahres 1997 wurde in einem Kibuzz im Norden Israels die Geburt einer roten Kuh gemeldet, die alle Bedingungen erfülle. Selbst das international angesehene Politmagazin *Newsweek* widmete dem Ereignis einen ausführlichen Bericht. Einige Monate später stellte sich aber heraus, dass die geborene rote Kuh nicht ganz makellos war, sondern einige weisse Haare hatte.

Etwa zur selben Zeit machte ein amerikanischer Farmer von sich reden, der behauptete, den Prototypen einer alle Voraussetzungen erfüllenden roten Kuh gezüchtet zu haben. Er will innerhalb der nächsten 10 Jahre 50 000 Kühe nach Israel bringen, um Israels Rindfleischindustrie zu erneuern. Aus dieser Herde soll dann die wahre rote Kuh für den dritten Tempel hervorgehen.

Im jüdischen Glauben gibt es eine Verbindung zwischen dem Konzept der roten Kuh und der Sünde des goldenen Kalbs. Die Sünde Israels war blutrot, doch sollte sie weiss wie Schnee werden (Jes. 1,18). Unter Berücksichtigung der Sündenvergebung, der Heiligung, der Intimität mit Gott als Folge des Priesterdienstes im Tempel, wird die entscheidende Bedeutung der roten Kuh im jüdischen Glauben für einen zukünftigen Tempeldienst deutlich. So schreibt Rabbiner Chaim Richman: *«Das Schicksal der gesamten Welt hängt von der roten Kuh ab. Denn Gott hat ihre Asche zum einzig fehlenden Bestandteil für die Wiedereinsetzung der biblischen Reinheit bestimmt.»* Diese Reinheit, diese Heiligung, ist für das jüdische Volk eng mit dem Kommen des Messias verknüpft.

Nach jüdischer Tradition gab es bis zur Zerstörung des zweiten Tempels nur neun rote Kühe, mit deren Asche die Reinigungszeremonien vollzogen wurden. Der grosse jüdische Arzt, Philosoph und Rabbiner Moses Maimonides (1135–1204) schrieb: *«... die zehnte rote Kuh wird durch den König vollendet werden, den Messias.»*

Gottes Wort sagt uns jedoch: *«Denn wenn das Blut von Böcken und Stieren und die Asche einer jungen Kuh, auf die Unreinen gesprengt, zur Reinheit des Fleisches heiligt, wie viel mehr wird das Blut des Christus, der sich selbst durch den ewigen Geist als Opfer ohne Fehler Gott dargebracht hat, euer Gewissen reinigen von toten Werken, damit ihr dem lebendigen Gott dient!»* (Hebräer 9,13–14).

Balak – *«Balak»*

4. Mose 22,2–25,9

Haftarah-Abschnitt: Micha 5,6–6,8

In diesem *Torah*-Abschnitt begegnen uns einige der schönsten poetischen und prophetischen Aussagen im *Tanach*. Nahezu ein Drittel des gesamten Wochenabschnittes ist ein Lobpreis auf das jüdische Volk und beinhaltet die Schutzgarantie Gottes für dieses Volk. Die Worte des heidnischen Propheten Bileam waren zutreffend und wahr. Selbst eine wunderbare Prophetie Bileams über das Kommen des Messias findet sich in diesem Text. *«Ich sehe ihn, aber nicht jetzt, ich schaue ihn, aber nicht nahe. Es tritt hervor ein Stern aus Jakob, und ein Zepter erhebt sich aus Israel und zerschlägt die Schläfen Moabs und zerschmettert alle Söhne Sets. Und Edom wird sein Besitz, und Seir wird sein Besitz, seine Feinde; und Israel wird Mächtiges tun. Und einer aus Jakob wird herrschen, und er wird den Überrest aus der Stadt verloren gehen lassen»* (4. Mose 24,17–19).

Nachdem sie den König von Arad besiegt und das Land der Edomiter umgangen hatten, eroberten die Israeliten das Land der Amoriter und schlugen den König von Baschan. Anschliessend lagerten sie in den Ebenen Moabs, jenseits des Jordan, gegenüber Jericho.

Nun begann die letzte Etappe ihrer Reise in das verheissene Land. Sie befanden sich bereits in Sichtweite ihres Zieles. Balak, der König der Moabiter, fürchtete sich vor der Stärke und Macht der Israeliten, nachdem diese seine Nachbarstaaten besiegt hatten. Er suchte deshalb die Hilfe magischer Kräfte und sandte Boten zu Bileam, einem bekannten Wahrsager und Zauberer aus Petor am Euphrat (siehe 24,1 und auch Jos. 13,22), damit dieser das jüdische Volk mit einem Fluch belege, es somit schwäche und Balak es deshalb eher besiegen und aus dem Land vertreiben konnte.

Nachdem Gott zu Bileam sagte: *«Du sollst nicht mit ihnen gehen; du sollst das Volk nicht verfluchen! Denn es ist gesegnet»* (4. Mose 22,12), lehnte Bileam Balaks Gesuch ab. Letzterer liess sich aber nicht beirren, sandte noch angesehenere Boten und versprach Bileam grossen Lohn, um diesen umzustimmen, damit er das Volk Israel verfluchen möge. Schliesslich gestattete Gott Bileam, mit den Abgesandten Balaks zu ziehen, doch sollte er nur das tun, was der HERR ihm sagen würde (22,15–21). Auf dem Weg warnte Gott Bileam ein weiteres Mal, diesmal sogar durch ein Tier, seine Eselin, er solle nur das reden, was der HERR ihm sagte (22,22–35).

Über die Person Bileams gibt es seit jeher Rätselraten. Ein Magier, der im Auftrag Gottes handelt und Worte des HERRN spricht? Das Zeugnis der Bibel über Bileam ist deutlich, er wird als Wahrsager bezeichnet. Er ist kein Prophet Gottes, obwohl er göttliche Prophetien verkündet. Sicherlich hatte er, trotz seiner Wahrsagekunst, auch eine gewisse Gotteserkenntnis. Vermutlich waren die grossen Taten Gottes im Zusammenhang mit dem Auszug aus Ägypten bis nach Mesopotamien gedrungen und Bileam versuchte, sich diese «Kräfte» zu Nutzen zu machen, indem er Gottes Wort befolgte.

«In dieser Hinsicht gleicht Bileam den jüdischen Exorzisten, die im Namen Jesu Dämonen austrieben, ohne Christo nachzufolgen (Mark. 9,38–40; Luk. 9,49–50), besonders aber dem Simon Magus, seinem 'neutestamentlichen Gegenbilde', der auch von den neuen Gotteskräften des Christentums sich so angezogen fühlte, dass er gläubig wurde und sich taufen liess, weil er die Zeichen und grossen Wunderkräfte, die geschahen, sah (Apg. 8,4–25)» (Carl Friedrich Keil).

Doch wie im Fall des Simon aus Apostelgeschichte spielte auch bei Bileam Eigennutz, Macht, Ansehen und irdischer Gewinn die entscheidende Rolle. Wäre er ein wahrer Prophet Gottes gewesen, hätte er die Abgesandten Balaks mit ihrem Wahrsagelohn sofort abgewiesen.

In Kapitel 23 lesen wir, wie Bileam zu Balak kam und Israel von den Höhen Baals aus segnete. *«Wie soll ich verfluchen, wen Gott nicht verflucht, und wie verwünschen, wen der HERR nicht verwünscht hat? Denn vom Gipfel der Felsen sehe ich es, und von den Höhen herab schaue ich es; siehe, ein Volk, das abgesondert wohnt und sich nicht zu den Nationen rechnet. Wer könnte zählen den Staub Jakobs und der Zahl nach den vierten Teil Israels»* (4. Mose 23,8–10a).

Balak war enttäuscht, denn er hatte erwartet, dass Bileam das jüdische Volk mit einem Fluch belegen würde. Er glaubte an die Kraft der Wahrsagerei und dass er durch eine Verfluchung die Israeliten leichter würde besiegen können. Er führte Bileam weiter auf den Gipfel des Berges Pisga und dieser weissagte wiederum. *«Siehe, zu segnen habe ich empfangen; er hat gesegnet, und ich kann's nicht wenden. Er erblickt kein Unrecht in Jakob und sieht kein Verderben in Israel; der HERR, sein Gott, ist mit ihm, und Königsjubel ist in ihm. Gott ist es, der es aus Ägypten geführt. Es hat Kraft wie die Hörner des Büffels. Denn es gibt keine Zauberei gegen Jakob und keine Wahrsagerei gegen Israel. Jetzt wird zu Jakob und zu Israel gesagt: Was hat Gott gewirkt!»* (4. Mose 23,20–23).

Balak, noch immer auf die Verfluchung wartend, brachte Bileam schliesslich auf einen dritten Berg und wieder segnete dieser Israel. *«Wie schön sind deine Zelte, Jakob, deine Wohnungen, Israel! Wie Täler breiten sie sich aus, wie Gärten am Strom, wie Aloebäume, die der HERR gepflanzt hat, wie Zedern an den Wassern. Die dich segnen, sind gesegnet, und die dich verfluchen, sind verflucht!»* (4. Mose 24,5–6;9).

Bileam glaubte an den einen wahren Gott, aber er war Seinem Wort gegenüber nicht gehorsam. Er sprach das Wort des HERRN in Bezug auf Israel, aber er war ein falscher Prophet. Petrus sagte über solche falschen Lehrer und Propheten: *«Und viele werden ihren Ausschweifungen nachfolgen, um derentwillen der Weg der Wahrheit verlästert werden wird»* (2. Petr. 2,2). *«... sie werden euch mit betrügerischen Worten kaufen ...»* (2. Petr. 2,3a). *«Sie sind abgeirrt, da sie den geraden Weg verlassen haben, und sind nachgefolgt dem Weg Bileams, der den Lohn der Ungerechtigkeit liebte»* (2. Petr. 2,15). Der HERR verurteilte dies und kündigte das Gericht über die falschen Lehrer an (lies das ganze zweite Kapitel im zweiten Petrusbrief).

Wie können wir aber unterscheiden zwischen richtigen und falschen Lehrern, zwischen echten und falschen Propheten, wenn sie doch das Wort Gottes verkündigen?

1. Sieh auf ihre Wurzeln! Woher kommen sie, was haben sie bisher getan, erfüllten sich ihre früheren Prophetien? Von Bileam beispielsweise war bekannt, dass er ein Zauberer war. *«Und als Bileam sah, dass es gut war in den Augen des HERRN, Israel zu segnen, ging er nicht wie die anderen Male auf Wahrsagerei aus ...»* (4. Mose 24,1).

2. Sieh auf die Ergebnisse ihrer Lehren bzw. ihrer Prophetien. Rabbiner Schlomo Riskin aus Efrat schrieb dazu folgendes: *«Unmittelbar nach Bileams Beschreibung von Israel als einem Volk, das weit länger bestehen wird als diejenigen, die es vernichten wollen, berichtet die Torah von der vielleicht schändlichsten Episode während der 40-jährigen Wüstenwanderung: wie die Lust der Israeliten nach den moabitischen Frauen sie schliesslich zum Götzendienst verleitete. In diesem erhabenen Moment, als die Torah (durch den Mund Bileams) gerade eine der bemerkenswertesten Prophetien hinsichtlich des jüdischen Volkes offenbart, tun sie das genaue Gegenteil von dem, was wir gerade über sie gelesen haben. Von der Tugendhaftigkeit und Sittsamkeit der Zelte Israels sinken die Juden in die Unmoral und betreiben Hurerei mit den Töchtern Moabs. 'Und das Volk fing an, Unzucht zu treiben mit den Töchtern Moabs, und diese luden das Volk zu den Opfern ihrer Götter ein, und das Volk ass und warf sich nieder vor ihren Göttern. Und Israel hängte sich an den Baal-Peor', (4. Mose 25,1–3).»*

Im nächsten *Torah*-Abschnitt werden wir sehen, dass dies alles eine Folge der Lehre Bileams war.

3. Gibt es Kennzeichen, durch die wir die wahren von den falschen Propheten unterscheiden können? Noch einmal Rabbiner Riskin: *«Bileam scheint viel mehr seinen persönlichen Gewinn zu suchen, denn er belästigt den Allmächtigen, ihm die Erlaubnis zu erteilen, mit den Boten Balaks zu gehen – für Geld! Ausserdem ist der Inhalt seiner Prophetien unterschiedlich zu der wahren Natur von Prophetien. Die erforderliche Bedingung für einen hebräischen Propheten ist die, dass er vor sündigem Verhalten warnt, dass er auf Fehlverhalten hinweist, unser Versagen zum Vorschein bringt und uns letztendlich lehrt, ein besseres Volk zu werden. Der jüdische Prophet ist ein Erzieher, ein Ermahner, ein Lehrer, ein Sittenlehrer, ein ethisches Vorbild, der uns durch sein Beispiel dient.»*

Prüfen Sie deshalb jede Lehre und jede sogenannte Prophetie. Alles, was nicht in Übereinstimmung mit Gottes Wort steht oder diesem gar entgegensteht, ist eine falsche Lehre. Gottes Wort verkündigen oder Zeichen und Wunder tun, ist allein kein erkennbares Unterscheidungsmerkmal von richtiger Lehre oder göttlicher Prophetie.

Segen und Fluch

Der obige *Torah*-Abschnitt enthält einige grundsätzliche Wahrheiten über das Volk Israel, die sich durch die Geschichte hindurch bestätigt und auch heute nach wie vor ihre Gültigkeit haben. Der HERR benutzte gar einen Wahrsager, um dies der Welt deutlich zu machen.

Das jüdische Volk ist kein Volk wie die anderen Völker, wenn die heutigen Führer und ein Grossteil der Bevölkerung auch so sein wollen wie die anderen Nationen. *«... siehe, ein Volk, das abgesondert wohnt und sich nicht zu den Nationen rechnet»* (23,9). Die Weltmächte der Antike wie Ägypten, Assyrien, Babylon, Medo-Persien, Griechenland und Rom sind alle verschwunden. Nur noch Ruinen sind stumme Zeugen ihrer glorreichen Vergangenheit. Dem kleinen jüdischen Volk jedoch, obwohl es in alle Welt zerstreut war und teilweise noch immer ist, trotz unzähliger Versuche, es auszurotten, blieb seine Identität erhalten. Ja, es ist nach 2000 Jahren sogar wieder zurückgekehrt in das Land seiner Väter. Ein rational nicht zu erklärendes Phänomen, das seine einzige Erklärung in der Erwählung Gottes findet, denn *«... der HERR, sein Gott, ist mit ihm ...»* (23,21). Auch wenn es ein halsstarriges Volk ist, auch wenn es ungehorsam war und ist, auch wenn der HERR selber es mehrmals vernichten wollte, so sagt er doch über Sein Volk durch den Propheten Jesaja (Kap. 54,5–7; 10):

«Denn dein Gemahl ist dein Schöpfer, HERR der Heerscharen ist sein Name, und dein Erlöser ist der Heilige Israels: Gott der ganzen Erde wird er genannt. Denn wie eine entlassene und tief gekränkte Frau hat dich der HERR gerufen und wie die Frau der Jugend, wenn sie verstossen ist, – spricht dein Gott. Einen kleinen Augenblick habe ich dich verlassen, aber mit grossem Erbarmen werde ich dich sammeln. Denn die Berge mögen weichen und die Hügel wanken, aber meine Gnade wird nicht von dir weichen und mein Friedensbund nicht wanken, spricht der HERR, dein Erbarmer.»

In Jeremia 31,35–37 vergleicht Gott den Fortbestand Seines Bundes gar mit dem Fortbestand dieser Welt. So wortgetreu sich die Verheissungen Gottes über Zerstreuung und Sammlung des jüdischen Volkes erfüllt haben, so ernst haben wir auch die Worte über Segen und Fluch in Bezug auf das Volk Israel zu nehmen. Einzelpersonen wie auch Nationen haben dies sowohl in positiver als auch in negativer Weise erfahren.

«Und Gott sprach zu Bileam: ... Du sollst das Volk nicht verfluchen! Denn es ist gesegnet» (22,12). *«Wie soll ich verfluchen, wen Gott nicht verflucht, und wie verwünschen, wen der HERR nicht verwünscht hat?»* (23,8).

Auch dies hat sich durch die Geschichte hindurch bestätigt. *«Ich spüre, dass mich der HERR segnet um deinetwillen»* (1. Mose 30,27), sagte Laban zu Jakob. Ähnliches erfuhr später der Ägypter Potiphar, dessen Haus um Josefs willen gesegnet war (1. Mose 39,5). Es ist ein Geheimnis, was sich durch die Geschichte hindurch bewahrheitete, dass all die Länder, in denen Juden in grosser Zahl lebten, Segen und Wohlergehen erfuhren, wenn sie die Juden gut behandelten. Das geistige Leben in Deutschland beispielsweise blühte, als es auch den deutschen Juden gut ging. Es gibt aber auch gegenteilige Beispiele.

Nach der grausamen Judenverfolgung durch die Inquisition im mittelalterlichen Spanien und der Vertreibung der Juden Ende des 15. Jhs. von der Iberischen Halbinsel, verlor die einstige Weltmacht Spanien etwa hundert Jahr später ihre Grossmachtstellung. Die Supermacht Grossbritannien verlor zusehends an Einfluss in der Welt, nachdem sie in den drei Jahrzehnten vor der Gründung des Staates Israel den Juden in Palästina das Leben nicht nur erschwerte, sondern zur Zeit des Holocaust Tausende ihrer einzigen Fluchtmöglichkeit beraubten, indem sie die Einwanderung jüdischer Flüchtlinge nach Palästina erheblich einschränkten.

Heute ist Grossbritannien nur eine von mehreren westlichen Staaten und das *Britische Commonwealth* existiert mehr oder weniger nur noch auf dem Papier. In Deutschland brannten zunächst die Synagogen, bevor einige Jahre später die Kirchen brannten. Etwa ein Drittel der jüdischen Weltbevölkerung wurde durch Nazi-Deutschland vernichtet, als dessen Folge das Deutsche Reich aufhörte zu existieren, es nahezu ein Drittel seines Staatsgebietes verlor und der Rest in zwei Staaten geteilt wurde. *«Als der Höchste den Nationen das Erbe austeilte, als er die Menschenkinder voneinander schied, da legte er fest die Grenzen der Völker nach der Zahl der Söhne Israel»* (5. Mose 32,8).

Die bekannten Worte des HERRN an Abraham in 1. Mose 12,3 werden auch in diesem *Torah*-Abschnitt aufgegriffen. *«Die dich segnen, sind gesegnet, und die dich verfluchen, sind verflucht»* (24,9). Segnen wir das jüdische Volk, wünschen wir ihm Gutes und beten wir für Israel, um selber wiederum gesegnet zu werden und um den HERRN zu erfreuen.

Pinchas – *«Pinhas»*

4. Mose 25,10–30,1

Haftarah-Abschnitt: 1. Könige 18,46–19,21

In diesem *Torah*-Abschnitt finden wir die zweite Volkszählung im vierten Buch Mose (Kapitel 26). 38 Jahre sind vergangen seit der ersten Zählung der Israeliten durch Mose. Die neue Zählung wurde notwendig, weil die Vorbereitungen für den Einzug in das verheissene Land begannen. Von den 603 550 wehrpflichtigen Männern der ersten Zählung (4. Mose 1,46) sind, mit Ausnahme von Josua und Kaleb, alle in der Wüste umgekommen. Die Zahl der neuen Generation beträgt mit 601 730 nur 1820 weniger.

Das nächste Kapitel (4. Mose 27) handelt vom Erbrecht. Der Fall von Zelofhads Töchter wurde vor Mose gebracht. Ihr Vater war gestorben und hatte keine Söhne hinterlassen. Seine Töchter beanspruchten nun auch ihren Besitzanteil unter dem Volk Israel, obwohl kein männlicher Nachkomme da war. Es handelt sich um einen Präzedenzfall und Gott gebietet durch Mose, dass das Gesuch von Zelofhads Töchtern gerechtfertig ist und das Erbteil ihres Vaters auf sie übergehen soll.

Es ist aufschlussreich, dass Mose, als der Antrag ihm vorgelegt wurde, nicht unmittelbar darauf antwortete, die Sache nicht mit Eleasar, dem Hohenpriester, und den Ältesten diskutierte, sondern *«... brachte ihre Rechtssache vor den HERRN»* (27,5).

Möge die Art und Weise, wie Mose dieses Problem löste, auch uns als ein Beispiel dienen. Wann immer Sie in Ihrem Leben einer schwierigen Entscheidung gegenüberstehen, bringen Sie es vor den HERRN, bevor Sie eine Entscheidung treffen oder selber versuchen, das Problem zu lösen. Nicht immer erhalten Sie sofort eine Antwort, doch von jetzt an liegt die Sache in der Hand des HERRN und Er wird Sie führen.

Im weiteren Verlauf dieses Kapitels bereitet Gott Mose auf seinen Tod vor und teilt ihm mit, dass Josua sein Nachfolger sein wird. Mose überträgt die Autorität seiner Führerschaft auf Josua, indem er diesem die Hände auflegt. Nach der erneuten Volkszählung und der Einsegnung des zukünftigen Führers erfolgen weitere Anweisungen für den Einzug in das gelobte Land.

In Kapitel 28 und 29 werden Bestimmungen für die Ordnung der Opfer gegeben. Beide Kapitel beinhalten detaillierte Beschreibungen der Opfer, die das Volk darzubringen hatte, seien es die täglichen Opfer oder Opfer anlässlich bestimmter Feiertage.

Vers 2 in Kapitel 28 liefert den Schlüssel zum Verständnis dieser ganzen Opfergebote. *«Befiehl den Söhnen Israel und sprich zu ihnen: Ihr sollt darauf Acht haben, mir meine Opfergabe, meine Speise, in Form der mir zukommenden Feueropfer zu ihrer festgesetzten Zeit darzubringen, mir zum wohlgefälligen Geruch!»*

Die Opfer sind ein Lobpreis Gottes und dienen zu Seiner Ehre. Anbetung Gottes dient nicht dem persönlichen Wohlbefinden des Gläubigen, hat nicht den Zweck, ihn zu erheben, sondern dient zur Freude, zur Ehre und zur Herrlichkeit Gottes. Dies sind Seine Opfer, durch die Sein Volk Ihn erfreut.

Im Zentrum dieses Wochenabschnittes steht jedoch der erste Vers, von dem sich auch seine Benennung ableitet. *«Und der HERR redete zu Mose und sprach: Der Priester Pinhas, der Sohn Eleasars, des Sohnes Aarons, des Priesters, hat meinen Zorn von den Söhnen Israel abgewendet, indem er in meinem Eifer mitten unter ihnen geeifert hat. So habe ich die Söhne Israel in meinem Eifer nicht vernichtet»* (4. Mose 25,10–11).

Im vorangegangenen Abschnitt sahen wir, dass Bileam das Volk nicht verfluchen konnte, es ihm aber durch seine Lehre gelang, die Israeliten moralisch zu verderben. Nach Bileams wunderbarer Prophetie über das jüdische Volk in den Kapiteln 23 und 24 verfiel das Volk der Wollust mit moabitischen Frauen. *«Und Israel blieb in Schittim. Und das Volk fing an Unzucht zu treiben mit den Töchtern Moabs; und diese luden das Volk zu den Opfern ihrer Götter ein, und das Volk ass und warf sich nieder vor ihren Göttern. Und Israel hängte sich an den Baal-Peor. Da entbrannte der Zorn des HERRN gegen Israel»* (4. Mose 25,1–3).

Die Israeliten lagerten in der Ebene Moabs. Sie schlossen Bekanntschaften und Freundschaften mit den Moabiter/innen und wurden von diesen zu ihren religiösen und kulturellen Veranstaltungen eingeladen, d. h. zu ihren Opferfesten. Damit hingen sie automatisch dem moabitischen Götzen *Baal-Peor* an. Zu Ehren dieses Götzen gaben sich moabitische Frauen preis, später wurden solche Frauen Tempeldirnen genannt (Hosea 4,14).

Israel verfiel in geistliche und in fleischliche Hurerei. Wie konnte dies nur geschehen? Nach 40 Jahren in der Wüste, an der Schwelle zum Einzug in das verheissene Land, das Ziel vor Augen, das Ende der Strapazen in Sicht, verfiel das Volk in tiefste Sünde. Nach 4. Mose 31,16 war es das Resultat der Lehre Bileams. *«Siehe, sie sind ja auf den Rat Bileams den Söhnen Israel ein Anlass geworden, in der Sache mit dem Peor eine Untreue gegen den HERRN zu begehen, so dass die Plage über die Gemeinde des HERRN kam.»*

Des HERRN Zorn entbrannte dermassen, dass Er gebot, alle Häupter des Volkes zu töten, die dem Götzendienst und der Hurerei verfallen waren, *«... damit die Glut des Zornes des HERRN sich von Israel abwende»* (25,4). Die Unzucht des Volkes erreichte ihren Höhepunkt, als ein Mann diese öffentlich zur Schau trug, indem er mit einer moabitischen Frau durch das Lager stolzierte, während Mose und ein Teil der Gemeinde aus Trauer über den sittlichen Verfall weinten (25,6).

Als dies Pinhas, der Enkel Aarons, sah, ging er den beiden nach und durchbohrte sie mit einem Speer, während sie zusammen im Zelt lagen. Durch Pinhas' Tat wurde der Zorn Gottes unter den Israeliten abgewendet. Bis dahin waren aber bereits 24 000 Menschen durch die Plage Gottes gestorben.

Klingt dies nicht schrecklich für unsere toleranten Gemüter? Pinhas beging einen brutalen Mord gegen Menschen, die in Sünde verfallen waren und Gott schloss auch noch einen Bund des Friedens mit ihm (25,12)! Pinhas war entsetzt über die Unmoral unter dem Volk und wurde zu einem Eiferer der Ehre Gottes. Wir sind nicht aufgerufen, Pinhas' Tat gegenüber Menschen, die Gottes Gebote missachten, zu wiederholen. Aber wir sind aufgerufen, uns

Pinhas als ein Vorbild des Eifers für den HERRN zu nehmen. Der lebendige Gott ist ein eifersüchtiger Gott (2. Mose 20,5).

Nicht nur in Gesellschaft und Politik, auch innerhalb der Christenheit wird heute vielfach Sünde toleriert, nur um niemandem zu nahe zu treten oder zu verletzen. *«Ihr Ehebrecherinnen, wisst ihr nicht, dass die Freundschaft der Welt Feindschaft gegen Gott ist? Wer nun ein Freund der Welt sein will, erweist sich als Feind Gottes»,* heisst es im Jakobusbrief, Kapitel 4, Vers 4. Sie suchen den Frieden auf Kosten der Wahrheit. Der *Torah*-Abschnitt über *Pinhas* zeigt jedoch, dass Wahrheit vor dem Frieden kommt. Erst nachdem Pinhas für Gottes Wort und für Seine Wahrheit eintrat, wurde die Plage zurückgehalten und der Friede Gottes war die Belohnung.

«Und der HERR redete zu Mose und sprach: Der Priester Pinhas, der Sohn Eleasars, des Sohnes Aarons, des Priesters, hat meinen Zorn von den Söhnen Israel abgewendet, indem er in meinem Eifer mitten unter ihnen geeifert hat. So habe ich die Söhne Israel in meinem Eifer nicht vernichtet. Darum sprich: Siehe, ich gebe ihm meinen Bund des Friedens» (25,10–12).

Möge Pinhas' Eifer zur Ehre Gottes eine Ermutigung und ein Beispiel für uns sein, zu sprechen und zu handeln, wann immer Gottes Wahrheit missachtet wird.

Baal

«Und Israel hängte sich an den Baal-Peor ...» (4. Mose 25,3). In den oben erwähnten Ereignissen verfiel ein Teil des Volkes Israel nicht nur in Unzucht, sondern sie betrieben auch Götzendienst und hingen dem *Baal-Peor* an. *Baal-Peor* ist der *Baal* von *Peor,* der in der Stadt *Bet-Peor* (5. Mose 3,29) verehrt wurde.

Baal bedeutet «Herr», «Besitzer», «Gebieter» oder «Mächtiger» und ist eine Bezeichnung für mehrere kanaanitische und westsemitische Götter. Vor allem bezieht es sich aber auf den grossen «Wettergott», den Beherrscher des Windes und des Regens, der auch mit der Fruchtbarkeit des Landes in Verbindung gebracht wurde.

Oft taucht *Baal* in Verbindung mit Ortsnamen auf, wie im obigen Fall, womit entweder kleine lokale Götter gemeint sind, oder die Bezeichnung sich auf eine Anbetungsstätte *Baals* an dem jeweiligen Ort bezieht. Der Ausdruck *Baalim* (Ri. 2,11; 3,7; 8,33) bezeichnet ebenfalls mehrere kleinere lokale Gottheiten. Ausserhalb der Bibel wurde der Name in kanaanitischen Texten in Ugarit (nördlich der syrischen Küstenstadt Latakia) erwähnt, findet sich aber auch in phönizischen, akkadischen und aramäischen Schriften sowie in den El-Amarna (Ägypten) Briefen.

Baal besass noch weitere Titel, wie *Mächtiger Baal* oder *«Prinz, Herr der Erde»*. Letzteres findet sich in Baal Sebub wieder, einer etwas entstellten Form von *Baal-Sebul* (2. Kön. 1,2). Daraus leitet sich wiederum die Bezeichnung *Beelzebul* in Matthäus 25,10; 12,24; Markus 3,22 und Lukas 11,15; 18 ab, der dort als der *«Oberste der Dämonen»* bezeichnet und von Jesus mit Satan gleichgesetzt wird. Von *Beelzebul* wurde dann «Beelzebub» abgeleitet.

Der «Wohnsitz» des *Baal,* sein «Aufenthaltsort», der wichtigste Anbetungsort, wird in den Dokumenten von Ugarit als der «Berg Sapan», bezeichnet. Dabei handelt es sich um den *Dschebel el-Akra,* ein 1728 Meter hoher Berg 50 km nördlich von Ugarit an der syrisch-türkischen Grenze.

In Jesaja 14,12–17 spricht der Prophet über den Fall *Luzifers,* des «Fürsten dieses Weltsystems», womit Satan selbst gemeint ist. In Vers 13 wird dabei ein *«... Versammlungsberg im äussersten Norden»* erwähnt, wo *Luzifer* thront.

Die gleiche Formulierung wurde in den Schriften von Ugarit vorgefunden, womit «die Höhen von Sapan» oder «die Festung von Sapan» benannt wurde, dem «Wohnsitz» *Baals.*

Daraus geht hervor, dass sich hinter dem Baalskult kein anderer als der Teufel selber verbirgt, der die Menschen davon abhielt, den lebendigen Gott anzubeten, und der die Israeliten im obigen *Torah*-Abschnitt zum Abfall verführte. Auch später, als die Israeliten bereits im Land wohnten, war dies der Fall. Der Baalskult war verbreitet und verleitete die Menschen, nicht dem HERRN zu dienen. Dies war und ist das Ziel von *Baal/Luzifer/Satan*.

Matot – *«Stämme»*
Massai – *«Wegstrecken»*

4. Mose 30,2–32,42
4. Mose 33,1–36,13

Haftarah-Abschnitt: **Jeremia 1,1–2,3**
Jeremia 2,4–28; 3,4; 4,1–2

Dieser *Torah*-Abschnitt besteht aus zwei kleineren Abschnitten, die während einiger Schaltjahre, wenn im jüdischen Kalender ein Monat hinzugefügt wird, als zwei Wochenabschnitte behandelt werden, jedoch nicht während jedem Schaltjahr. Wie in der Einführung bereits erläutert, ist die Anzahl der *Schabatot* (Samstage) in einem Jahr und die Tatsache, ob Feiertage auf einen *Schabat* fallen, dafür ausschlaggebend. Normalerweise werden sie als ein Abschnitt gelesen.

Mit diesem *Torah*-Abschnitt beenden wir das vierte Buch Mose, das Buch *Numeri*. Der Text beginnt mit dem Gesetz von Gelübden in Kapitel 30. Kapitel 31 beschreibt das Gericht über Midian, das Gott bereits vorher angekündigt hatte, weil sie die Israeliten zu sittenlosem Verhalten und zum Götzendienst verführt hatten. *«Bedrängt die Midianiter und schlagt sie»*, heisst es in 4. Mose 25,17. Im genannten Kapitel finden wir den Bericht über diesen Feldzug und wie der Auftrag Gottes ausgeführt wurde. *«Nimm Rache für die Söhne Israel an den Midianitern! Danach sollst du zu deinen Völkern versammelt werden»* (4. Mose 31,2).

Wie lässt sich dieser Aufruf zur Rache mit dem liebenden und barmherzigen Vater vereinbaren? Der Gott der Bibel, der Gott Abrahams, Isaaks und Jakobs und Vater unseres Herrn Jesus Christus, ist ein Gott der Liebe, der Gnade und Barmherzigkeit. Aber Er ist gleichfalls ein Gott des Zorns, der Rache und des Gerichtes. Es ist bedauerlich, dass dieser Aspekt des Charakters Gottes oftmals unbeachtet bleibt. Wenn Jesus, der Heiland und Erlöser dieser Welt, wiederkommt, kehrt er zum Gericht zurück, wie es das Buch der Offenbarung bezeugt.

In unserem Text richtet Gott diejenigen, die Sein Volk zur Sünde und zum Götzendienst verleiteten. Israel war in diesem Fall lediglich das Instrument Gottes, um dieses Gericht zu vollziehen. *«Die Rache wird 'Rache Jehova's' genannt, weil durch die Verführung Jehova's Gottheit und Ehre angetastet worden war»* (C. F. Keil).

Trotzdem scheint dies dem Wort der *Torah* in 3. Mose 19,18 zu widersprechen, wo der HERR sagt: *«Du sollst dich nicht rächen und den Kindern deines Volkes nichts nachtragen und sollst deinen Nächsten lieben wie dich selbst. Ich bin der HERR.»*

In diesem Vers wird gerechtes Handeln unter dem Volk gefordert. Im Zusammenhang geht es dabei um Bevorzugung und Benachteiligung, um Verleumdung und Nächstenliebe, um Rechtsprechung und gerechtes Handeln im Wirtschaftsleben.

Rabbiner Schlomo Riskin begründete den vordergründigen Widerspruch zwischen dem zitierten Vers und 4. Mose 31 wie folgt: *«Von dieser Perspektive aus gesehen, lehrt uns die Torah, dass im Bereich der materiellen Güter – Leihen und Verleihen – eine Einzelperson es nicht wagen soll, sein moralisches und ethisches Verhalten nach dem Benehmen anderer zu richten. Ich soll mich nicht davon abhalten lassen, dir etwas zu verleihen, weil du eine ähnliche Bitte meinerseits einst abgeschlagen hast und ich soll dir nicht etwas verleihen, um meine Überlegenheit dir gegenüber zum Ausdruck zu bringen. Vielleicht können wir durch derartiges Verhalten anderen unsere ethischen Werte vermitteln. Etwas völlig anderes ist es allerdings, wenn es um Fragen geht, die unser Leben bedrohen, wenn eine Nation die Absicht hat, uns zu vernichten, dann sollen wir es nicht wagen, naiv zu sein und unsere andere Wange hinzuhalten. Wir müssen nach den von ihnen aufgestellten Regeln spielen und sie zerschlagen, bevor sie die Möglichkeit haben, uns zu vernichten. In solch einem Fall ist uns geboten, Rache zu nehmen.»*

Warum wird das Gericht nur gegen die Midianiter ausgeführt und nicht gegen die Moabiter? Balak, der moabitische König, liess den Wahrsager Bileam kommen, um das jüdische Volk zu verfluchen, und es waren moabitische Frauen, mit denen die Israeliten Hurerei trieben (4. Mose 25,1).

Die Israeliten lagerten in den Ebenen Moabs, doch in dem Territorium der Moabiter, vor allem im Osten, lebten auch einige Stämme aus Midian. Bileam erteilte seinen Rat, das Volk Israel zu Übertretungen der Gebote Gottes zu verleiten, sowohl an Moabiter als auch an Midianiter. In 4. Mose 25, wo darüber berichtet wird, sind Frauen beider Völker erwähnt. Dass nur einige Stämme oder Sippen der Midianiter betroffen waren, wird durch den Fortbestand dieses Volkes im Verlaufe der weiteren Geschichte Israels bestätigt. Doch warum gebot Gott, das Gericht nur an Midian zu verüben?

Raschi, der berühmteste jüdische Bibelkommentator, sagte, dass Gottes Gericht deshalb nur gegen die Midianiter und nicht gegen die Moabiter ausgeübt wurde, weil die Moabiter nur aus Furcht vor dem Volk Israel den Rat Bileams befolgten. Weil sie annahmen, die Israeliten, die sich in ihrem Gebiet aufhielten, würden sie belästigen und das Land verderben. *«Und Moab fürchtete sich sehr vor dem Volk, weil es so gross war, und es graute Moab vor den Söhnen Israel. Und Moab sagte zu den Ältesten von Midian: Jetzt wird dieser Haufe unser ganzes Land ringsum abfressen, wie das Rind das Grüne des Feldes abfrisst»* (4. Mose 22,3–4).

Gott hatte den Israeliten geboten, das Land Moab nicht zu bekriegen und nicht zu erobern, weil er es ihnen nicht zum Besitz gegeben hatte (5. Mose 2,9). Die Midianiter andererseits suchten das jüdische Volk zu vernichten, ihr Motiv war weder materieller Gewinn noch Furcht. *«Die Strategie der Midianiter bestand von nun an nicht nur darin, uns zu schwächen, sondern vielmehr uns zu assimilieren, die Grundlage unserer Existenz durch eine Kombination von Wein, Frauen und Blut auf dem Altar von Baal-Peor auszulöschen»* (S. Riskin).

Die Midianiter tauchen im weiteren Verlauf der Geschichte Israels wiederholt als die Feinde des Gottesvolkes auf, besonders im Buch der Richter, wo sie immer wieder mit Terrorüberfällen das Land heimsuchten und das Volk unterdrückten (Ri. 6–8). Dabei ist interessanterweise zu erwähnen, dass der Halbmond, das Symbol des Islam, auch ein wichtiges Zeichen der Midianiter gewesen ist (Ri. 8,21 u. 26).

In 4. Mose 24,25 heisst es, dass Bileam wieder an seinen Ort zurückkehrte, d. h. er wandte sich gegen Osten. Auf diesem Weg machte er aber Station bei den im Osten Moabs lebenden Midianitern, denn aus Kapitel 31, Vers 16 geht hervor, dass Bileam bei den Midianitern war. Dort verkündete er dann seinen Rat, israelitische Männer durch die midianitischen Frauen zu verführen und sie zum Götzendienst zu verleiten. Einige Ausleger sind der, nicht gänzlich von der Hand zu weisenden, Auffassung, dass Bileam, nachdem er sich von Balak getrennt hatte, zu den Israeliten ging und ihnen in der Hoffnung auf materiellen Gewinn, den Balak ihm vorenthalten hatte, seine Segenssprüche offenbarte. Nachdem seine Ehr- und Geldgier dort jedoch keine Befriedigung fand, wandte er sich den Midianitern zu und verkündete ihnen aus Rache gegenüber den Israeliten seine Lehre.

Während Israels Kriegshandlungen gegen die Midianiter, bei denen auch Bileam getötet wurde (4. Mose 31,8), blieben die midianitischen Frauen verschont, worauf Mose zornig wurde mit seinen militärischen Führern. *«Und Mose sagte zu ihnen: Habt ihr alle Frauen am Leben gelassen? Siehe, sie sind ja auf den Rat Bileams den Söhnen Israel ein Anlass geworden, in der Sache mit dem Peor eine Untreue gegen den HERRN zu begehen, so dass die Plage über die Gemeinde des HERRN kam. So bringt nun alles Männliche unter den Kindern um, und bringt alle Frauen um, die einen Mann im Beischlaf erkannt haben!»* (4. Mose 31,15–17).

Diese Verse enthalten auch eine Botschaft für uns heute. Die Midianiter sind ein Bild für den Einfluss der Welt auf unser Leben, ein Werkzeug des Feindes, um uns von Gott wegzuführen. Wir sollen das Böse in unserem Leben richten und hinwegtun. Wenn wir es dulden und akzeptieren, es «am Leben lassen», wird es uns zum Fall werden.

Ein ähnliches Thema begegnet uns am Ende von *Matot* in Kapitel 32. Die Stämme von Ruben und Gad sowie der halbe Stamm Manasse hegten den Wunsch, sich auf der östlichen Seite des Jordan anzusiedeln und nicht in das verheissene Land hinüberzuziehen. Sie waren des jahrelangen Umherwanderns müde und wollten in dem fruchtbaren und lieblichen Land auf der Ostseite in Gilead verbleiben. In diesem Gebiet wurden Parfüm und Medizin für den gesamten Mittleren Osten produziert. Das Land war mit Wäldern bedeckt und Viehherden bevölkerten sattgrüne Weiden. Die Täler waren mit fruchtbaren Plantagen überzogen. Wer hätte nicht den Wunsch geäussert, dort zu verweilen, anstelle weiter Krieg zu führen und in das gelobte Land mit einer ungewissen Zukunft einzuziehen?

Doch Mose sagte zu ihnen: *«Sollen eure Brüder in den Kampf ziehen, und ihr wollt hier bleiben? Und warum wollt ihr das Herz der Söhne Israel davon abhalten, in das Land hinüberzuziehen, das der HERR ihnen gegeben hat? So haben eure Väter getan, als ich sie von Kadesch-Barnea aussandte, das Land einzusehen»* (32,6–8).

Wäre ihnen ihr Wunsch erfüllt worden, hätte es verheerende Folgen für die gesamte Nation haben können, da andere Stämme womöglich den gleichen Wunsch geäussert hätten. Kurz vor der Eroberung des verheissenen Landes hätte dies äusserst negative Auswirkungen auf den Kampfgeist des ganzen Volkes gehabt und den ganzen Zweck und das Ziel ihrer Reise gefährdet.

Mose stimmte dem Vorschlag zu, dass die zweieinhalb Stämme ihre Familien und ihr Vieh zurücklassen, doch die Männer ihren Brüdern bei der Einnahme des Landes Kanaan helfen würden, um danach wieder nach Gilead zurückzukehren und dort zu verbleiben. Ruben, Gad und der halbe Stamm Manasse schlossen einen Kompromiss mit dem Wort Gottes. Ihre Motive waren irdischer Natur; sie hatten nur das im Sinn, was für ihre Augen angenehm war. Sie waren halbherzig in der Nachfolge des HERRN.

Der Apostel Paulus erwähnt in seinem zweiten Brief an Timotheus (Kap. 4,10) auch einen Gläubigen, der dem HERRN nur halbherzig nachfolgte: *«Denn Demas hat mich verlassen, da er den jetzigen Zeitlauf lieb gewonnen hat ...»*

Folgen wir doch dem HERRN mit ganzem Herzen nach und möge uns das Beispiel der zweieinhalb Stämme als Warnung dienen, denn ihre Entscheidung hatte Konsequenzen. Zwar wurde ihnen das Land östlich des Jordan zum Besitz gegeben (5. Mose 3), doch liessen sie zunächst einmal ihre Familien in einem fremden Land im Stich und ihre Entscheidung war mit Sicherheit nicht mutmachend für das übrige Volk.

In Josua, Kapitel 22 wird berichtet, dass es später wegen der Trennung zu einem grossen Missverständnis unter dem Volk kam. Sie waren ebenfalls grösseren Gefahren ausgesetzt, aufgrund ihrer exponierten Lage. In Richter, Kapitel 10 werden die Folgen der exponierten und isolierten Lage der zweieinhalb Stämme sichtbar. Gott strafte Israel, weil sie sich von ihm abgewendet und Götzendienst betrieben hatten.

Das Land wurde von den feindlichen Nachbarstaaten beherrscht. Doch von den Stämmen östlich des Jordan wird berichtet, dass sie 18 Jahre lang unter der Besetzung des Landes schwer zu leiden hatten. Auch aus 1. Könige 22,3 geht hervor, dass dieses Gebiet in Konfliktfällen als erstes in die Hände der Feinde fiel. Hätten Ruben, Gad und der halbe Stamm Manasse dem Wort Gottes gehorcht und sich nicht in Gilead niedergelassen, wären ihnen manche Schwierigkeiten erspart worden.

In *Massai,* dem zweiten *Torah*-Abschnitt, finden wir eine Zusammenfassung der Reise des Volkes Israel, über ihre Wegstrecken und Lagerplätze von Ägypten bis zum Jordan sowie das Gesetz über das Land (Kapitel 33). Gott erneuerte die Landverheissung; *«... denn euch habe ich das Land gegeben, es zu besitzen»* (33,53). Er befiehlt den Israeliten, die Einwohner des Landes zu vertreiben und die Orte, an denen sie ihre Götzen anbeten, auszutilgen. Sollten sie dies nicht tun, so warnt der HERR das Volk Israel: *«... dann werden die, die ihr von ihnen übriglasst, zu Dornen in euren Augen und zu Stacheln in euren Seiten werden, und sie werden euch bedrängen in dem Land, in dem ihr wohnt. Und es wird geschehen: Wie ich gedachte, ihnen zu tun, so werde ich euch tun»* (33,55–56). Wie die spätere Geschichte Israels zeigt, wurde dieses Gebot nicht vollständig befolgt und es trat genau das ein, vor dem der HERR sie gewarnt hatte.

Im nächsten Kapitel (34) erfolgen weitere Anweisungen zur Vorbereitung für den Einzug in das Land, vor allem über den Verlauf der Grenzen. Kapitel 35 berichtet über die Städte der Leviten und über Zufluchtsstädte.

Bisher besass Israel das ihm hier von Gott verheissene Land niemals in vollem Ausmass, doch ER gab es Seinem Volk für alle Zeiten und der Tag wird kommen, da sie es vollständig besitzen werden. ER wird Sein Volk in die Segensverheissungen führen, die ER zugesagt hat, denn SEIN Wort ist Ja und Amen.

Land Gottes

«Und du sollst das Land nicht unrein machen, in dem ihr wohnt, ***in dessen Mitte ich wohne;*** *denn ich, der HERR, wohne inmitten der Söhne Israels»* (4. Mose 35,34).

Eretz Israel, das Land Israel, ist nicht in erster Linie das Land des Volkes Israel, sondern Gottes Land. ER hat es Seinem Volk gegeben, für ewige Zeiten. In Römer 15, Vers 8 schreibt Paulus, dass Christus ein Diener der Juden geworden ist, um der Wahrheit Gottes willen und um die Verheissungen, die den Vätern gegeben wurden, zu bestätigen. Dazu gehört auch die Verheissung des Landes.

«Und das Land soll nicht endgültig verkauft werden, ***denn mir gehört das Land;*** *denn Fremde und Beisassen seid ihr bei mir»* (3. Mose 25,23). (Siehe auch 2. Chr. 7,20; Jes. 14,25; Jer. 2,7; Hes. 36,5; 38,16; Joel 1,6)

Zwar ist die ganze Erde Gott untertan (Ps. 24,1), doch hat Er sich dieses Stück Land zwischen Mittelmeer und Jordan erwählt, so wie er sich die Stadt Jerusalem als den Ort erwählte, wo Er Seinen Namen niedergelegt hat (5. Mose 12,5 u. 11). Die Erwählung liegt darin begründet, dass er Seinen Heilsplan mit dieser Welt durch das Volk Israel vollzieht. In dieses Volk und in dieses Land wurde der Erlöser dieser Welt geboren und in dieses Volk und in dieses Land wird der Messias wiederkehren, um Gottes Herrschaft auf dieser Erde aufzurichten. *«So wird der HERR, ihr Gott, sie an jenem Tag retten als die Herde sei-*

nes Volkes. Denn Steine an seinem Diadem sind sie, ***die über seinem Land funkeln»*** (Sacharja 9,16).

Der HERR ist besorgt um das *Land Israel,* jede Verunreinigung, sei es durch Götzendienst oder durch das Vergiessen von unschuldigem Blut, ahndet Er an den Bewohnern des Landes. *«Damit das Land euch nicht ausspeit, wenn ihr es unrein macht, ebenso wie es die Nation ausgespien hat, die vor euch da war»* (3. Mose 18,28).

«Und ihr sollt das Land nicht entweihen, in dem ihr seid; denn das Blut, das entweiht das Land; und dem Land kann für das Blut, das in ihm vergossen worden ist, keine Sühnung erwirkt werden ausser durch das Blut dessen, der es vergossen hat» (4. Mose 35,33; siehe auch Jer. 16,18).

Gott sagt, dass Er beständig nach diesem Land sieht und Acht darauf hat. Kann es uns da gleichgültig sein, was mit diesem Land geschieht, egal sein, wer darin herrscht?

«Ein Land, auf das der HERR, dein Gott, Acht hat. Beständig sind die Augen des HERRN, deines Gottes, darauf gerichtet vom Anfang des Jahres bis zum Ende des Jahres» (5. Mose 11,12).

Gott gebrauchte Babel, um Gericht an Israel zu üben. Doch später richtete er Babel, die ihr Weltreich verloren, weil sie das Land Israel und die Stadt Jerusalem beraubt und vergewaltigt hatten.

Das Gleiche sagt der HERR für die Zukunft voraus. Alle Nationen und Politiker, die das Land Israel aufteilen wollen, sollten das Wort des Propheten Joel (4,2) hören:

«Dann werde ich alle Nationen versammeln und sie ins Tal Joschafat (das Tal zwischen Ölberg und Tempelberg in Jerusalem) hinabführen. Und ich werde dort mit ihnen ins Gericht gehen wegen meines Volkes und meines Erbteils Israel, das sie unter die Nationen zerstreut haben. ***Und mein Land haben sie geteilt.»***

«Und der HERR eiferte für sein Land ...» (Joel 2,18). Kann es uns dann einerlei sein, können wir bei dem, was sich in und um dieses Land tut, unberührt bleiben?

Gottes Wort bezeichnet das Land Israel als das schönste Land auf Erden.

«... ein köstliches Land ... das die herrlichste Zierde der Nationen ist» (Jer. 3,19).

Kapitel 5

5. Mose

Deuteronomium

Dvarim – *«Worte (Reden)»*

5. Mose 1,1–3,22

Haftarah-Abschnitt: Jesaja 1,1–27

Wir setzen die Betrachtung der *Torah* fort mit dem fünften Buch Mose, dem Buch Deuteronomium. Der hebräische Name lautet: *Ele ha Dvarim,* wörtl. «Dies sind die Worte (oder: «Dies sind die Reden»), aus dem Eröffnungsvers. Die Bezeichnung des Abschnittes wurde verkürzt auf *Dvarim,* «Worte (Reden)». Der ursprüngliche Name lautete *Mischneh Torah,* was «Wiederholung der *Torah*» meint, basierend auf 5. Mose 17,18. Das Wort *Mischneh* ist dort mit «Abschrift» zu übersetzen. Die Septuaginta bezeichnete das fünfte Buch Mose als *Deuteronomion,* als «Das zweite Mal das Gesetz». Der Titel wurde auch in der lateinischen Bibelübersetzung, der Vulgata, als *Deuteronomium* übernommen.

Das fünfte Buch Mose ist jedoch kein zweites Gesetz, auch ist es mehr als eine Abschrift oder summarische Wiederholung bisher bereits Gesagtem, es ist vielmehr *«eine Darlegung, Erläuterung und Einschärfung des wesentlichsten Inhalts der Bundesoffenbarung und Bundesgesetze mit nachdrücklicher Hervorhebung des geistigen Prinzips des Gesetzes und seiner Erfüllung und mit weiterer Entfaltung und Normierung der gottesdienstlichen, rechtlichen, staatlichen und bürgerlichen Ordnungen, welche das Leben und Wohlergehen des Volkes im Lande Kanaan dauernd begründen soll»* (C. F. Keil).

Das Buch enthält die letzten Reden, die Mose vor dem Volk in den Ebenen Moabs hielt, und beginnt mit einem Rückblick auf die Wüstenwanderung. Im fünften Buch Mose finden sich Prophetien über göttliches Gericht aufgrund von Ungehorsam und göttlichen Segen als Folge der Beachtung der göttlichen Gebote; Prophetien, die sich in der Geschichte Israels erfüllten. Das Buch endet mit dem «Lied des Mose» und seinem Segen über dem Volk Israel. Auf

Dvarim / Deuteronomium wird im Neuen Testament über achtzig Mal Bezug genommen. Es ist das Buch der *Torah*, aus dem Jesus am häufigsten zitierte.

In Kapitel 1 erzählt Mose noch einmal das Versagen Israels in *Kadesch Barnea,* als er die Kundschafter in das Land Kanaan sandte und wie das Volk nach deren Rückkehr rebellierte und murrte, des HERRN Gebot missachtete und Seiner Verheissung nicht glaubte. Kapitel 2 fährt fort mit dem Bericht über die Wüstenwanderung und Kapitel 3,1–22 schildert den Sieg über den König von Baschan sowie die Aufteilung des Landes östlich des Jordan unter den zweieinhalb Stämmen.

Mose erinnert das Volk an sein Versagen, seitdem sie vom Berg Horeb aufgebrochen waren, doch zu Beginn wiederholt er die Verheissung Gottes für das Land. *«Siehe, ich habe das Land vor euch dahingegeben. Geht hinein und nehmt das Land in Besitz, von dem der HERR euren Vätern, Abraham, Isaak und Jakob geschworen hat, es ihnen und ihren Nachkommen nach ihnen zu geben!»* (5. Mose 1,8).

Das Land ist keine Nebenfrage – es stellt ein zentrales Thema in Gottes Handeln mit Israel dar. Wie können all die Aussagen über das Land heute vielerorts einfach ignoriert und behauptet werden, sie hätten keine Bedeutung mehr, wohingegen andere Aussagen der *Torah* nach wie vor ihre Bedeutung hätten (z. B. die Zehn Gebote)? Wer gibt das Recht zu unterscheiden, «dies gehört der Vergangenheit an», doch «dies müssen wir beachten»?

Für Israel ist es ein Gebot Gottes, das Land einzunehmen. *«Siehe, der HERR, dein Gott, hat das Land vor dir dahingegeben. Zieh hinauf, nimm in Besitz, wie der HERR, der Gott deiner Väter, zu dir geredet hat! Fürchte dich nicht und sei nicht niedergeschlagen»* (1,21). Wie viel mehr Gültigkeit hat dieses Gebot erst, wenn Israel das Land bereits besitzt und Teile davon weggeben will, wie es gegenwärtig geschieht?

Der HERR wurde zornig, nachdem die Israeliten sich weigerten, das Land einzunehmen, und strafte das Volk.

Mose ruft noch einmal die Situation in Erinnerung, die zur Aussendung der Kundschafter führte. *«Da tratet ihr alle zu mir und sagtet: Lasst uns Männer vor uns hersenden, dass sie das Land für uns erkunden und uns Bericht erstatten über den Weg, auf dem wir hinaufziehen, und über die Städte, zu denen wir kommen sollen! Und die Sache war gut in meinen Augen. Und ich nahm zwölf Männer von euch, je einen Mann für den Stamm»* (1,22–23).

Es war eine eindeutige Entscheidung Moses, die Spione loszuschicken. Vielleicht blieb ihm keine andere Wahl, weil das Volk ihn derart drängte. Wir erhalten hier einen vollständigen Bericht über das, was sich in *Kadesch Barnea* ereignete. Es war nicht ursprünglich der Befehl Gottes, Kundschafter auszusenden (4. Mose 13,1–2), sondern es resultierte aus dem Vorschlag des Volkes, mit dem Mose einverstanden war und den dann auch Gott billigte. Hätte Israel dem ursprünglichen Wort des HERRN geglaubt und danach gehandelt, hätten sie sich 38 Jahre des Umherirrens in der Wüste erspart. Stattdessen jedoch folgten sie ihrem Verstand.

«Wir brauchen einen Plan, wie das Land zu erobern ist. Wir müssen genau wissen, welche Wege wir gehen werden. Wir müssen Informationen über die Beschaffenheit und das Aussehen des Landes haben. Wir können die Städte nur angreifen, wenn uns genaue Berichte über ihre Verteidigungsanlagen vorliegen!» So oder ähnlich mag das Volk argumentiert haben. Sie wollten menschliche Massnahmen zur Eroberung des Landes treffen. Warum aber diskutierten sie diese Fragen? Gott hatte ihnen das Land versprochen und kurz vorher zu ihnen gesagt: *«... Zieh hinauf, nimm in Besitz.»*

Wann immer wir Gottes Gebote mit unserem Verstand, unserer Weisheit, unserer Einschätzung der Situation, unseren eigenen Vorstellungen und Ideen vermischen, leugnen wir die alleinige Gültigkeit Seines Wortes. Wann immer wir versuchen, einen Kompromiss mit dem Wort Gottes zu schliessen, werden wir mit Sicherheit scheitern. Wir werden nur Sieg haben über uns angsteinflössende Umstände, wenn wir mit ganzem Herzen Gottes Wort glauben, unser ganzes Vertrauen in Ihn setzen und ausschliesslich von Ihm abhängig sind.

Wenn Sie menschlichen Vorschlägen und Ideen folgen, werden Zweifel an Gottes Zusagen aufkommen, wie es auch unter den Israeliten der Fall war und wie es sich bereits im Paradies ereignete, als die Schlange zu Eva sagte: *«Hat Gott wirklich gesagt?»* (1. Mose 3,1). Dahinter steht der Widersacher Gottes in dieser Welt. Nach dem entmutigenden Bericht der Kundschafter zweifelte das Volk Israel an den Verheissungen Gottes.

Die Zweifel mündeten in Murren, was sich zur Rebellion steigerte. *«Aber ihr wolltet nicht hinaufziehen und wart widerspenstig gegen den Befehl des HERRN, eures Gottes»* (1,26). Die Folge war schliesslich das Gericht Gottes. Auch die ermutigenden Worte Moses *«Erschreckt nicht und fürchtet euch nicht vor ihnen! Der HERR, euer Gott, der vor euch herzieht, er wird für euch kämpfen nach allem, was er in Ägypten vor euren Augen für euch getan hat»* (1,29–31) fielen auf taube Ohren. Offensichtlich hatten sie alles, was der HERR bis dahin für sie getan hatte, vergessen.

Wo immer Gottes Wort nicht ernst genommen, sondern «den Umständen angepasst» wird, endet dies im Abfall vom Glauben. Dennoch finden wir auch mutmachende Worte in diesem *Torah*-Abschnitt. Selbst wenn wir versagen, wie das Volk Israel versagte, und wir die Konsequenzen zu tragen haben, wie die Israeliten es tun mussten, ist der HERR treu und steht zu Seinem Wort, woran Mose das Volk in Kapitel 2, Vers 7 erinnerte: *«Denn der HERR, dein Gott, hat dich in allem Tun deiner Hand gesegnet. Er gab Acht auf deine Wanderung durch diese grosse Wüste: Diese vierzig Jahre ist der HERR, dein Gott, mit dir gewesen; es hat dir an nichts gemangelt.»*

Mischneh Torah

Wie weiter oben bereits erläutert, lautete der ursprüngliche Name dieses Abschnittes *«Mischneh Torah»,* was so viel wie «Wiederholung», «das Aufsagen» oder die «Wiederkehr der *Torah*» bedeutet.

Warum wird im fünften Buch Mose vieles von dem, was in den vorangegangenen Büchern verkündet wurde, nochmals wiederholt? Warum sind wir aufgefordert, das Wort Gottes wiederholt zu lesen und zu lernen?

Die jüdische Überlieferung berichtet von folgender Geschichte. Der berühmte jüdische Prediger Jacob Ben Wolf Kranz (1741–1804) erhielt eines Tages Besuch eines verwirrten und gänzlich aufgewühlten Mannes, der den Prediger mit der Frage konfrontierte: «Was ist das Gute am *Torah*-Studium? Ich lerne jeden Tag in der *Torah*, doch am darauffolgenden Tag habe ich alles wieder vergessen.» Der weise Gottesmann erzählte seinem Besucher daraufhin folgendes Gleichnis.

Ein König übertrug einst einem seiner Untertanen die Aufgabe, die Wasserfässer des Königs täglich mit frischem Wasser aufzufüllen. Nachdem der Diener bemerkte, dass der Boden der Fässer undicht war und das Wasser wieder heraustropfte, hörte er damit auf, Wasser nachzufüllen. Sechs Monate später stellte der König fest, dass die Fässer an der Innenseite trocken waren. Er wurde derart ärgerlich, dass er drohte, den Untertanen töten zu lassen. Dieser, um sein Leben flehend, erklärte dem König, dass er keinen Sinn darin sah, regelmässig Wasser nachzufüllen, da die Fässer ohnehin undicht seien und das Wasser wieder auslaufen würde. «Dummkopf!», brüllte der König, «wer hat dir gesagt, dass ich die Fässer mit Wasser füllen will? Du solltest Wasser hineingiessen, weil sich an der Innenwand eine schmierige Schicht gebildet hatte, die gereinigt werden sollte.»

Jacob Kranz lächelte seinen Besucher an und sagte zu ihm: «Wer sagt, dass der einzige Zweck des *Torah*-Studiums ist, deinen Kopf mit Wissen und Erkenntnissen zu füllen? Alle Anstrengungen und Mühen des Lernens dienen dazu, die Verunreinigungen unserer Seele abzuwaschen.»

Va-Ätchanan – *«Und ich flehte»*

5. Mose 3,23–7,11

Haftarah-Abschnitt: Jesaja 40,1–26

Mose hält weiter Rückschau auf Israels Reise vom Berg Horeb bis zu den Grenzen des gelobten Landes und erinnert das Volk an seine Geschichte und was Gott für sie getan hat. Bevor eine neue Generation des Volkes in das Land einzieht, das der Gott ihrer Väter ihnen versprochen hat, legt Mose ihnen das Gesetz des HERRN, Seine *Torah,* vor. In den ersten Versen wird das Verbot Gottes an Mose, den Jordan zu überqueren und in das Land Kanaan einzuziehen, wiederholt.

In Kapitel 4 verkündet Mose dem Volk die Grösse der *Torah* und verlangt ihren Gehorsam gegenüber den darin zum Ausdruck gebrachten Geboten Gottes. Kapitel 5 enthält eine Wiederholung der Zehn Gebote, während sich in Kapitel 6 das *Schma Israel* sowie das Gebot, Gott zu lieben, findet. Der Abschnitt endet mit einer Warnung an das Volk, sich nicht mit den Bewohnern des Landes Kanaan einzulassen und Freundschafts- oder Familienbande mit ihnen zu schliessen, in den ersten Versen von Kapitel 7.

Dieser Abschnitt des Wortes Gottes enthält eine solche Fülle von geistlichen Weisheiten und Schätzen, dass ich jedem Leser empfehle, den gesamten Text zu lesen. Ich kann in dieser Betrachtung nur wenige erwähnen, die der HERR mir auf das Herz legte. Dabei möchte ich mit dem Ende des Abschnittes beginnen.

Für nicht wenige Kirchen und Gemeinden weltweit gehört die Erwählung des jüdischen Volkes der Vergangenheit an. Sie verkünden die sog. «Ersatztheologie» (Replacement Theology), nach der die Kirche, die Gemeinde Jesu, anstelle Israels als Gottes auserwähltes Volk getreten ist. In unserem Text heisst es aber in 5. Mose 7,6: *«Denn du bist dem HERRN, deinem Gott, ein heiliges Volk, dich hat der HERR, dein Gott, erwählt, dass du ihm als Ei-*

gentumsvolk gehörst aus allen Völkern, die auf dem Erdboden sind.»

Dies sagt Gottes ewiges Wort. «Ja, aber dies steht ja im Alten Testament», mag der eine oder andere sagen. Doch auch das Neue Testament bestätigt die Erwählung Israels. Der Apostel Paulus greift diese Frage auf und schreibt im Römerbrief, Kapitel 11, Verse 1–2: *«Ich sage nun: Hat Gott etwa sein Volk verstossen? Das ist ausgeschlossen! Denn auch ich bin ein Israelit aus der Nachkommenschaft Abrahams, vom Stamm Benjamin. Gott hat sein Volk nicht verstossen, das er vorher erkannt hat.»* Der Herr Jesus selber sagt in Matthäus 5,18: *«Denn wahrlich, ich sage euch: Bis der Himmel und die Erde vergehen, soll auch nicht ein Jota oder ein Strichlein vom Gesetz (Torah) vergehen, bis alles geschehen ist.»*

Doch warum erwählte Gott ausgerechnet das Volk Israel? Die Antwort findet sich auch in diesem Wochenabschnitt: *«Nicht weil ihr mehr wäret als alle Völker, hat der HERR sich euch zugeneigt und euch erwählt – ihr seid ja das geringste unter allen Völkern –, sondern wegen der Liebe des HERRN zu euch, und weil er den Eid hielt, den er euren Vätern geschworen ...»* (7,7–8). Nicht weil die Israeliten es verdient hätten, weil sie bessere Menschen sind als die anderen Völker, nein, die Liebe Gottes und die Treue zu Seinem Wort ist der Grund für die Erwählung des jüdischen Volkes. Es ist der gleiche Grund, warum wir, deren Leben Christus gehört, erwählt sind – ohne Verdienst, allein aus Gnaden.

Neben dieser zentralen Aussage enthält *Va-Ätchanan* einige der bekanntesten und wichtigsten Verse der gesamten *Torah* für das jüdische Volk, das *«Schma»*. *Schma Israel* bedeutet «Höre Israel» und wir finden diese Worte in Kapitel 6,4–5: *«Höre, Israel: Der HERR ist unser Gott, der HERR allein! Und du sollst den HERRN, deinen Gott, lieben mit deinem ganzen Herzen und mit deiner ganzen Seele und mit deiner ganzen Kraft.»* Religiöse Juden rezitieren diese Worte täglich und durch die Jahrhunderte hindurch waren es in unzähligen Schicksalen die letzten Worte, die Juden vor ihrem Tode aussprachen.

In den darauffolgenden Versen befiehlt Mose: «Den HERRN, deinen Gott, sollst du fürchten» (Vers 13); *«Und du sollst tun, was recht und gut ist in den Augen des HERRN»* (Vers 18). Warum? *«Damit es dir gut geht und du hineinkommst und das gute Land in Besitz nimmst»* (Vers 18).

Ist dies nicht auch eine Botschaft für uns heute? Als Kinder Gottes wünschen wir doch auch, dass es uns wohl gehen möge (im geistlichen Sinne), damit wir einst in das «Reich der Himmel», das ewige Erbe, das uns verheissen ist, einziehen können. In diesen Versen lesen wir die Bedingungen für das «Wohlergehen» und den sicheren Einzug in die «himmlischen Örter». Es ist die «Furcht Gottes» und die «Liebe zu Gott». Doch wie kommen wir dazu, Gott in rechter Weise zu fürchten und zu lieben?

Für den grossen jüdischen Theologen Moses Maimonides («Rambam») (1135–1204) ist «Liebe» gleichbedeutend mit «Erkenntnis». Er schrieb: *«Das Gebot, Gott zu lieben, bedeutet, dass wir versuchen müssen, Seine Gebote zu betrachten, zu ergründen und zu verstehen, dass wir Ihn erfassen und begreifen können und indem wir Ihn erfassen, verstehen und begreifen, erlangen wir die vollkommene Freude. Dies stellt die Liebe zu Gott dar.»* Einen der elementarsten Wege, Gott zu erfassen, geschieht durch das Lesen und Studieren Seines Wortes. Wenn wir uns in Sein Wort vertiefen und darin forschen, wird Gott sich uns nicht nur offenbaren, wir lernen dabei auch Seine Grösse, Seine Liebe, Sein Erbarmen und andere Eigenschaften Seines Wesens kennen. Wenn wir mit aufrichtigem Herzen in Seinem Wort forschen, kann dies nur ein Resultat zur Folge haben – wir werden den HERRN lieben und fürchten. Fürchten ist dabei im Zusammenhang als Ehrfurcht zu verstehen und nicht als Angst.

Den Wunsch Gottes, dass es Seinem Volk wohl ergehen möge, finden wir in verschiedenen Versen dieses Abschnittes (5,29 u. 33; 6,3; 18 u. 24). ER hat Weisheit und Einsicht verheissen. Beides suchen die Menschen, sie streben nach Weisheit und Erkenntnis durch Studium und Arbeit. Doch wahre Weisheit und wahre Erkenntnis kann nur an einem Ort gefunden werden – im Wort Gottes. *«So bewahrt und tut sie!»* (die Ordnungen und Weisungen Gottes); *«Denn das ist eure Weisheit und eure Einsicht in den Augen der Völker ...»* (5. Mose 4,6).

Der Text spricht aber auch noch von einem anderen Aspekt des Charakters Gottes, der in vorangegangenen Abschnitten bereits angesprochen wurde, von Gottes Zorn und von Seinem Gericht.

In Kapitel 6,14–15 heisst es: *«Ihr sollt nicht anderen Göttern ... nachlaufen – denn als ein eifersüchtiger Gott ist der HERR, dein Gott, in deiner Mitte – damit nicht der Zorn des HERRN, deines Gottes, gegen dich entbrennt und er dich vom Erdboden weg vernichtet.»*

Diese Form des Wesens Gottes wird oft übersehen. Weil Israel den Geboten Gottes nicht folgte, wie es der Text fordert, wurde der Tempel zweimal zerstört und das Volk unter die Nationen zerstreut (4,27). Doch ein Überrest kehrte zurück in ihr Land, auch in unseren Tagen, wie der HERR es verheissen hatte, denn Er ist treu und Sein Wort ist wahr. *«Denn ein barmherziger Gott ist der HERR, dein Gott. Er wird dich nicht aufgeben und dich nicht vernichten und wird den Bund deiner Väter nicht vergessen, den er ihnen geschworen hat»* (5. Mose 4,31).

So wie Israel verantwortlich war für sein Handeln und die Folgen seiner Vergehen tragen musste, sollen auch wir wachsam sein in unseren Handlungen. Wir können nicht andere für diese zur Verantwortung ziehen. Doch neben den Warnungen finden wir auch sehr ermutigende Worte für unser Glaubensleben in diesem Text.

Wenn Sie mit Ihrem Verstand und Ihren Fähigkeiten am Ende sind, wenn Sie nicht mehr aus noch ein wissen, dann erinnern Sie sich dessen, was der HERR für Sie bereits getan hat. Selbst in Zeiten der Schwachheit und des Verzagens erinnern Sie sich, was Gott in Ihrem Leben getan hat und dies wird Ihnen neue Zuversicht und Kraft geben. *«Nur hüte dich und hüte deine Seele sehr, dass du die Dinge nicht vergisst, die deine Augen gesehen haben und dass sie nicht aus deinem Herzen schwinden alle Tage deines Lebens!»* (5. Mose 4,9).

Zum Schluss möchte ich unseren Blick auf Mose richten, dem die Einreise in das verheissene Land von Gott verwehrt wurde. Wie mag dieser Mann Gottes sich gefühlt haben? Sein ganzes Leben hat er in den Dienst des HERRN gestellt. Über Jahre ist er gegenüber den Geboten Gottes gehorsam gewesen und ist diesen gefolgt. Er führte das Volk Israel aus der Knechtschaft in Ägypten bis zu der

Grenze des verheissenen Landes. Fortlaufend trat er im Gebet gegenüber Gott für das Volk ein.

Und jetzt, wegen des Unglaubens, des Ungehorsams und der Starrköpfigkeit des Volkes (3,26) wird es ihm nicht gestattet, in das Land Kanaan einzuziehen, weil er selber einmal ungehorsam gewesen ist, einmal versagt hat. In Kapitel 3, in den Versen 23 bis 29, legt Mose Gott gegenüber noch einmal die Fakten dar, schildert die Situation, wie es zu seinem damaligen Versagen (4. Mose 20,7–13) kam. Mose kritisiert Gott nicht, er ist nicht bitter in seinem Herzen. Im Gegenteil, er lobt die Grösse Gottes und bringt flehend seinen Herzenswunsch vor: *«Ich möchte doch auch hinüberziehen und das gute Land sehen ...»* (3,25). Was antwortet ihm der HERR? *«Lass es genug sein! Rede mir nicht mehr weiter von dieser Sache!»* (3,26b).

Es war eine harte Reaktion, die Mose von Gott in dieser Situation erhielt. Neben Moses Versagen beim «Haderwasser», beim «Wasser von Meriba», hatte Gott auch bereits einen anderen ausgewählt, unter dessen Führung die Eroberung des Landes erfolgen sollte. Moses wichtiger Auftrag war erfüllt. Er selbst wusste dies, denn in den beiden vorangegangenen Versen (3,21–22) gebot Mose seinem Nachfolger, die grossen Taten Gottes nicht zu vergessen. Es war der menschliche Wunsch Moses, in das Land einzuziehen, doch Gott in Seiner Allmacht wollte es anders.

Die Grösse Moses zeigt sich darin, dass er trotz seines Flehens den Willen Gottes letztlich akzeptierte und sich darin fügte, denn es ging ihm nicht um die Erfüllung seiner persönlichen Wünsche, sondern um die Ehre und die Herrlichkeit Gottes. Er hatte eine bestimmte, ihm von Gott zugedachte Aufgabe zu erfüllen. Für die Erreichung des eigentlichen Zieles, dem Einzug in das verheissene Land, hatte der HERR jemand anderen bestimmt.

So ist es oft in der Reich Gottes-Arbeit. Wir dienen und mühen uns, um Menschen zu erreichen. Wir säen das Wort Gottes, doch die eigentliche Ernte, dass diese Menschen zum Glauben kommen, erleben wir vielleicht nicht mehr; dies mag anderen zufallen. Dennoch ist der Dienst des Säens genauso gesegnet und Voraussetzung für die «Ernte».

Behalten wir doch die wichtigen Themen dieses *Torah*-Abschnittes in unseren Herzen und lernen wir von dem Beispiel Moses, von seiner Demut gegenüber dem HERRN. Setzen wir doch unser ganzes Vertrauen in Gottes Barmherzigkeit und folgen dem Gebot, IHN zu fürchten, zu ehren und zu lieben.

Schma Israel

Das *Schma Israel,* die Worte aus 5. Mose 6,4: *«Höre, Israel: Der HERR ist unser Gott, der HERR allein!»* (oder: «der HERR ist einzig») ist das wichtigste Gebet, ja das Glaubensbekenntnis des Judentums und drückt den Glauben an den *einen* Gott aus. Den zitierten Worten werden die Verse 5 bis 9 noch angefügt. Sie werden beim Morgengebet und beim Abendgebet (Kapitel 6, Vers 7b) sowie zu besonderen Anlässen gesprochen. Während das Gebet gesprochen wird, ist es üblich, die Augen mit der rechten Hand zu bedecken, um sich ausschliesslich auf den Inhalt des Gebetes konzentrieren zu können.

Israels Oberrabbiner Israel Meir Lau schreibt zu dem *Schma: «Ein Jude, der laut das 'Höre Israel' spricht und sich seinen Inhalt zu Herzen nimmt, bezeugt vor der ganzen Welt, dass Gott die Welt lenkt und beaufsichtigt. Er war, ist und wird sein; 'sein Königreich ist überall'. Er ist einzig und allein.»*

Dem *Schma Israel* folgend, werden die Verse aus 5. Mose 11,13–21 gebetet, um auszudrücken, dass der Beter alle Gebote anerkennt, einschliesslich des Konzeptes von Segen und Strafe. Als dritter Bibelabschnitt werden anschliessend noch die Verse 37 bis 41 aus 4. Mose 15 gesprochen. Vor und nach dem *Schma* werden noch weitere Segensgebete gesprochen. Seit wann diese liturgische Praxis besteht, lässt sich nicht mehr genau feststellen. Ein Papyrus aus der Hasmonäerzeit (2. bis 1. Jh. v. Chr.) enthält neben dem ersten Vers des *Schma* die Zehn Gebote. Die mündliche Überlieferung des Judentums berichtet, dass im Tempel alle drei o. g. Bibeltexte zusammen mit den Zehn Geboten gelesen wurden. Eine Debatte unter Rabbinern über die Frage, wann und wie das *Schma* rezitiert werden soll, wird bereits vom Ende des 1. Jhs. n. Chr. berichtet.

Wie und in welcher Form genau das *Schma Israel* auch gebetet worden sein mag, ist nicht die entscheidende Frage. Viel wichtiger ist der Inhalt des ersten Verses, den Jesus selbst als das höchste und wichtigste Gebot bezeichnet und wobei wir auch das *Schma* im Neuen Testament finden.

«Und einer der Schriftgelehrten, der gehört hatte, wie sie miteinander stritten, trat hinzu, und da er wusste, dass er ihnen gut geantwortet hatte, fragte er ihn: Welches Gebot ist das erste von allen? Jesus antwortete ihm: Das erste ist: 'Höre, Israel: Der Herr, unser Gott, ist ein Herr; und du sollst den Herrn, deinen Gott, lieben aus deinem ganzen Herzen und aus deiner ganzen Seele und aus deinem ganzen Verstand und aus deiner ganzen Kraft!' Das zweite ist dies: 'Du sollst deinen Nächsten lieben wie dich selbst!' Grösser als diese ist kein anderes Gebot. Und der Schriftgelehrte sprach zu ihm: Recht, Lehrer, du hast nach der Wahrheit geredet; denn er ist einer, und es ist kein anderer ausser ihm» (Markus 12,28–32).

Ekev – *«weil / als Folge von»*

5. Mose 7,12–11,25

Haftarah-Abschnitt: Jesaja 49,14–51,3

«Und es wird geschehen, dafür dass ihr (oder «weil ihr» oder «als Folge von») *diesen Rechtsbestimmungen gehorcht, sie bewahrt und tut ...»* (5. Mose 7,12).

Zu Beginn dieses *Torah*-Abschnittes verspricht Mose den Israeliten Wohlergehen und Wohlstand, wenn sie den Bestimmungen und Ordnungen Gottes gehorchen. In Kapitel 8 erinnert er das Volk, auch in Zukunft den HERRN nicht zu vergessen und sich dessen zu erinnern, was Er ihnen Gutes getan hat. In Kapitel 9 erinnert er die «Kinder Israel» an ihr Versagen, wie sie den HERRN erzürnten, an ihre Sünden auf dem Weg von Ägypten zum verheissenen Land. Mose erzählt in Kapitel 10, wie er von Gott die neuen Gebotstafeln aus Stein erhielt, nachdem er die ersten aufgrund der Sünde des Volkes mit dem goldenen Kalb zerbrochen hatte. Am Ende dieses Wochenabschnittes ermahnt Mose das Volk, Gott zu fürchten, zu achten, zu lieben und Sein Wort zu befolgen. Die Schlüsselworte des gesamten Textes sind «erinnern» und «verheissen». Wir wollen mit letzterem beginnen.

Im vorangegangenen *Torah*-Abschnitt hörten wir, dass Gott das Wohlergehen Seines Volkes will. Er liebt Sein Volk und will ihm Seine Segensverheissungen zukommen lassen. Seine Liebe ist bedingungslos, doch für bestimmte materielle Segnungen gibt Er Bedingungen.

«... dafür dass ihr diesen Rechtsbestimmungen gehorcht, sie bewahrt und sie tut, wird der HERR, dein Gott, dir den Bund und die Güte bewahren ... Und er wird dich lieben und dich segnen und dich zahlreich werden lassen. Er wird die Frucht deines Leibes segnen und die Frucht deines Landes ..., den Wurf deiner Rinder und den Zuwachs deiner Schafe ... Gesegnet wirst du sein vor allen Völkern.

Und der HERR wird jede Krankheit von dir abwenden ...» (5. Mose 7,12–15; siehe auch 8,1).

Der Zusammenhang zwischen Gehorsam gegenüber Gottes Wort und irdischen Segnungen besteht auch heute, in erster Linie in Völkern, in denen die Gebote Gottes die Grundlage in Politik, Gesellschaft und Wirtschaft bilden. Es kann jedoch keinesfalls ein Anspruch auf Reichtum und Gesundheit, auf persönliches Glück aus diesen Versen abgeleitet werden, was aus dem Gesamtzeugnis der Heiligen Schrift auch ersichtlich ist. Als Gläubige des Neuen Bundes sind unsere Segensverheissungen vielmehr geistlicher Natur, wie aus Epheser 1,3 hervorgeht. *«Gepriesen sei der Gott und Vater unseres Herrn Jesus Christus! Er hat uns gesegnet mit jeder geistlichen Segnung in der Himmelswelt in Christus.»*

Dennoch kann der HERR auch Gehorsam mit irdischem Lohn segnen und wir dürfen unsere finanziellen Angelegenheiten keinesfalls von unserem Glauben trennen, sondern Ihm auch diese unterordnen. Vers 25 in Kapitel 7 warnt uns, unser Herz nicht auf irdische Güter auszurichten. *«Du sollst nicht das Silber und das Gold, das an ihnen (den Völkern, die im verheissenen Land leben) ist, begehren und es dir nehmen, damit du dadurch nicht verstrickt wirst, denn ein Greuel für den HERRN, deinen Gott ist es.» «Trachte nach dem Reich Gottes und tue Seinen Willen, dann wird der HERR auch für deine materiellen Bedürfnisse sorgen»* (Matthäus 6,25–34).

In diesen ersten Versen des Wochenabschnittes wird Israel geboten, sich nicht vor Menschen zu fürchten. Es lebten grosse und mächtige Nationen in dem Land, das Gott ihnen gegeben hatte, und die Israeliten fürchteten sich vor ihnen. Sie waren entmutigt und betrübt ob dieser scheinbar unüberwindlichen Hindernisse beim Einzug in das verheissene Land. Doch Mose forderte sie auf, sich dessen zu erinnern, was der HERR einst an Pharao und ganz Ägypten getan hatte, wie er sie auf wunderbare Weise und mit mächtiger Hand aus der Knechtschaft befreit hatte.

In Kapitel 9, Verse 1 bis 4 wird Israel gesagt, sie sollen sich nicht fürchten vor den starken und mächtigen Bewohnern des Landes und erkennen, dass es der HERR ist, der vor ihnen hergeht als ein verzehrendes Feuer. Er hat ihnen das Land gegeben und Er wird Sein Wort erfüllen, selbst wenn grosse und starke Völker in befestigten Städten darin wohnen.

Oftmals ist unser Verstand, unser Denken derart begrenzt, dass wir nur das sehen, was vor uns liegt, aber Gottes Hilfe und Treue in der Vergangenheit leicht vergessen. Wenn wir Schwierigkeiten und Problemen in unserem Leben gegenüberstehen, wenn wir grosse Furcht vor Menschen, Ereignissen oder Situationen haben, lasst uns Mut fassen und vorwärts gehen, in dem Bewusstsein und der Erinnerung, was der HERR bereits getan hat in unserem Leben, wie er uns aus früheren Situationen und Nöten geholfen hat, in denen wir uns zu Beginn ebenfalls fürchteten.

In den ersten Versen von Kapitel 8 finden wir eine Erklärung für einige der Herausforderungen, der Leiden, Schwierigkeiten und Versuchungen auf unserer Lebensreise durch diese Welt. *«Und du sollst an den ganzen Weg denken, den der HERR, dein Gott, dich diese vierzig Jahre in der Wüste hat wandern lassen, um dich zu demütigen, um dich zu prüfen und um zu erkennen, was in deinem Herzen ist, ob du seine Gebote halten würdest oder nicht. Und er demütigte dich und liess dich hungern. Und er speiste dich mit dem Man, das du nicht kanntest und das deine Väter nicht kannten, um dich erkennen zu lassen, dass der Mensch nicht von Brot allein lebt; sondern von allem, was aus dem Mund des HERRN hervorgeht, lebt der Mensch»* (8,2–3).

Der HERR demütigt uns, nicht um uns zu strafen, sondern damit Seine Fürsorge und Seine Gnade noch grösser wird in unserem Leben. Der Herr Jesus zitierte diese Verse, als er durch den Teufel versucht wurde (Matth. 4,4). Jesus sprach nicht über persönliche Glaubenserfahrungen, über Visionen und Träume, die ihn stärkten und in die Lage versetzten, den Versuchungen des Teufels zu widerstehen, nein Er sprach vom Wort Gottes. Dies ist das Öl, das unseren geistlichen Motor in Gang hält. Es erhöht uns und es erniedrigt uns. Unsere Seele bedarf des Wortes Gottes, so wie unser Körper des natürlichen Brotes bedarf. Dieses geistliche Brot finden Sie in Jesus selbst, denn Er ist das fleischgewordene Wort (Joh. 1) und sagt von sich: *«Ich bin das Brot des Lebens: Wer zu mir kommt, wird nicht hungern, und wer an mich glaubt, wird nie mehr dürsten»* (Joh. 6,35).

Wir werden in diesem Kapitel ermahnt, den HERRN nicht zu vergessen, Ihm zu danken und Ihn für alles zu loben, was Er an uns getan hat (8,10–11). Im weiteren Verlauf dieses sowie des nächsten Kapitels erfolgt eine Warnung, nicht stolz und überheblich zu werden und Wohlergehen und empfangenen Segen nicht uns selbst zuzuschreiben, alles Gute der Arbeit nicht unserer Hände zu verdanken, sondern uns des HERRN unseres Gottes zu erinnern, dem wir alles verdanken.

Früher oder später werden wir scheitern, wenn wir auf uns selbst setzen, wie es mit Israel bei dem Vorfall mit dem goldenen Kalb geschah. *«Und ich sah, und siehe, ihr hattet gegen den HERRN, euren Gott, gesündigt. Ihr hattet euch ein gegossenes Kalb gemacht. Ihr wart schnell von dem Weg abgewichen, den der HERR euch geboten hatte»* (9,16). Deshalb sollen wir uns auch unserer Schwachheiten und der Lebenssituationen erinnern, in denen wir gescheitert sind, so wie Mose die Israeliten an ihr Versagen in der Wüste erinnerte (9,21 ff.).

Der eine oder andere Leser mag den Eindruck gewinnen, dass es im vorliegenden Text ja lediglich um spezielle Anweisungen für das tägliche Leben der Israeliten gehe und sich dies in grauer Vorzeit abgespielt habe, wohingegen wir als Christen uns nicht um diese Äusserlichkeiten sorgen müssten, da wir nicht mehr länger unter dem Gesetz lebten. Der Text hat jedoch einen tieferen Sinn. Er spricht nicht nur von Vorschriften, Verordnungen und Bestimmungen, wie zu leben und was zu tun ist. Er spricht ebenfalls von erneuerten Herzen. *«So beschneidet denn die Vorhaut eures Herzens und verhärtet euren Nacken nicht mehr!»* (10,16).

Wir finden den Begriff der Beschneidung der Herzen, eines durch den Geist geborenen neuen Herzens, nicht nur im NT, sondern bereits im AT, im *Tanach*. Gott will ein Volk mit beschnittenen, mit erneuerten Herzen (siehe auch Jesaja 29,13).

Dieser *Torah*-Abschnitt behandelt auch die Frage, wie Gott es zulassen kann, dass Israel die Bewohner des Landes Kanaan durch blutige Kriege teilweise vertrieben hat und dass darauf noch der Segen Gottes ruht. Ist dies ein gerechter Gott?

Der Grund, warum Gott das Land dem Volk Israel gegeben hat, liegt nicht darin, dass Gott sie bevorzugt, weil sie bessere Menschen sind, weil sie sich besondere Verdienste erworben haben. Nein, der Grund liegt zum einen darin, dass Gott Sein Wort erfüllt, was Er zu Abraham, Isaak und Jakob gesprochen hat, und zum anderen in der Gottlosigkeit dieser Völker, mit der sie das Land verunreinigt haben. Es war Gottes Gericht über diese Nationen, die im «Land des HERRN» lebten, genauso wie Er einige Jahrhunderte später Israel richtete und aus dem Land vertrieb, weil sie es ebenfalls geschändet und verunreinigt hatten durch ihre Gottlosigkeit und ihren Götzendienst. *«Wenn der HERR, dein Gott, sie vor dir hinausstösst, sprich nicht in deinem Herzen: Wegen meiner Gerechtigkeit hat der HERR mich hierher gebracht, um dieses Land in Besitz zu nehmen. Denn wegen der Gottlosigkeit dieser Nationen wird der HERR sie vor dir vertreiben»* (9,4; siehe auch 9,5–6).

Zusammengefasst, was möchte Gott von Seinem Volk? *«Und nun, Israel, was fordert der HERR, dein Gott, von dir als nur, den HERRN, deinen Gott zu fürchten, auf allen seinen Wegen zu gehen und ihn zu lieben und dem HERRN, deinem Gott, zu dienen mit deinem ganzen Herzen und mit deiner ganzen Seele, indem du die Gebote des HERRN und seine Ordnungen, die ich dir heute gebe, hältst, dir zum Guten»* (5. Mose 10,12–13).

Diese an das Volk Israel gerichteten Worte gelten auch für uns Gläubige. Zwei charakteristische Symbole jüdisch-religiösen Lebens haben ihre Grundlage u. a. in zwei Versen dieses *Torah*-Abschnittes.

Tefilin / Gebetsriemen

«Und ihr sollt diese meine Worte auf euer Herz und auf eure Seele legen und sie als Zeichen auf eure Hand binden, und sie sollen als Merkzeichen zwischen euren Augen sein» (5. Mose 11,18).

Das Gebot, *Tefilin* anzulegen, findet sich auch in 2. Mose 13,9 u. 16 sowie in 5. Mose 6,8. Es handelt sich dabei um kleine schwarze Boxen, von denen jeweils eine auf dem linken Handrücken und die andere auf der oberen Stirn durch schwarze Lederriemen befestigt wird. Der linke Handrücken deshalb, weil dies gewöhnlich der schwächere Arm ist. Ist jemand Linkshänder, werden die *Tefilin* auf dem rechten Handrücken angelegt. Die Lederriemen der *Handtefilin* werden siebenmal um den Arm und dreimal um den Mittelfinger geschlungen. Die Lederriemen der *Kopftefilin* werden um den Kopf geschlungen. Beide sind nicht austauschbar. In der kleinen Box der *Handtefilin* befindet sich ein Pergamentstück und in der für die *Kopftefilin* vier kleine Pergamentstücke. Beide beinhalten die handgeschriebenen Bibeltexte aus 2. Mose 13, 2–10; 2. Mose 13,11–16; 5. Mose 6,4–9 und 5. Mose 11,13–21. Die Bedeutung der vier Bibeltexte liegt darin, dass sie die Grundsätze des jüdischen Glaubens enthalten. Das An- und Ablegen der *Tefilin* wird begleitet von Gebeten aus dem jüdischen Gebetbuch.

Das Tragen der *Tefilin* wird nicht als eine Last, sondern als eine Freude erachtet, sie sind ein Zeichen des Glaubens und der Hingabe. Die *Tefilin* werden nur von männlichen Volksangehörigen getragen, die im religiösen Sinne volljährig sind (mit Vollendung des 13. Lebensjahres). In den genannten Bibeltexten taucht das Wort *Tefilin* nicht auf, sondern es wird der Begriff «Symbol» oder «Zeichen» gebraucht. Die *Tefilin* werden als ein Zeichen der engen Bindung zwischen dem Juden und seinem Glauben an den Schöpfer getragen. Da der *Schabat* und die jüdischen Feiertage bereits besondere Zeichen sind (2. Mose 31,17), werden an diesen Tagen keine *Tefilin* angelegt.

Das Wort *Tefilin* oder Gebetsriemen entstammt der griechischen Sprache *(phylakterion)* und bedeutet «Schutz». Das Wort wurde auch für Amulett verwendet, womit die *Tefilin* jedoch nichts gemein haben. Erstmals wurde das Wort im NT überliefert, wo Jesus in Matthäus 23,5 sagt: *«Alle ihre Werke aber tun sie, um sich vor den Menschen sehen zu lassen; denn sie machen ihre Gebetsriemen breit und die Quasten gross.»*

Mesusa

«Und du sollst sie auf die Pfosten deines Hauses und an deine Tore schreiben» (5. Mose 11,20; siehe auch 5. Mose 6,9).

Bei einer *Mesusa* (Mehrzahl: *Mesusot*) handelt es sich um ein handgeschriebenes Stück Pergamentpapier, auf dem sich die Bibeltexte aus 5. Mose 6,4–9 und 11,13–21 befinden. Das Papier wird zusammengerollt und in ein dementsprechendes Behältnis gesteckt, das aufgrund des zitierten Bibelverses im oberen Drittel eines jeden Türrahmens, der zu Gebäuden oder Räumen führt, die von Menschen benutzt werden, angebracht ist. Ausgenommen sind die Türrahmen zur Toilette und dem Badezimmer, aus Respekt gegenüber der *Mesusa*.

Die *Mesusa* muss sofort beim Einzug in eine neue Wohnung angebracht werden, wenn sich nicht bereits welche an den Türrahmen befinden. Fromme wie auch weniger fromme Juden berühren die *Mesusa* mit der Hand beim Betreten oder Verlassen der Wohnung und führen die Hand dann zu den Lippen. Dies ist ein Zeichen der Ehrerbietung gegenüber der *Mesusa* und man soll sich auf diese Weise des Inhaltes der *Mesusa* erinnern.

So wie sich der Jude durch die Beschneidung von anderen Menschen körperlich unterscheidet, wie das Anlegen des Gebetsmantels und der Gebetsriemen ihn in seiner Kleidung ausweisen, so unterscheidet sich auch das jüdische Haus durch die *Mesusa* von anderen Häusern.

Re'eh – *«Siehe»*

5. Mose 11,26–16,17

Haftarah-Abschnitt: Jesaja 54,11–55,5

Mose setzt seine Predigt fort und legt dem Volk Israel weiter Gottes Wort aus, bevor sie in das verheissene Land einziehen. Kapitel 12 enthält die Vorschriften über das zentrale Heiligtum an dem von Gott erwählten Ort. In Kapitel 13 wird das Volk davor gewarnt, fremden Göttern zu dienen. Das Gesetz über reine und unreine Speisen ist in Kapitel 14 niedergelegt und Kapitel 15 enthält die Bestimmungen für das Schabatjahr und über die Behandlung von Sklaven. Der *Torah*-Abschnitt schliesst mit Kapitel 16 und den Anweisungen für die drei bedeutendsten Festversammlungen.

Am Anfang des Wochenabschnittes finden wir die Fortsetzung des Themas vom vorangegangenen Abschnitt, wo Gott Seinem Volk Segen verheisst, wenn sie Seinen Geboten folgen und Ihn lieben.

Gott legte vor die Israeliten Segen und Fluch. Den Segen, wenn sie Seinem Wort gegenüber gehorsam und den Fluch, wenn sie ungehorsam waren (5. Mose 11,26–28). Die sich daraus ergebenden Konsequenzen werden an dieser Stelle nicht näher erläutert. Der Text beschreibt weder das Resultat des Gehorsams mit der Verheissung von Wohlergehen, wie dies in 5. Mose, Kapitel 7 erfolgte, noch wird Gottes Gericht als Folge des Ungehorsams näher erklärt. Stattdessen werden Gehorsam und Ungehorsam, werden Segen und Fluch mit zwei Bergen verglichen. *«Und es soll geschehen, wenn der HERR, dein Gott, dich in das Land bringt, in das du kommst, um es in Besitz zu nehmen, dann sollst du den Segen auf dem Berg Garizim erteilen und den Fluch auf dem Berg Ebal»* (11,29). Der Berg *Garizim* wird hier als der «Berg des Segens» und der Berg *Ebal* als der «Berg des Fluches» bezeichnet.

Ebal und *Garizim* sind 940 bzw. 881 Meter hoch und liegen einander gegenüber in der Mitte des Landes. Zwischen den beiden Bergen im Tal liegt die Stadt «Sichem» (hebr. *Schchem*), die heute Nablus heisst. Sowohl *Ebal* als auch *Garizim* liegen gegenüber *Elon Moreh,* dem Berg, auf dem Abraham von Gott die Verheissung des Landes erhielt (1. Mose 12,6).

Die Berge *Ebal* und *Garizim* repräsentieren zwei Wege und stellen die Israeliten vor die Wahl, so wie auch die Menschen heute vor eine Wahl gestellt sind. Mose appelliert an seine Zuhörer, die richtige Wahl zu treffen. Die gesamte Zukunft des Volkes hängt davon ab, dass sie die richtige Entscheidung treffen. Das Thema wird in den Kapiteln 27 bis 30 im fünften Buch Mose noch weiter ausgeführt.

«Siehe, ich lege euch heute Segen und Fluch vor» (11,26) meint, dass sie sowohl persönlich wie auch als Volk mit einem freien Willen ausgestattet sind und dass die Wahl zwischen beiden Wegen allein ihre eigene Entscheidung ist. Alles, was Mose tun konnte, war, die beiden Alternativen klar und deutlich darzulegen und auf die Folgen der jeweiligen Wahl zu verweisen. Beide Wege führen auf die Spitze eines Berges. Erst wenn man oben angekommen ist, wird sichtbar, ob Segen oder Fluch der Lohn ist. Das heisst, das Resultat wird nicht unmittelbar nach der Entscheidung für oder gegen den Gehorsam Gottes Wort gegenüber ersichtlich. Es bedeutet ebenfalls, dass ein Leben im Ungehorsam gegenüber den Geboten Gottes in den Augen der Welt durchaus erfolgreich sein kann.

Was letztlich zählt, ist das, was Sie auf der Spitze des Berges, in anderen Worten am Ende Ihres Lebens, erwartet. Sie treffen Ihre Wahl im Tal, vor dem Aufstieg, welchen Berg Sie besteigen wollen.

Dieser Unterschied wird im Text selbst zum Ausdruck gebracht. In den meisten Bibelübersetzungen heisst es: *«... wenn ihr ... gehorcht»* und *«...wenn ihr ... nicht gehorcht ...»* (5. Mose 11,27–28). In der alten Luther-Übersetzung heisst es: *«... so ihr gehorchet ...»* und *«... so ihr nicht gehorchen werdet ...»* Im hebräischen Originaltext werden zwei unterschiedliche Worte für «wenn» oder «so ihr» gebraucht.

Auf den Segen Bezug nehmend, wird das Wort «ascher» benutzt, was so viel bedeutet wie «wenn», «sofern», «solange», «soweit», «indem» oder «durch das Tun von», «dadurch». Es geht dabei um eine aktive Handlung. Indem ich Gottes Wort befolge, erhalte ich den Segen. Auf der anderen Seite steht in Bezug auf den Fluch im hebräischen Text das Wort «im lo». Es heisst «wenn nicht» und bedeutet, dass ich den Fluch ernte, wenn ich die Gebote Gottes nicht befolge.

Im übertragenen Sinne veranschaulicht dies, dass ich mich nicht an einer «T-Kreuzung» befinde, an der ich die Wahl habe, mich nach rechts oder links zu wenden oder ggf. wieder umzukehren. Auf dem Weg meines Lebens gelange ich in jedem Fall an eine Weggabelung, an der ich mich entscheiden muss: Entweder schlage ich bewusst die Richtung auf den «Berg des Segens» ein oder mein Weg führt mich automatisch auf den «Berg des Fluches».

Sie werden jedoch die Spitze des «Berges Garizim» nicht erreichen, indem Sie versuchen, entsprechende Ausrüstung mitzunehmen, die es Ihnen garantiert, oben anzukommen. Sie werden sehr schnell merken, dass die Ausrüstung zu schwer ist und sie Sie niemals auf den Gipfel bringen wird. Wenn Sie versuchen, durch die Einhaltung der Gebote und durch entsprechende Werke Gott zu gefallen, wird Sie dies nicht auf den «Berg des Segens» bringen. Diese Last ist zu schwer, kein Mensch kann die Gebote Gottes vollkommen erfüllen.

Was Sie benötigen, ist eine «Herztransplantation», denn nur mit einem neuen Herzen werden Sie beschwingt und ohne Probleme den Anstieg bewältigen. Von dieser «Beschneidung des Herzens» haben wir bereits im vorangegangenen *Torah*-Abschnitt gesprochen. Es ist genau das, was Jesus zu dem Rabbiner Nikodemus sagte: *«Wahrlich, wahrlich, ich sage dir: Wenn jemand nicht von neuem geboren wird, kann er das Reich Gottes nicht sehen. Wenn jemand nicht aus Wasser und Geist geboren wird, kann er nicht in das Reich Gottes hineingehen»* (Joh. 3,3. u. 5). Ein neues Herz, durch den Glauben an Jesus Christus, und Befreiung von Ihrer Sündenlast versetzt Sie in die Lage, den «Berg Garizim» zu erklimmen. Ihre eigene Gerechtigkeit, Ihre Gesetzeswerke, werden Sie nicht auf den Gipfel bringen. *«Denn alle, die aus Gesetzeswerken sind, die sind unter dem Fluch; denn es steht geschrieben: «Verflucht ist jeder, der nicht bleibt in allem, was im Buch des Gesetzes geschrieben ist, um es zu tun»* (Galater 3,10).

In den Anfangsversen von Kapitel 12 wird den Israeliten geboten, alle Stätten zu zerstören, an denen die Bewohner des Landes ihren Göttern gedient haben. Sie sollen ihre Altäre niederreissen, ihre Gedenksteine zerbrechen und die Namen ihrer Götter ausrotten. Wenn sie dies nicht tun, sondern auch diesen Göttern dienen, wird dies dem HERRN ein Greuel sein (12,30–31). Doch Israel war nicht gehorsam und Gott liess Feinde aufkommen, die das Volk aus dem Land vertrieben, genauso wie es vorher mit den Kanaanitern geschah.

In Kapitel 13 werden wir mit einem Thema konfrontiert, das auch für die Gemeinde Jesu von grosser Bedeutung ist. In den Versen 2–4 heisst es da: *«Wenn in deiner Mitte ein Prophet aufsteht oder einer, der Träume hat, und er gibt dir ein Zeichen oder ein Wunder, und das Zeichen oder das Wunder trifft ein, von dem er zu dir geredet hat, indem er sagte: 'Lass uns anderen Göttern – die du nicht gekannt hast – nachfolgen und ihnen dienen!', dann sollst du nicht auf die Worte dieses Propheten hören oder auf den, der die Träume hat. Denn der HERR, euer Gott, prüft euch, um zu erkennen, ob ihr den HERRN, euren Gott, mit eurem ganzen Herzen und mit eurer ganzen Seele liebt.»*

Diese Worte sind ein Beweis dafür, dass selbst die Voraussagen, die Träume und Visionen von falschen Propheten eintreffen können. Auch heute werden in vielen christlichen Versammlungen weltweit persönliche Visionen und Prophetien verkündet. Die Tatsache, dass diese eintreffen, ist dennoch kein ausreichender Beweis, dass sie von Gott gegeben wurden. Wir müssen prüfen, ob die Worte dieser «Propheten» auch tatsächlich mit dem Wort Gottes übereinstimmen, ob diese Männer und Frauen im Boden des Wortes Gottes verwurzelt sind. Ist dies nicht der Fall, handelt es sich um falsche Propheten.

In diesem *Torah*-Abschnitt wird der Ort des zentralen Heiligtums erwähnt. Es ist der Ort, den Gott sich aus dieser Erde erwählt, wo er Seinen Namen niedergelegt hat. *«Ihr sollt die Stätte aufsuchen, die der HERR, euer Gott, aus all euren Stämmen erwählen wird, um seinen Namen dort niederzulegen, dass er dort wohne, und dahin sollst du kommen»* (5. Mose 12,5; siehe auch Vers 11). Dieser Ort, an dem später der Tempel des HERRN errichtet wurde, ist die Stadt Jerusalem. Dreimal im Jahr, anlässlich des Passah-, des Wochen- und des Laubhüttenfestes, pilgerten die Israeliten dorthin, um den HERRN anzubeten. Es ist aufschlussreich, was der Text über diese Anbetung sagt. *«Und ihr sollt euch vor dem HERRN, eurem Gott, freuen, ihr und eure Söhne und eure Töchter und eure Sklaven und eure Sklavinnen ...»* (12,2).

Dies ist einer der Gründe unserer Versammlungen, dass wir uns freuen vor dem HERRN, über Seine Liebe und Güte, die Er uns erzeigt. Gottesdienst ist keine kulturelle Veranstaltung, auf der man Bekannte und Freunde trifft, kein Happening, auf dem «Jesus gefeiert wird» und auch keine Zusammenkunft, die von solchem Ernst geprägt ist, dass der Besuch zur Last wird. Wir sollen uns freuen über Gottes Erlösung und Seinen Frieden in unserer Seele. Die Freude kann sich auf unterschiedliche Weise ausdrücken. Der eine mag jubilieren in der Anbetung und der andere sich still in seinem Herzen freuen. Dies ist wahre Anbetung Gottes, eine heilige Freude, die ebenso Ungläubige anziehen soll.

Wenn Sie sich zum Gottesdienst versammeln, dann denken Sie an IHN, beten Sie IHN an in Geist und Wahrheit und freuen Sie sich in IHM.

Koscher

Israel ist erwählt und berufen. Sie sollen dem HERRN ein heiliges Volk sein: *«Ihr seid Kinder für den HERRN, euren Gott»* (5. Mose 14,1) und sich deshalb auch nicht durch unreine Speisen entweihen. Die in diesem *Torah*-Abschnitt in Kapitel 14 erteilten Vorschriften über Tiere, die erlaubt sind zu essen und solche, die verboten sind, ist mehr oder weniger eine Wiederholung aus 3. Mose 11. Die jüdischen Speisegesetze sind jedoch weit umfassender als die in diesen beiden Kapiteln gegebenen Vorschriften. Aufgrund eines Bibelverses ist ein weiteres, zusätzliches Speisegesetz entstanden. Der Vers findet sich in diesem *Torah*-Abschnitt, in Kapitel 14, Vers 21b.

«... Du sollst ein Böckchen nicht in der Milch seiner Mutter kochen» (siehe auch 2. Mose 23,19b u. 34,26). Aus diesen Worten schlussfolgerten Rabbiner und jüdische Weisen, dass milchige und fleischige Produkte jedweder Form oder Art nicht zusammen verzehrt werden dürfen. Anders ausgedrückt würde der Vers dann lauten: «Du sollst nicht Fleisch und Milch essen.» *«Dieses Verbot wurde im Judentum ohne Zweifel bereits lange vor der Zeit der Rabbiner befolgt, die später lediglich einen Beleg in der Torah für diese Praxis suchten»* (Rabbiner Dr. J. H. Hertz).

Über die ursprüngliche Absicht des zitierten Verses gehen auch im Judentum die Meinungen auseinander. Einige vertraten den Standpunkt, das Gebot richte sich gegen Götzendienst und Aberglaube, während andere es eher als eine humanitäre Handlung ansahen, die Israel von den oftmals barbarischen Praktiken der Nachbarvölker unterschied.

Die Zeitdauer, die zwischen dem Verzehr von Milch- und Fleischprodukten liegt, variiert zwischen einer und sechs Stunden und hängt von der jeweiligen Glaubensrichtung innerhalb des Judentums und den Rabbinern ab. In Haushalten orthodoxer Juden werden gar zwei verschiedene Sorten von Küchengeschirr verwendet, ein Satz für milchige und ein Satz für fleischige Produkte.

Die Bezeichnung *koscher* (hebr. *kascher*) hatte ursprünglich nichts mit Essen zu tun. In der Bibel taucht sie erstmals in Esther 8,5 auf und bedeutet «genehm» oder «gut». Sie findet sich ebenfalls in Prediger 10,10, wo sie als «richtig» oder «vorteilhaft» übersetzt ist sowie in Prediger 11,6, wo das Wort *kascher* mit «gut werden», «gedeihen» oder «gut geraten» wiedergegeben wird. Aus dem dort gebrauchten Wort *kasch'er* wurde *koscher* abgeleitet, was so viel bedeutet wie «die Speise ist rein zum Verzehr» (im religiösen Sinne).

Der Begriff wurde auch auf rituelle Gegenstände wie Gebetsriemen, Gebetsschals usw. ausgedehnt, in deren Sinn es «rituell korrekt» oder «fehlerlos» bedeutet. *Koscher* Essen hängt jedoch nicht nur mit dem Verbot des Verzehrs bestimmter Tiere sowie mit der Trennung von milchigen und fleischigen Produkten zusammen. Dazu zählt auch, dass Tiere in rituell vorgeschriebener Weise geschlachtet werden müssen. Ausgehend von dem Verbot, kein Blut zu essen (3. Mose 3,17), dürfen Tiere nach der Schlachtung erst weiter verarbeitet werden, wenn sie ausgeblutet sind, wozu u. a. Salz verwendet wird. Wenn ein Tier nach jüdischer Vorschrift geschlachtet wird (Durchschneiden der Kehle), ist das Tier auf der Stelle tot und verliert die Höchstmenge an Blut.

Eine Fülle von detaillierten Einzelvorschriften regeln, was als *koscher* gilt, bzw. wie die Herstellung des jeweiligen Nahrungsmittels, bzw. der Speise zu erfolgen hat. Prüfer des Rabbinats kontrollieren Herstellung und Verkauf von Produkten und händigen entsprechende Zertifikate aus. Geschäfte und Restaurants, welche diese Zertifikate nicht vorweisen können, werden von religiösen Juden gemieden.

Schoftim – *«Richter»*

5. Mose 16,18–21,9

Haftarah-Abschnitt: Jesaja 51,12–52,12

Mose fährt fort, das Volk Israel auf die Überquerung des Jordans und den Einzug in das verheissene Land vorzubereiten. Diese Vorbereitungen betreffen nicht nur geistliche Aspekte; es geht dabei auch um Anweisungen für den späteren Aufbau einer zivilen Regierung. Dieser *Torah*-Abschnitt beschreibt daher die Position von Richtern, des Königs sowie von Priestern und Propheten.

Am Ende von Kapitel 16 findet sich das Gebot, Richter einzusetzen und ohne Ansehen der Person Recht zu sprechen. Kapitel 17 handelt von Götzendienern, vom Gehorsam gegenüber den eingesetzten Autoritäten und gibt Vorschriften für einen König. Kapitel 18 beinhaltet Details über die Priester und Leviten sowie das Verbot spiritistischer Handlungen. In Kapitel 19 finden wir die Bestimmung für die Einrichtung von Zufluchtsstädten und Anweisungen für Zeugenaussagen in einem Rechtsstreit.

Kriegsgesetze in den ersten Versen von Kapitel 20 bilden den Abschluss dieses Wochenabschnittes. Er enthüllt auch, dass bestimmte Vorurteile, die Ungläubige gegenüber der Bibel oder selbst manche Christen in Bezug auf den *Tanach* (AT) haben, schlicht unzutreffend sind. Nachfolgend nenne ich einige dieser Vorurteile und stelle ihnen gegenüber, was Gottes Wort tatsächlich dazu sagt.

– Gott erlaubte die Polygamie (Vielehe)

«Und er (der König) soll sich nicht viele Frauen anschaffen, damit sein Herz sich nicht von Gott abwendet» (17,17). Gott hat es nicht nur nicht erlaubt, Er hat es verboten. Die Tatsache, dass König Salomo ein weiser und von Gott gesegneter Mann war, der aber tausend Frauen hatte (1. Kön. 11,1–3), bedeutet nicht, dass

Gott diese Praxis billigte. Das Gegenteil trifft vielmehr zu. Sie verleiteten Salomo zur Sünde und waren schliesslich der Grund dafür, dass sein Königreich nach ihm geteilt wurde (1. Kön. 11,4–13).

– Verbrecher wurden sehr schnell mit dem Tode bestraft

Der Beschuldigte unterstand einem besonderen Schutz. Nur wenn kein Zweifel daran bestand, dass eine Person ein Verbrechen oder eine Schändlichkeit begangen hatte, wurde sie mit dem Tode bestraft. Nicht bloss ein Zeuge reichte zur Verurteilung aus, zwei oder drei Zeugen waren nötig und die Hand der Zeugen sollte nach Verkündigung des Urteils zuerst gegen den Schuldigen erhoben werden. Damit wurde verhindert, dass jemand leichtfertig, lediglich aufgrund der Aussage einer einzelnen Person hin zum Tode verurteilt wurde.

«Auf die Aussage zweier Zeugen oder dreier Zeugen hin soll getötet werden, wer sterben soll. Er darf nicht auf die Aussage eines einzelnen Zeugen hin getötet werden» (17,6). *«Ein einzelner Zeuge soll nicht gegen jemanden auftreten wegen irgendeiner Ungerechtigkeit oder wegen irgendeiner Sünde, wegen irgendeiner Verfehlung, die er begeht. Nur auf zweier Zeugen Aussage oder auf dreier Zeugen Aussage hin soll eine Sache gültig sein»* (19,15).

In Gottes Rechtssystem erfahren Beschuldigte den grösstmöglichen Schutz. Sie werden selbst gegen eine falsche Zeugenaussage geschützt (19,15–20). Wenn jemand unbeabsichtigt eine andere Person tötete und die Blutrache fürchten musste, konnte er in eigens eingerichtete Zufluchtsstädte fliehen, in denen er geschützt war (19,1–13).

– Gott ordnete brutale Kriege an

Zunächst einmal sorgte und kümmerte sich Gott um Sein Volk und nicht jeder musste in den Krieg ziehen. Wer beispielsweise ein neues Haus gebaut und dies noch nicht eingeweiht hatte, wer einen neuen Weinberg gepflanzt und noch nicht genutzt hatte, wer mit einem Mädchen verlobt, aber noch nicht verheiratet war, oder wer Angst vor dem Kampf hatte und sich fürchtete, diese Männer sollten nicht in den Krieg ziehen, sondern zu Hause bleiben (20,1–8). Darüber hinaus gebot Gott den Israeliten, ihren Feinden Frieden zu unterbreiten, noch bevor die erste Kampfhandlung begann (20,10). Feindliche Frauen und Kinder unterlagen in Kriegszeiten einem besonderen Schutz (20,13–14). Gott gebot selbst bestimmte Bäume während Kriegshandlungen auszusparen und schützte somit die Natur (20,19–20).

Der Befehl des HERRN an die Israeliten, die Bewohner einer Stadt zu töten, war eine Folge der Greuel, die von den Kanaanitern verübt wurden, eine Folge ihres Götzendienstes und ihrer Sünde, die sie gegen den HERRN begangen hatten (20,17–18).

Auf fünf weitere Punkte in diesem Wochenabschnitt möchte ich unsere Aufmerksamkeit lenken.

1. Von jedem, der verantwortlich ist für andere Menschen oder der über andere Menschen herrscht, wird gefordert, dass er den HERRN fürchtet, dass er Gottes Wort im Sinn hat, dass er keine Menschen unterdrückt und nicht versucht, sich persönlich zu bereichern. *«Und es soll geschehen, wenn er auf dem Thron seines Königreiches sitzt, dann soll er sich eine Abschrift dieses Gesetzes in ein Buch schreiben ... Und sie soll bei ihm sein, und er soll alle Tage seines Lebens darin lesen, damit er den HERRN, seinen Gott, fürchten lernt, um alle Worte dieses Gesetzes und diese Ordnungen zu bewahren, sie zu tun, damit sein Herz sich nicht über seine Brüder erhebt und er von dem Gebot weder zur Rechten noch zur Linken abweicht, damit er die Tage in seiner Königsherrschaft verlängert, er und seine Söhne, in der Mitte Israels»* (17,18–20).

2. Israel ist es nicht gestattet, sein Territorium eigenmächtig zu erweitern. *«Du sollst nicht die Grenze deines Nächsten verrücken, die die Vorfahren gezogen haben in deinem Erbteil, das du erben wirst in dem Land, das der HERR, dein Gott, dir gibt, es in Besitz zu nehmen»* (19,14). Der HERR selbst vergrössert das Gebiet und erweitert die Grenzen, so wie Er es verheissen hat

(19,8). So geschah es 1948 im Unabhängigkeitskrieg, als der gerade entstandene Staat Israel von sechs arabischen Ländern mit einer grossen militärischen Übermacht angegriffen wurde, aber am Ende ein grösseres Territorium sein Eigen nennen konnte als zu Kriegsbeginn. So war es auch 1967 im Sechstagekrieg. Ein Angriff der arabischen Nachbarstaaten stand unmittelbar bevor. Der von Israel geführte Präventivschlag war eine Verteidigungsmassnahme. Innerhalb von sechs Tagen geschah das nicht für möglich Gehaltene: Das Staatsgebiet wurde verdreifacht und Jerusalem wieder vereinigt.

3. Der Text gibt klare Hinweise darauf, wie jemand zu beurteilen ist, der sich selbst einen Propheten nennt. Woran kann man erkennen, ob er im Namen Gottes spricht oder ob er ein falscher Prophet ist? *«Wenn der Prophet im Namen des HERRN redet, und das Wort geschieht nicht und trifft nicht ein, so ist das das Wort, das nicht der HERR geredet hat. In Vermessenheit hat der Prophet es geredet, du brauchst dich nicht vor ihm zu fürchten»* (18,22). Dies gilt auch für viele selbsternannte christliche Propheten in unseren Tagen.

4. Wenn Sie persönlich vor einer schwierigen Entscheidung stehen, sei es im Berufsleben, in der Familie oder auch in Ihrer Gemeinde, wenn Sie nicht wissen, was richtig und was falsch ist, wenn Sie unsicher sind, dann suchen Sie den HERRN. *«Wenn von den Streitsachen in deinen Toren eine Rechtssache ... für dich zu schwierig ist zum Urteil, dann sollst du dich aufmachen und an die Stätte hinaufziehen, die der HERR, dein Gott, erwählen wird»* (17,8).

5. Astrologie, Wahrsagerei, Zauberei und viele andere magische Praktiken und Formen von Spiritismus sind heute sehr populär und gehören zum täglichen Leben vieler Menschen. In nahezu jeder Zeitung finden sich z. B. Horoskope, die mit grossem Interesse gelesen werden. Unser Text bringt jedoch unmissverständlich zum Ausdruck, dass diese Art Praktiken dem HERRN

ein Gräuel sind und einer der Gründe, warum Er die Bewohner des Landes vernichtete (18,9–14).

Das Oberthema dieses *Torah*-Abschnittes heisst Gerechtigkeit, wie in den Eingangsversen zu lesen. *«Richter und Aufseher sollst du dir einsetzen in allen deinen Toren, die der HERR, dein Gott, dir nach deinen Stämmen gibt, damit sie das Volk richten mit gerechtem Gericht. Du sollst das Recht nicht beugen, du sollst die Person nicht ansehen und kein Bestechungsgeschenk nehmen. Denn das Bestechungsgeschenk macht die Augen der Weisen blind und verdreht die Sache der Gerechten. Der Gerechtigkeit und nur der Gerechtigkeit sollst du nachjagen, damit du lebst und das Land in Besitz nimmst, das der HERR, dein Gott, dir gibt»* (5. Mose 16,18–20).

Unser HERR ist ein Gott der Gerechtigkeit. Er sucht Gerechtigkeit, die zur Heiligung führt, denn Er will ein heiliges Volk. Soziale Ungerechtigkeit war der Grund, warum das Nordreich Israel im Jahre 722 v. Chr. durch die Assyrier erobert und das Volk in die Gefangenschaft geführt wurde (siehe im Buch des Propheten Amos). Bestechung und Unterschlagung ist auch im heutigen Israel verbreitet. Die Pervertierung der Gerechtigkeit war für die Lehrer des alten Israel das alarmierendste Zeichen des nationalen Verfalls. *«Die Bewahrung gerechten Handelns im öffentlichen Leben ist daher eine der Bedingungen für die Existenz Israels als eine Nation»,* schrieb der verstorbene britische Oberrabbiner Dr. J. H. Hertz. *«... damit du lebst ...»*

Der verheissene Prophet

«Einen Propheten wie mich wird der HERR, dein Gott, aus deiner Mitte, aus deinen Brüdern, erstehen lassen. Auf ihn sollt ihr hören» (5. Mose 18,15 u. 17–18).

Wer ist dieser angekündigte Prophet, der eine ähnliche Rolle einnehmen soll, wie Mose es tat? Ist er bereits gekommen? Die Rabbiner wie auch einige christliche Ausleger interpretieren diesen Vers dergestalt, dass Gott in jeder Generation einen Propheten erstehen lassen wird. Nicht von der gleichen Grösse wie Mose, aber doch in der Linie der Propheten, von denen Mose als der «Vater» angesehen wird. Da es im Grundtext lediglich *Navi* heisst (hebr. Prophet, Einzahl) und nicht *Navi Achad* (1 Prophet), ist diese Auslegung nicht gänzlich von der Hand zu weisen. Sie erscheint aber doch eher unwahrscheinlich, weil dann sicher die Pluralform verwendet worden wäre. Viel entscheidender ist die Tatsache, dass dieser Prophet eine ähnliche Funktion haben wird wie Mose. Er wird der Vermittler sein zwischen den Menschen und Gott. Dieser Prophet wird nicht berufen werden, wie es mit den meisten Propheten geschah, sondern Gott wird ihn «erwecken» aus dem Volk. Dass es sich bei dem zitierten Vers nicht um eine generelle Verheissung von Propheten handelt, sondern um einen ganz bestimmten, geht auch aus 5. Mose 34,10 hervor: *«Und es stand in Israel kein Prophet mehr auf wie Mose, den der HERR gekannt hätte von Angesicht zu Angesicht.»* 4. Mose 12,6–8 verdeutlicht ebenfalls, dass Gott zwischen Mose und den übrigen Propheten unterscheidet.

Bei dem angekündigten Propheten handelt es sich um keinen anderen als den verheissenen Messias, um Jesus Christus, der die Verbindung zwischen Gott und den Menschen schuf, ohne den kein Zugang zum Vater möglich ist, ob für Juden oder für Nichtjuden.

Das Wissen um das Kommen eines Erlösers war auch bei Mose und dem Volk Israel vorhanden, denn Jakob kündigte ihn in seinem prophetischen Segen an (1. Mose 49,10).

Aus den Berichten des Neuen Testamentes wird deutlich, dass die Menschen diesen verheissenen Propheten erwarteten und ihn somit nicht mit den bis dahin aufgetretenen Propheten gleichsetzten.

«Philippus findet den Nathanael und spricht zu ihm: Wir haben den gefunden, von dem Mose in dem Gesetz geschrieben und die Propheten, Jesus, den Sohn des Josef, von Naza-

reth» (Joh. 1,45). *«Als nun die Leute das Zeichen sahen, das Jesus tat, sprachen sie: Dieser ist wahrhaftig der Prophet, der in die Welt kommen soll»* (Joh. 6,14; siehe auch Apg. 3,20–26!).

Ki Tetze – *«Wenn du ausziehst»*

5. Mose 21,10–25,19

Haftarah-Abschnitt: Jesaja 54,1–10

In diesem *Torah*-Abschnitt geht es um unterschiedliche Rechtsfragen, vor allem in Familien- und Eheangelegenheiten. Wir mögen dies als einen weniger bedeutsamen Teil der *Torah* erachten, weil es unmöglich erscheint, diese Verordnungen in unseren modernen demokratischen Rechtssystemen anzuwenden, und sie daher als hinfällig ansehen. Derart strikte ethische Bestimmungen lassen sich in einer modernen und toleranten Gesellschaft nicht durchsetzen. Trifft dies zu?

Möglicherweise liegt darin, dass sie als überholt angesehen werden, gerade der Grund für den Zustand, in dem die Welt sich befindet. Vielleicht liegt es gerade daran, dass diese Bestimmungen ignoriert werden, dass wir Zeugen eines ethisch-moralischen Verfalls in unseren Nationen sind.

Zunächst einmal offenbaren die Vorschriften über Kriegszeiten, Familie, Ehe und andere Dinge, die sich in diesem Abschnitt finden, einen Teil des Wesens Gottes.

Der Leser des Textes entdeckt die Liebe, die Barmherzigkeit und das Erbarmen Gottes für jedes menschliche Individuum. Menschen organisieren sich heutzutage, um für Minderheiten, die Rechte der Frauen, für die Umwelt und den Tierschutz zu streiten – sie protestieren gegen Diskriminierungen, gegen ethnische Säuberungen während Kriegshandlungen, gegen Völkermorde und viele andere Dinge. Politiker, Regierungen, Institutionen und internationale Konferenzen beschäftigen sich mit den verschiedenen Fragen. Sie haben alle ehrbare Motive. Doch so lange sie versuchen, durch ihre eigene Weisheit und Fähigkeiten andere zu überzeugen oder Situationen zu ändern, werden sie scheitern. Trotz aller Bemühungen haben sich die jeweiligen Zustände nur wenig geändert, ja wurden vielerorts gar noch schlimmer, weil die sündhafte Natur des Menschen das eigentliche Problem aller Missstände ist. Nur durch ein erneuertes Herz, erfüllt mit dem Geist Gottes aufgrund des Glaubens an Jesus Christus, der für die Sünde gebüsst hat, ist der Mensch in der Lage, auch Umstände zu ändern.

Beim Lesen dieses *Torah*-Abschnittes war ich erstaunt, wie Gott sich um Tiere sorgt, wie Er Frauen und Ehen schützt und wie Er durch Seine Gebote soziale Gerechtigkeit schafft – etwas, das Regierungen, Parteien, Interessengruppen, religiöse Gemeinschaften und viele andere Menschen auf der ganzen Welt versprechen – doch niemand bisher in vollkommener Weise erreichen konnte.

Wenn wir den vorliegenden Bibelabschnitt näher betrachten, geht es zunächst um die Frage der Eheschliessung mit kriegsgefangenen Frauen (21,10–14). Eine Kriegsgefangene durfte nicht sofort zur Frau genommen werden, sondern erst nach einer Trauerzeit, in der die Frau über ihr Schicksal und den Verlust ihrer Familie trauerte. Dies sollte respektiert werden. Sie durfte ebenfalls nicht als Sklavin verkauft oder behandelt werden. Gott sorgt sich um die Schwächsten selbst in Zeiten des Krieges (siehe auch 5. Mose 20,14 im vorangegangenen *Torah*-Abschnitt).

ER schützt diejenigen, die schutzlos sind und oft der Unbarmherzigkeit roher Soldaten ausgeliefert sind, die ihre Lust befriedigen wollen. Interessanterweise kehrt der Text wieder zu den Gesetzen des Krieges zurück, die bereits Gegenstand des vorangegangenen Kapitels waren. Dazwischen finden sich zu Beginn von Kapitel 21 die Bestimmungen über ungeklärte Mordfälle – wenn ein Leichnam gefunden wird und niemand weiss, wer die Person getötet hat. Tausende Menschen sterben auf dem Schlachtfeld und hier finden sich Vorschriften, wie mit einer einzelnen aufgefundenen Leiche einer getöteten Person zu verfahren ist.

Der Kontrast ist besonders bemerkenswert in einer Zeit wie der unsrigen, in der Fernsehbilder von ermordeten Menschen niemanden mehr schockieren, in einer Zeit, in der Völkermorde und Hunderte von Toten aufgrund von Katastrophen in Nachrichtensendungen nahezu in einem Satz mit dem Wetter und den aktuellen Börsenkursen genannt werden.

Dennoch sorgt sich Gott um jeden Einzelnen, wie der Text es offenbart, auch wenn die Leiche scheinbar keine Identität besitzt oder bei Völkermorden zu einer statistischen Nummer degradiert. Das Wort Gottes gibt hier eine völlig andere Perspektive und zeigt den Wert jedes einzelnen menschlichen Lebens.

In den nachfolgenden Versen von Kapitel 21 begegnen wir den Vorschriften über ungehorsame Kinder. Kinder, die ihren Eltern nicht gehorchen, sollen gezüchtigt werden, eine Massnahme, die in unserer sogenannten toleranten Gesellschaft sehr unpopulär ist. Ungehorsam gegenüber den Eltern, die Weigerung sie zu ehren, stellt die Verletzung eines der Zehn Gebote dar und ist in den Augen Gottes genauso eine Übertretung wie das Nichtbeachten der anderen Gebote. Das Vernachlässigen und die Ablehnung der Züchtigung von Kindern ist einer der Gründe für viele zerstörte Familien und dafür, dass viele Kinder nicht lernen, sich einzugliedern. Fehlende Disziplinierung in der Kindheit führt zur Unfähigkeit, sich als Erwachsener diszipliniert zu verhalten und anzupassen.

In dem vorliegenden Text wird jedoch auch der elterlichen Züchtigung Beschränkung auferlegt. Der Sohn soll nicht dauerhaft geschlagen oder vertrieben werden, er ist der öffentlichen Autorität zu unterstellen und seine Vergehen sind bekannt zu geben. In diesem Fall geht es nicht um allgemeinen Ungehorsam, sondern um exzessive Ausschweifung, die durch die zuständigen Autoritäten geahndet wurde.

Kapitel 22 enthält verschiedene Vorschriften, u. a. über die Nächstenliebe und die Heiligung der Ehe. Wiederum werden hier Frauen besonders geschützt, in diesem Fall gegen Verleumdung (22,13–29). In Fällen, wo jedoch beide, Mann und Frau, bewusst Ehebruch begehen, sind auch beide schuldig.

In den Versen 6 und 7 dieses Kapitels lesen wir über Gottes Fürsorge für jedes Geschöpf. Selbst ein Vogelnest erfährt besondere Erwähnung und Schutz durch das Verbot, Junge und Eier aus dem Nest zu entfernen, solange das Muttertier noch auf ihnen sitzt. Kapitel 23 enthält unterschiedliche Vorschriften über verschiedene gesellschaftliche Aspekte. Grund für diese Anordnungen ist das Ziel der Heiligkeit des Volkes. *«Denn der HERR, dein Gott, lebt mitten in deinem Lager, um dich zu erretten und deine Feinde vor dir dahinzugeben. Und dein Lager soll heilig sein, dass er nichts Anstössiges unter dir sieht und sich von dir abwendet»* (23,15).

Kapitel 24 beinhaltet weitere Ehegesetze und Vorschriften über Heiligkeit und Barmherzigkeit, über soziale Gerechtigkeit und Schutz von Minderheiten, Bestimmungen zur Behandlung von Schwachen und Bedürftigen, über Arbeiter und Fremde sowie über Witwen und Waisen. Wir dürfen keinen Vorteil aus der Bedürftigkeit und Abhängigkeit anderer ziehen. Jeder empfängt seinen verdienten Lohn und kein Schwacher darf unterdrückt werden, ihre Rechte sollen gewahrt bleiben.

Der *Torah*-Abschnitt schliesst im Kapitel 25 mit den Schutzbestimmungen gegen übertriebene Strafen, für die Erhaltung des Familiennamens im Todesfalle des Mannes sowie für gerechtes Handeln im Wirtschaftsleben.

Zum Schluss möchte ich das Augenmerk erneut auf den Beginn des Abschnittes richten. In Kapitel 21, Vers 23 findet sich der Grund, warum Jesus nicht über Nacht am Kreuz belassen werden durfte. *«... dann darf seine Leiche nicht über Nacht an dem Holz bleiben, sondern du sollst ihn unbedingt am selben Tag begraben. Denn ein Aufgehängter ist ein Fluch Gottes ...»*

Jeder, der selbst versucht, Gott zu gefallen und seine Gerechtigkeit vor Gott durch eigene Werke erlangen will, ist unter dem Gesetz, unter dem Fluch des Gesetzes. Er muss alle Gebote in vollkommener Weise erfüllen, wozu jedoch kein Mensch in der Lage ist. Daher gibt es keinen anderen Weg, die Gerechtigkeit, die vor Gott gilt, zu erlangen, als durch den Glauben an *Jeschua Ha Maschiach,* an Jesus Christus. *«Christus hat uns losgekauft von dem Fluch des Gesetzes, indem er ein Fluch für uns geworden ist – denn es steht geschrieben: 'Verflucht ist jeder, der am Holz hängt'»* (Galater 3,13).

Klonen

Moderne Wissenschaft, Biologie und Medizin erlauben es dem Menschen nicht nur, grenzenlos zu forschen, sondern auch ethische Grenzen zu überschreiten und in bisher unzugängliche Bereiche vorzustossen, ja, selber Schöpfer zu spielen. Genmanipulationen und Klonen sind dabei die angsterregenden Schlagwörter. Die Züchtung besonderer Pflanzen durch Kombination des Samens verschiedener Arten oder der Veränderung der Pflanzengene, ist dabei bereits selbstverständlich.

Unglauben und Erstaunen hat vor einigen Jahren das Klonen des schottischen Schafes *Molly* ausgelöst. Beim Klonen werden durch künstlich herbeigeführte ungeschlechtliche Vermehrung genetisch identische Lebewesen hergestellt. Was einst nur Sciencefiction war, ist heute Realität. Neueste Erfindung aus Israel ist dabei ein biologischer Computer, den es bisher zwar nur als mechanisches Modell gibt, der aber, so hoffen die Wissenschaftler, in einigen Jahren zur Verfügung stehen soll. Dieser biologischer Computer wird in eine Zelle eingesetzt und kann deren Reaktion steuern und beeinflussen.

Einige Verse unseres Bibeltextes warnen bereits im Ansatz vor solchen Eingriffen in die Natur. *«Du sollst deinen Weinberg nicht mit zweierlei Samen besäen ... Du sollst nicht mit einem Rind und einem Esel zusammen pflügen ...»* (21,9–11).

Diese Vorschriften finden sich bereits im dritten Buch Mose, Kapitel 19, Vers 19, wo sie noch deutlicher dargelegt werden.

«Meine Ordnungen sollt ihr halten. Dein Vieh von zweierlei Art sollst du sich nicht begatten lassen; dein Feld sollst du nicht mit zweierlei Samen besäen, und ein Kleid, aus zweierlei Stoff gewebt, soll nicht auf dich kommen.»

Die *Torah*, Gottes Wort fordert nicht nur zur Achtung vor den Geschöpfen auf, sondern auch zur Bewahrung der natürlichen Ordnungen dieser Schöpfung. Gott hat Unterscheidungen geschaffen in der Natur und es ist dem Menschen verboten, diese zu vermischen oder gar auszulöschen. Dies sind ewig gültige Naturgesetze, die durch göttliche Weisheit geschaffen wurden. Wenn zu Zeiten der Abfassung der Bibel die Mischung verschiedener Tier- und Pflanzenarten verboten war, wie viel mehr gilt dies für die Möglichkeiten der modernen Wissenschaft. Nach Ansicht des jüdischen Historikers des 1. Jh. n. Chr., *Flavius Josephus,* ist der Grund für dieses Verbot der vermischten Vermehrung, dass solch unnatürliche Vereinigungen in der Tierwelt zu moralischer Perversion unter den Menschen führen wird.

Ki Tavo – *«Wenn du kommst»*

5. Mose 26,1–29,8

Haftarah-Abschnitt: Jesaja 60

Im ersten Kapitel dieses *Torah*-Abschnittes steht das Gesetz über das Opfer der Erstlingsfrüchte. Kapitel 27 und 28 enthalten umfangreiche Ausführungen über Segen aufgrund von Gehorsam gegenüber dem Wort Gottes und Fluch als Folge von Ungehorsam. Am Ende dieses Abschnittes, zu Beginn von Kapitel 29, findet sich ein kurzer Rückblick auf die vorangegangenen vierzig Jahre.

Ich glaube, dass sowohl *Ki Tavo* als auch der folgende *Torah*-Abschnitt *Nitzavim,* einige der bemerkenswertesten Prophetien der gesamten *Torah* enthalten. Beginnen wollen wir jedoch mit der Darbringung der Erstlingsfrüchte und des Zehnten in Kapitel 26.

Der Text erklärt, dass die Israeliten, nachdem sie das Land eingenommen haben, einige von den Erstlingen aller Frucht des Erdbodens nehmen und *«an die Stätte gehen, die der HERR, dein Gott, erwählen wird, um seinen Namen dort wohnen zu lassen»* (26,2). In 5. Mose 12,5 u. 11 hörten wir bereits von dieser Stätte. Wie aus der Schrift in 1. Kön. 8,29; 2. Chr. 7,12 und Psalm 78,68 hervorgeht, ist dies kein anderer Platz als der Berg Zion, die Stadt Jerusalem, dort wo später der Tempel gebaut wurde. Nach jüdischer Tradition bedeutete «die Erstlinge aller Frucht» nicht, die Erstlinge aller Art von Frucht, die aus dem Boden spross, sondern nur die sieben Fruchtarten, die in 5. Mose 8,8 als typisch für die Fruchtbarkeit des Landes angesehen wurden. Dies sind Weizen, Gerste, Weintrauben, Feigen, Granatäpfel, Oliven und Honig.

Nachdem dies geschah, wurden die Körbe mit den Erstlingen der sieben Fruchtarten an den Priester übergeben, der sie wiederum an den Fuss des Altars legte. Die darbringende Person sollte dann vor dem HERRN sagen: *«Ein umherirrender Aramäer war mein Vater, und er zog nach Ägypten hinab und hielt sich dort als Frem-*

der auf, als ein geringes Häuflein. Doch er wurde dort zu einer grossen, starken und zahlreichen Nation. Und die Ägypter misshandelten uns, unterdrückten uns und legten uns harte Arbeit auf. Da schrien wir zum HERRN, dem Gott unserer Väter, und der HERR hörte unsere Stimme und sah unser Elend und unsere Mühsal und unsere Bedrängnis. Und der HERR führte uns aus Ägypten heraus mit starker Hand und mit ausgestrecktem Arm und mit grossem Schrecken und mit Zeichen und Wundern. Und er brachte uns an diese Stätte und gab uns dieses Land, ein Land, das von Milch und Honig überfliesst. Und nun siehe, ich habe die Erstlinge der Frucht des Landes gebracht, das du, HERR, mir gegeben hast. – Und du sollst sie vor dem HERRN, deinem Gott, niederlegen und anbeten vor dem HERRN, deinem Gott. Und du sollst dich an all dem Guten freuen, das der HERR, dein Gott, dir und deinem Haus gegeben hat, du und der Levit und der Fremde, der in deiner Mitte wohnt» (5. Mose 26,5–11).

Wie in den vorangegangenen *Torah*-Abschnitten bereits erwähnt, sehen wir auch am Ende dieser Verse, dass Gott sich um jeden, besonders um die Schwachen und Schutzlosen, sorgt. Fremde sind im Besonderen noch einmal in den beiden darauffolgenden Versen 12 und 13 erwähnt. Neben den Leviten und Fremden werden vor allem immer wieder Witwen und Waisen erwähnt, die der Fürsorge bedürfen. Für sie zu sorgen ist ein Gebot, das sich durch die ganze Heilige Schrift zieht und auch uns heute gilt. *«Ein reiner und unbefleckter Gottesdienst vor Gott und dem Vater ist dieser: Waisen und Witwen in ihrer Bedrängnis zu besuchen, sich selbst von der Welt unbefleckt zu erhalten»*, heisst es im Jakobusbrief, Kapitel 1, Vers 27.

Ich empfand es ermutigend zu lesen: *«Und du sollst dich an all dem Guten freuen, das der HERR, dein Gott, dir und deinem Haus gegeben hat ...»* Gott möchte nicht, dass wir den ganzen Tag ernst, mit würdevollem Gesichtsausdruck oder gar griesgrämig umherlaufen. Wir sollen uns dessen erfreuen, was der HERR für uns getan hat und geniessen, was Er uns hat zukommen lassen, was wir besitzen und erreicht haben. Doch nicht mit einem stolzen und hochmütigen Herzen, dass die Ehre mir gebührt, sondern mit einem demütigen und dankbaren Herzen, denn dem HERRN habe ich dies alles zu verdanken.

Die gesprochenen Worte vor dem Altar sind Lobpreis und Anbetung Gottes für Seine Treue. Er sagt zu Seinem Volk: *«Erinnert euch an die Zeit eurer Gefangenschaft, als ihr noch Sklaven in Ägypten gewesen seid. Doch ich hörte euer Schreien und befreite euch. Ich brachte euch in das Land, wo Milch und Honig fliesst, so wie ich es euch und euren Vorfahren versprochen habe.»* Die Verse 5 bis 11 in Kapitel 26 erinnern uns daran, dankbar zu sein für das, was Gott an uns getan hat.

Es lag nicht im Ermessen der Israeliten, dieses Opfer darzubringen, je nachdem wie sie sich fühlten oder wie es ihre wirtschaftliche Situation erlaubte. Es bestand die Verpflichtung, das Opfer und den Zehnten Gott zu geben. Sie hatten die oben zitierten Worte zu sagen, wenn sie mit ihrem Erstlingsopfer vor den Altar traten. Doch diese Proklamation wurde nicht gesprochen in Verbindung mit anderen Opfergaben. Die Abgabe des Zehnten ist in diesem Zusammenhang ebenfalls erwähnt, doch sie hatte nur alle drei Jahre zu erfolgen (Vers 12). Es ist nicht unbedingt zu schlussfolgern, dass bei der Abgabe des Zehnten, der am Stadttor niedergelegt wurde (5. Mose 14,28), die Worte wie bei der Darbringung der ersten Früchte gesprochen wurden. Für viele mag die Abgabe des Zehnten auch nicht unbedingt eine freudige Handlung gewesen sein, sondern vielleicht eine lästige Pflicht. Wenn wir jedoch die Gebote Gottes befolgen und unseren Pflichten nachkommen, unabhängig davon, ob es uns gerade gefällt – geben wir Gott die Ehre und loben ihn. Indem wir dies tun, werden wir auch den Segen dafür empfangen.

Ein weiterer interessanter Aspekt taucht in diesem Wochenabschnitt auf. Die Israeliten standen kurz davor, in das verheissene Land einzuziehen. Das Land Israel wird in der Bibel nicht als der Geburtsort des jüdischen Volkes bezeichnet, sondern als ihr Erbteil. Gott sagte zu Abraham in 1. Mose 12,1: *«Geh aus deinem Land und aus deiner Verwandtschaft und aus dem Haus deines Vaters ...»* Im hebräischen Text steht das Wort *moledet* für «Verwandtschaft», was in der alten Luther-Übersetzung mit «Freundschaft» wiedergegeben wird. Der Geburtsort oder das Heimatland ist damit gemeint, wobei auf die Vergangenheit Bezug genommen wird.

Im Zusammenhang mit dem verheissenen Land wird in der *Torah* aber das Wort *morascha* gebraucht, womit «Besitz» oder «Erbgut» ausgedrückt wird (2. Mose 6,8; 5. Mose 33,4). Das verheissene Land ist daher das Erbgut oder der Besitz, den Israel von Gott erhalten hat. Die Darbringung der Erstlingsfrüchte, den Blick zurück in Dankbarkeit für das, was Gott ihnen Gutes getan hat, weist auf das hin, was Gott ihnen verheissen hat, das Erbe, das sie empfangen haben. Die Frucht war der Beleg dafür, dass man im Besitz des Landes war und die Darbringung zum Altar das Bekenntnis, dass man diesen Besitz dem HERRN verdankt.

Dies ist auch die Botschaft von Kapitel 26 an uns Christen. IHN zu preisen und anzubeten mit dankbarem Herzen, lenkt unseren Blick auf das uns verheissene geistliche Erbe, auf die himmlischen Örter.

Im ersten Teil von Kapitel 28 finden wir die Verheissung des Segens aufgrund des Gehorsams gegenüber den Geboten Gottes. Im zweiten Teil dieses langen Kapitels werden die Flüche beschrieben, die auf das Volk kommen, wenn sie auf die Stimme des HERRN nicht hören. Mose kündigt schreckliches Leid, die Invasion eines feindlichen Volkes, die Eroberung des Landes und die weltweite Zerstreuung an.

Nachdem das Land bereits durch die Assyrer, Babylonier, Medo-Perser und Griechen erobert wurde, kamen schliesslich die Römer. Unter der Kraft und stählernen Macht ihrer Soldateska erlahmte mit der Zeit jeglicher jüdische Widerstand. Die Römer waren brutal und rücksichtslos. Ihre mächtige Armee überrollte und beherrschte die damalige Welt, die Länder rund um das Mittelmeer wie auch Zentraleuropa. Ihr Wappen war der Adler. *«Der HERR wird von ferne, vom Ende der Erde her, eine Nation über dich bringen. Wie der Adler fliegt, so kommt sie, eine Nation, deren Sprache du nicht verstehst, eine Nation mit hartem Gesicht, die für den Alten keine Rücksicht kennt und für den Jungen keine Gnade»* (28,49–50).

In den folgenden Versen werden schreckliche Dinge beschrieben, die sich auch in dieser Form während der römischen Belagerung Jerusalems im Jahre 70 zugetragen haben. Im *Torah*-Abschnitt *Be Har* und *Bechukotai* (3. Mose 25,1–27,34) wurde darauf bereits näher Bezug genommen, ebenso auf die nachfolgenden Verse über die weltweite Zerstreuung des jüdischen Volkes.

Vielerorts, wo das jüdische Volk zerstreut war auf der Welt, wurden sie eines Tages gejagt, verfolgt und getötet. Dies geschah in biblischer Zeit, nach der Zerstörung des zweiten Tempels, im Mittelalter und dies geschah in der schrecklichsten Form in diesem Jahrhundert. *«Und der HERR wird dich unter alle Völker zerstreuen von einem Ende der Erde bis zum andern Ende der Erde ... Und unter jenen Nationen wirst du nicht ruhig wohnen und deine Fusssohle wird keinen Rastplatz finden. Und der HERR wird dir dort ein zitterndes Herz geben, erlöschende Augen und eine verzagende Seele»* (28,64–65). Die Völker, die Gott zur Ausführung dieser Gerichtsandrohungen gebrauchte, fielen selber dem Gottesgericht anheim, für das, was sie dem jüdischen Volk angetan hatten (5. Mose 30,7).

Diese Worte über die Folgen des Ungehorsams und der Ablehnung der göttlichen Gebote stellen eine Mahnung für Israel, aber auch für die Gläubigen des Neuen Bundes dar, Gottes Wort ernst zu nehmen und Seine Langmut und Barmherzigkeit nicht als selbstverständlich anzusehen.

Nach diesen warnenden Worten bringen die beiden folgenden Kapitel wieder die Treue und die Liebe Gottes zum Ausdruck, die Treue zu Seinem Wort. Denn in Kap. 29, Vers 8 wird der Bundesschluss bestätigt sowie die Verheissung des zukünftigen Segens, der Annahme und Wiederherstellung, wenn sie sich zum HERRN bekehren (5. Mose 30,1 ff.).

Die sieben Fruchtarten

«Und es soll geschehen, wenn du in das Land kommst, das der HERR, dein Gott, dir als Erbteil gibt, und du hast es in Besitz genommen und wohnst darin, dann sollst du von den Erstlingen aller Frucht des Erdbodens nehmen, die du von deinem Land einbringst, das der HERR, dein Gott, dir gibt, und sollst sie in einen Korb legen und an die Stätte gehen, die der HERR, dein Gott, erwählen wird, um seinen Namen dort wohnen zu lassen» (5. Mose 26,1–2).

Wie oben erwähnt, wurde nach jüdischer Überlieferung nicht der Erstling all dessen, was aus dem Boden spross, in den Tempel gebracht, sondern nur von den sieben Fruchtarten, die für die Fruchtbarkeit des Landes Israel symbolisch waren gem. 5. Mose 8,8. *«Ein Land des Weizens und der Gerste, der Weinstöcke, Feigenbäume und Granatbäume; ein Land mit ölreichen Olivenbäumen und Honig.»*

Jede einzelne Fruchtart besitzt einen einzigartigen Charakter, mit einem tiefen Sinn und einem Reichtum an unterschiedlichen Bedeutungen, der sich wie ein roter Faden durch die jüdische Geschichte zieht. In kulturellen und religiösen Symbolen wurden sie durch die Jahrhunderte wiederholt dargestellt, von Poeten verkörpert in Darstellungen ihrer Lieder und von Künstlern gebraucht als Inspiration ihrer Kunstwerke. Religiöse Zeremonien kreisten ebenso um die sieben Arten wie Mystiker sich in ihnen vertieften, auf der Suche nach den Geheimnissen, die sie repräsentieren. Berichte von Reisenden, Besuchern, Eroberern und Bewohnern des Landes Israel spiegeln das in Jer. 2,7 beschriebene Bild des Landes wider, das als ein «Gartenland» bezeichnet wird. Die Bibel zitiert den Botschafter des assyrischen Königs Sanherib, der die Belagerung Jerusalems im Jahre 701 v. Chr. leitete und ebenfalls sechs der sieben Fruchtarten aufzählt (2. Kön. 18,31–32). Das Relief von Sanheribs Palast in Ninive, das die Belagerung der Stadt Lachisch darstellt, veranschaulicht eine Landschaft mit Weinstöcken, Oliven- und Feigenbäumen sowie Dattelpalmen.

Weizen/Korn und **Gerste** symbolisieren im jüdischen Glauben das Brot des Lebens und die Auferstehung. Unter diesem Aspekt gewinnt Jesu Wort in Joh. 12,24 eine noch tiefere Bedeutung. *«Wahrlich, wahrlich, ich sage euch: Wenn das Weizenkorn nicht in die Erde fällt und stirbt, bleibt es allein; wenn es aber stirbt, bringt es viel Frucht.»* Weizen und Gerste anzubauen und zu ernten erforderte von den Menschen in biblischer Zeit die meiste Arbeit. Es war ein wesentlicher Bestandteil ihres Lebens (Jes. 28,23–25) und deshalb waren die vielen Hinweise, die wir darauf in der Heiligen Schrift finden, lebensnah und aktuell für die Menschen der damaligen Zeit. Produkte aus Weizen und Gerste wurden nicht nur als Opfer im Tempel dargebracht, sondern bildeten auch ein Wirtschaftsgut, mit dem Handel betrieben wurde. Sie waren der Standard, an dem der Wert anderer Waren gemessen wurde.

Weintrauben symbolisieren das Paradies und repräsentieren Frieden, Ruhe und Ewigkeit. Dargestellt sind sie auf antiken Steinsärgen, Bodenmosaiken und Öllampen. Das bekannteste Traubensymbol ist heute das Logo des israelischen Tourismusministeriums, das zwei der von Mose ausgesandten Kundschafter zeigt, die eine überdimensionale Rebe tragen (4. Mose 13,23). Dieses Bild stellt in besonderer Weise die Fruchtbarkeit und Fülle des Landes Israel dar. Auch hier wird die Aussage Jesu in Joh. 15,1: *«Ich bin der wahre Weinstock und mein Vater ist der Weingärtner»,* viel kraftvoller, berücksichtigt man, dass die Zuhörer damals mit dem Weinstock Paradies und Ewigkeit assoziierten.

Der **Feigenbaum** repräsentiert den Baum der Erkenntnis. Der jüdische Glaube bringt die Feige in Verbindung mit Weisheit und der *Torah*. In der mündlichen Überlieferung des Judentums steht geschrieben: *«Warum stehen die Worte der Torah in Verbindung mit dem Feigenbaum? Je mehr man darin sucht, desto mehr Feigen findet man. So ist es auch mit den Worten der Torah, je mehr man sie studiert, desto mehr Weisheit findet man darin.»* Nach jüdischer Tradition war der Baum der Erkenntnis im Garten Eden ein Feigenbaum, da in der Schrift nur von «Frucht» die Rede ist und Adam und Eva sich anschliessend mit einem Feigenblatt bedeckten (1. Mose 3,1–7).

Der **Granatapfel** symbolisiert Schönheit, Liebe und Fruchtbarkeit, beschrieben in Liebesgedichten des gesamten Mittleren Ostens der Antike. Als Symbol der Ehe selbst im antiken Rom angesehen, fand der Granatapfel Beachtung in vielen Kulturen. Der Saft des Granatapfels wurde als der Nektar der Liebenden angesehen.

Oliven. In hellenistischer und römischer Zeit galt das Blatt des Olivenbaumes als Siegessymbol. Im Judentum stellt es jedoch Licht, Heiligkeit und Frieden dar. Das Land Israel ist die Heimat des wilden und wahrscheinlich auch der Geburtsort des kultivierten Olivenbaumes. Wenn daher Paulus in Kapitel 11 des Römerbriefes über die fortdauernde Erwählung Israels spricht und dabei das Bild des Ölbaumes gebraucht, war dies ein Bild, das die Zuhörer täglich vor Augen hatten. Alle Bestandteile des Olivenbaumes, die Frucht, das Öl wie auch das Holz, wurden zu biblischer Zeit genutzt. Öl als ein Element im Essen (1. Kön. 17,12), für Kosmetik (Prediger 9,7–8), als Brennstoff (2. Mose 25,6), als Medizin (Jesaja 1,6) und für verschiedenste andere Zwecke. Der immergrünende Olivenbaum galt auch als Bildnis der Schönheit, Fruchtbarkeit und Ausdauer. Wie in der Schau des Propheten Sacharja von den zwei Ölbäumen an den Seiten des siebenarmigen Leuchters (Sach. 4,1–7), wurden diese ein Bild des Lichtes und der Hoffnung für das jüdische Volk durch die Generationen hindurch und dienen heute als Wappen des Staates Israel.

Datteln symbolisieren Aufrichtigkeit, Ehrlichkeit, Gerechtigkeit und Sieg. Die Zweige der Dattelpalme gelten als ein Bild des Landes Israel seit ältester Zeit. Das Land war bekannt für die Menge und Qualität seiner Datteln. Von den Datteln wurde der Honig des «Landes voll Milch und Honig» hergestellt.

Nitzavim – *«Dastehende»*
Va'Jelech – *«Und ging hin»*

5. Mose 29,9–30,20
5. Mose 31

Haftarah-Abschnitt: **Jesaja 61,10–63,9**
Jesaja 55,6–56,8

Diese Wochenlesung besteht wiederum aus zwei kurzen *Torah*-Abschnitten, die in bestimmten Jahren (abhängig von der Anzahl der für die Wochenabschnitte zur Verfügung stehenden Schabatot) getrennt, jedoch meist als ein Abschnitt gelesen werden.

Nitzavim beginnt mit den Worten: *«Ihr alle steht heute* (Interlinear: *«Ihr seid Dastehende heutigentags») vor dem HERRN, eurem Gott: eure Häupter, eure Ältesten und eure Aufseher, alle Männer von Israel.»* In einigen Bibelübersetzungen wie der Elberfelder, der Schlachter, King James und NIV beginnt dieser Text erst mit Vers 10. Im hebräischen Originaltext sowie in den Luther-Übersetzungen und der revidierten Elberfelder, die ich den Bibelzitaten zugrunde lege, ist der Anfang dieses Abschnittes in Vers 9.

Zunächst geht es in diesem *Torah*-Abschnitt wieder um den Empfang des Segens Gottes aufgrund des Gehorsams gegenüber Seinem Wort, wie auch um die Warnung vor Ungehorsam. Es geht um die Wahl zwischen Leben und Tod für das Volk Israel und die Erneuerung des Bundesschlusses.

Im vorangegangenen Wochenabschnitt (Kapitel 28) kündigte Mose die weltweite Zerstreuung des jüdischen Volkes an, verbunden mit schrecklichen Leiden, wenn sie das Wort Gottes ignorieren. Diese Worte haben sich im buchstäblichen Sinne erfüllt. Es ist ein bemerkenswerter Wesenszug Gottes, dass Er nach dieser Gerichtsandrohung dem Volk Seine Liebe, Treue und die Erfüllung

Seiner Verheissungen bezeugt. Obwohl Gott wusste, dass Sein Volk von Seinen Geboten abweichen und unter den Fluch kommen würde, erneuerte Er Seinen Bund und die damit gegebenen Zusagen mit ihnen.

«Damit du in den Bund des HERRN, deines Gottes, eintrittst und in seine Fluchbestimmung, den der HERR, dein Gott, heute mit dir schliesst, damit er dich heute zu seinem Volk erhebt und er dein Gott ist, wie er zu dir geredet und wie er deinen Vätern, Abraham, Isaak und Jakob, geschworen hat. Doch nicht mit euch allein schliesse ich diesen Bund mit dieser Fluchbestimmung, sondern sowohl mit dem, der heute hier ist, der mit uns vor dem HERRN, unserm Gott, steht, als auch mit dem, der heute nicht mit uns hier ist» (5. Mose 29,11–14).

Der Bund, die Verheissungen, schliessen alle zukünftigen Generationen des jüdischen Volkes mit ein. In Kapitel 28 kündigte Gott die Zerstreuung des jüdischen Volkes an und hier in Kapitel 30 verspricht er die weltweite Sammlung. Beides ist eingetroffen, wenn auch letzteres noch nicht vollständig.

«Dann wird der HERR, dein Gott, dein Geschick wenden und sich über dich erbarmen. Und er wird dich wieder sammeln aus all den Völkern, wohin der HERR, dein Gott, dich zerstreut hat. Wenn deine Verstossenen am Ende des Himmels wären, selbst von dort wird der HERR, dein Gott, dich sammeln, und von dort wird er dich holen. Und der HERR, dein Gott, wird dich in das Land bringen, das deine Väter in Besitz genommen haben, und du wirst es in Besitz nehmen. Und er wird dir Gutes tun und dich zahlreicher werden lassen als deine Väter» (30,3–5).

Wir haben das Vorrecht, die Erfüllung eines grossen Teiles dieser Verheissung in unserer Zeit zu erleben. Seit der Gründung des Staates Israel im Jahre 1948 sind über zweieinhalb Millionen Juden aus allen Teilen der Erde in das Land der Väter zurückgekehrt. Ja die Staatsgründung selbst («du wirst das Land in Besitz nehmen») ist in Vers 5 angekündigt. Die Sammlung des jüdischen Volkes ist eine Folge davon, dass Israel wieder zum HERRN umkehrt. Dies ist noch nicht gänzlich geschehen, ja das Volk wendet sich gar wieder zunehmend von den Geboten Gottes ab. Der grösste Teil der jüdischen Weltbevölkerung lebt nach wie vor in der *Diaspora,* also ausserhalb des Landes Israel. Wenn sich das ganze Volk wieder dem HERRN zuwendet, allein in IHM seine Hilfe sucht, nachdem in der Zukunft sich die ganze Welt gegen Israel wenden wird, wie es die Schrift voraussagt, dann wird sich das obige Bibelwort in vollkommener Weise erfüllen. *«Und der HERR, dein Gott, wird all diese Flüche auf deine Feinde und auf deine Hasser legen, die dir nachgejagt sind»* (30,7).

Nationen, die das jüdische Volk unterdrückt und verfolgt haben, wurden von Gott gestraft. So wird es auch in der Zukunft den Nationen ergehen, die gegen das Volk Israel streiten und gegen Jerusalem ziehen. Die Strafe für diese Völker wird hart sein (siehe Joel 4,2 [in einigen Bibelübersetzungen Kap. 3,2] und Sacharja 12, 2–4; 14,12). Doch dann wird der HERR einen neuen Bund mit dem Volk Israel schliessen.

Dieses grosse in der Zukunft liegende Ereignis wird in diesem *Torah*-Abschnitt bereits angekündigt: *«Und der HERR, dein Gott, wird dein Herz und das Herz deiner Nachkommen beschneiden, damit du den HERRN, deinen Gott, liebst mit deinem ganzen Herzen und mit deiner ganzen Seele, dass du am Leben bleibst»* (30,6). Die Beschneidung der Herzen ist das, was Gott von Seinem Volk will, ein durch den Geist Gottes erneuertes Herz, eine Wiedergeburt. Ein kleiner Teil des Volkes hat bereits ein neues Herz. Es sind die Juden, die zur Gemeinde Jesu gehören und sich heute messianische Juden nennen. Für das Volk als ganzes steht dieses Ereignis noch aus. Es wird geschehen, wenn sie den Verworfenen, ihren abgelehnten Messias, Jesus Christus, bei dessen Wiederkehr in diese Welt erkennen werden (Sacharja 12,10).

Paulus schreibt in seinem Brief an die Römer (Kap. 11,26) darüber: *«Und so wird ganz Israel errettet werden, wie geschrieben steht: 'Es wird aus Zion der Erretter kommen, er wird die Gottlosigkeiten von Jakob abwenden ...'»*

In dem kurzen Abschnitt *Vayelech* (Kapitel 31) finden wir die letzten Anordnungen, die Mose an das Volk gibt, einschliesslich der Prophezeiung des Abfalls und die Worte an seinen Nachfolger Josua. Bereits die ersten Verse des Kapitels enthalten auch für uns solch mutmachende Worte, die gegen Ende der *Torah* eine wunderbare Zusammenfassung geistlicher Prinzipien darstellen, welche in den fünf Büchern Mose zu finden sind und zum Ausdruck bringen, dass die *Torah* nicht einfach das «Gesetz» ist, sondern Lehre, Unterweisung und Anweisung des Wortes Gottes.

→ *«Der HERR, dein Gott, er zieht vor dir her hinüber»,* Vers 3.
→ *«Seid stark und mutig ...»,* Vers 6.
→ *«... fürchtet euch nicht und erschreckt nicht ...»,* Vers 6.
→ *«... der HERR, dein Gott, er ist es, der mit dir geht ...»,* Vers 6.
→ *«... er wird dich nicht aufgeben und dich nicht verlassen»,* Vers 6.
→ *«Sei stark und mutig!»,* Vers 7.
→ *«... das der HERR ihren Vätern geschworen hat ...»,* Vers 7.
→ *«Der HERR, er ist es, der vor dir herzieht ...»,* Vers 8.
→ *«... er selbst wird mit dir sein ...»,* Vers 8.
→ *«... er wird dich nicht aufgeben und dich nicht verlassen»,* Vers 8.
→ *«... Fürchte dich nicht und sei nicht niedergeschlagen»,* Vers 8.

Diese wunderbaren Worte der Ermutigung sind eine Bekundung von Gottes unbegreiflicher Liebe und Treue zu Seinem Volk. Auch heute gelten diese Worte für alle, die dem HERRN nachfolgen. Wenn Ungewisses vor Ihnen liegt, Sie vor einer neuen Aufgabe stehen, oder ein neuer Lebensabschnitt beginnt, dann gravieren Sie diese Worte in Ihr Herz ein.

In der Bibel wird die Beziehung zwischen Gott und Seinem Volk oft mit einer Ehe verglichen, in der ein Teil dem anderen seine Liebe bekundet und der Ehepartner diese erwidert. Diese Erwiderung ist ebenfalls ein Liebesbeweis und ein Ausdruck der Dankbarkeit. Das gleiche Prinzip liegt unserem Text zugrunde. Gott will und erwartet eine Reaktion von Seinem Volk. Dies beschreibt Mose im zweiten Teil dieses Kapitels. Er legt dem Volk Gottes Wort, die *Torah*, vor und fordert sie auf, dieses zu hören, zu lesen und zu lernen. *«... sollst du dieses Gesetz vor ganz Israel ausrufen lassen, vor ihren Ohren. ... damit sie hören und damit sie lernen und den HERRN, euren Gott, fürchten und darauf achten, alle Worte dieses Gesetzes zu tun! ... alle Tage, die ihr in dem Land lebt ...»* (31,11–13).

Das will Gott auch von Ihnen und mir – auf Sein Wort hören und es lesen, nicht nur einmal pro Woche im Gottesdienst, sondern täglich. Hierbei ist kein passives Verhalten gemeint, sondern ein aktives. Er fordert uns auf, das Wort eifrig zu lesen, zu lernen und zu studieren. Lesen Sie die Bibel für sich alleine und bitten Sie Gott, Ihnen Sein Wort auszulegen und Seinen Willen zu offenbaren. Der Heilige Geist wird Sie leiten und Ihnen Erkenntnis schenken. Dadurch wird das Wort lebendig und aktiv in Ihnen, was zum Gehorsam und zur Gottesfurcht führt. Dies wiederum ist die Basis für ein heiliges Leben, das Gott von uns möchte.

Doch Gott kennt das Herz Seines Volkes. Er wusste bereits im Voraus, dass Israel von Seinen Geboten abfallen würde. *« ... Und dieses Volk wird sich aufmachen und den fremden Göttern des Landes, in das es kommt, in seiner Mitte nachhuren. Und es wird mich verlassen und meinen Bund brechen, den ich mit ihnen geschlossen habe»* (31,16). *«... Und es wird sich anderen Göttern zuwenden, und sie werden ihnen dienen und mich verwerfen, und meinen Bund wird es brechen»* (31,20).

Diese Worte offenbaren einen weiteren unbeschreiblichen und einzigartigen Aspekt des Wesens Gottes. Er bestätigt Seine Liebe und Treue, obwohl Er um den Ungehorsam und Abfall Seines Volkes weiss.

Die Konsequenz für Israels Lossagung von Gottes Geboten und der Preisgabe des Bundes, den Er mit ihnen schloss, ist der Zorn Gottes. *«Ich aber, ich werde an jenem Tag mein Angesicht völlig verbergen wegen all des Bösen, das es getan ...»* (Vers 18a).

Das Volk Israel hat in seiner Geschichte viel Not und Leid erfahren müssen. Schrecken, Verfolgung und Vernichtung suchten es heim. Aufrechte Gottesmänner waren davon genauso betroffen, wie solche, die sich vom Gott ihrer Väter und Seinen Geboten losgesagt hatten. Nicht wenige bekamen Zweifel an der Erwählung des Volkes und fühlten sich von Gott verlassen. *«Und es wird an jenem Tag sagen: Haben diese Übel mich nicht deshalb getroffen, weil mein Gott nicht mehr in meiner Mitte ist?»* (31,17b).

Doch trotz allem Unglück, aller Bedrängnis und aller Hoffnungslosigkeit hat der HERR sie nicht endgültig fallen gelassen – Er hat Sein Angesicht vor ihnen verborgen –. *«Da wird mein Zorn an jenem Tag gegen es entbrennen, und ich werde sie verlassen und mein Angesicht vor ihnen verbergen. Und es wird zum Frass werden und viele Übel und Nöte werden es treffen»* (31,17a). Doch der HERR wendet sich wieder zu Seinem Volk mit grosser Barmherzigkeit, wie in der Entstehung des Staates Israel nur drei Jahre nach der grössten Tragödie in der Geschichte des jüdischen Volkes, dem Holocaust, deutlich wird.

Diese Botschaft gilt auch den Völkern dieser Welt. Menschen stellen immer wieder die Frage, wie ein Gott der Liebe nur solch grosses Leid, solche Tragödien und Katastrophen, von denen sie befallen wurden, zulassen kann. «Wenn es einen Gott gibt, hätte er dies nicht zugelassen», sind oft gehörte Redewendungen. Gott hat Sein Angesicht verborgen, weil sich die Menschen von Ihm abgewandt haben. Es liegt in der tragischen Natur dieser gefallenen und unerlösten Welt, dass auch diejenigen, die dem HERRN nachfolgen und Seinem Wort vertrauen, nicht verschont bleiben von Not und Leid, das diese Welt befällt.

Die Bibel offenbart einen Zusammenhang zwischen dem «Verbergen Gottes» und Seiner Erlösung. Der Prophet Jesaja schreibt in Kapitel 8, Vers 17: *«Und ich will auf den HERRN harren, der sein Angesicht vor dem Haus Jakob verbirgt, und will auf ihn hoffen.»* Und in Kapitel 45,15 heisst es: *«Wahrlich, du bist ein Gott, der sich verborgen hält, Gott Israels, ein Retter!»*

Das «Verbergen Gottes» soll die Menschen zu der Hoffnung in Seine Erlösung führen. Dies ist die Botschaft für Israel und für die Welt. Die Erlösung hat Er durch die Sendung Seines Sohnes Jeschua in diese Welt vollbracht. Wer ewiges Leben durch den Glauben an Jesus den Messias hat, hat die Gewissheit, IHN einmal von Angesicht zu Angesicht zu schauen.

Verbergen

Die jüdische Tradition berichtet von folgender Geschichte. Ein religiöser Jude begegnet während eines Spazierganges einer Gruppe Kinder, die «Verstecken» spielen. Beim Näherkommen entdeckt er ein Kind, das alleine ist und weint. «Warum die Tränen?», fragt der Mann. Das Kind gibt zur Antwort, dass es sich bereits vor langer Zeit versteckt habe, doch niemand gekommen sei, um nach ihm zu suchen. Der bereits ältere Mann schaut gen Himmel und ruft aus: «Herr des Himmels und der Erde! Ich weiss, dass du dich verbirgst, weil du möchtest, dass wir dich finden. Aber was geschieht, wenn deine Kinder dich nicht mehr suchen?»

Ha'azinu – *«Horcht auf»*

5. Mose 32

Haftarah-Abschnitt: 2. Samuel 22

Dieser Abschnitt, mit dem wir uns dem Ende der *Torah* nähern, enthält das «Lied des Mose». Zu Beginn seines Dienstes sang Mose schon einmal ein Lied, das «Lied der Erlösten», nach Gottes wunderbarer Errettung durch das Rote Meer (2. Mose 15). Nun beendet er seinen Dienst mit einem erhabenen Lied des Lobpreises und der Freude im Angesicht des von Gott dem Volk verheissenen Landes. Die majestätische Hymne ist ein Porträt von Gottes liebevoller Güte, seiner Freundlichkeit und unwandelbaren Treue im Gegensatz zu Israels Untreue und Undankbarkeit. JHWE als der liebende Vater und Israel als das ungehorsame Kind, das trotz allem vom Vater niemals verlassen wird. In Vers 10 beschreibt Gott das Volk Israel als Seinen Augapfel, ein Vergleich, der sich auch in Sach. 2,8 findet. Der Augapfel ist eines der kompliziertesten und wertvollsten Organe unseres Körpers, der durch die Augenhöhle besonders geschützt ist. Dieses wunderbare Bild gebraucht Gott, um Sein Verhältnis zu Israel zu beschreiben. Sie sind kompliziert, aber wertvoll und besonders geschützt.

«Horcht auf ihr Himmel, ich will reden, und die Erde höre die Worte meines Mundes! Wie Regen träufle meine Lehre, wie Tau riesele meine Rede, wie Regenschauer auf frisches Grün und wie Regengüsse auf welkes Kraut» (32,1–2).

«Horcht auf ...» oder *«Merkt auf ...»* (Luther und Schlachter), oder *«Lauschet ...»* (Interlineare), *«Vernehmet ...»* (C. F. Keil) *«Ha'azinu ...»* heisst das erste Wort dieses Kapitels, denn diese Rede betrifft die ganze Welt. Nicht Israel soll dabei geehrt oder verherrlicht werden, sondern allein der HERR. *«Der Fels: vollkommen ist sein Tun; denn alle seine Wege sind recht. Ein Gott der Treue und ohne Trug, gerecht und gerade ist er!»* (32,4).

Neben der Grösse und Erhabenheit Gottes, Seiner Gerechtigkeit und Seinem ewigen Ratschluss, wird aber auch Israels Abfall von den Massstäben Gottes, seine Bestrafung und Verwerfung dargelegt. Das Lied ist gleichzeitig eine Prophetie über Israels Zukunft, die auch die Wiederannahme und Verherrlichung des Volkes sowie das Gericht über dessen Feinde enthält. Am Ende werden die Nationen, die Völker der Welt, aufgefordert, das Volk Israel zu preisen, ihm zuzujubeln. Schlachter übersetzte dies treffend: *«Jubelt, ihr Heiden, seinem Volke zu!»* (32,43).

Zum Schluss noch einmal die eindringliche Aufforderung Moses an das Volk Israel: *«Richtet euer Herz auf all die Worte, die ich euch heute bezeuge, damit ihr sie euren Kindern gebietet, dass sie darauf achten, alle Worte dieses Gesetzes zu tun! Denn nicht ein leeres Wort ist es für euch, sondern es ist euer Leben»* (32,46–47a).

Nach den Gerichtsworten in den vorangegangenen Kapiteln, der eindringlichen Warnung vor dem Abfall von den Geboten Gottes, wird Israel am Ende der HERR als der liebende Vater vorgestellt, der trotz zwischenzeitlichem Zorn Seinen Kindern Seine unbeschreibliche Liebe bekundet. Dieses Lied über die Grösse Gottes sollte gleichzeitig auch eine Hilfe für Israel darstellen, sich in Zeiten der Not und Verzagtheit der Taten Gottes in der Vergangenheit und Seiner grossen Treue und Barmherzigkeit zu erinnern.

Möge es dies auch für uns sein, Erinnerung dessen, was der HERR bisher in unserem Leben getan hat. Möge dieses Lied uns zur Ermutigung dienen, trotz vielleicht erfahrener Enttäuschungen durch Menschen, trotz vielleicht vorhandener Niedergeschlagenheit aufgrund von Ereignissen oder Umständen, unser Herz auf Gottes Wort zu richten, denn *«es ist euer Leben»*.

Am Anfang des Kapitels wird diese Botschaft mit der Wirkung von Regen auf Pflanzen verglichen. Ohne die lebensspendenden Regentropfen würde jegliches Grün vertrocknen und absterben. Die Worte dieses Liedes sollen in die Herzen der Israeliten eindringen, sie erfrischen und beleben, ihr geistliches Leben erneuern, stimulieren und stärken.

Gottes Wort hat auch heute noch dieselbe erfrischende, belebende und erneuernde Kraft wie zur damaligen Zeit. Wenn Sie sich ausgetrocknet fühlen und Ihr geistliches Leben zu «verwelken» beginnt, wenn Sie eine geistliche Erfrischung nötig haben, dann wenden Sie sich nicht zu besonderen Versammlungen, wo Ihnen «Erfrischung» oder «Salbung» versprochen wird durch Manifestationen verschiedenster Art. Wenden Sie sich an die einzige Quelle, aus der frisches geistliches Wasser kommt und lassen Sie sich davon beleben. Wenden Sie sich IHM und Seinem Wort zu, denn ER ist: *«Der Fels: vollkommen ist sein Tun; denn alle seine Wege sind recht. Ein Gott der Treue und ohne Trug, gerecht und gerade ist er!»* (32,4).

Zu Beginn des Kapitels finden wir auch den Grund, warum Mose Himmel und Erde auffordert, diese Worte zu vernehmen. *«Denn den Namen des HERRN rufe ich aus: Gebt Ehre unserm Gott!»* (32,3). Dies ist der Zweck der geistlichen Erfrischung und des Segens Gottes, nicht um unseretwillen, sondern um IHN zu verherrlichen.

Mosche

Die Person, die uns in vier der fünf Bücher der *Torah* begleitete, ist *Mosche* (hebr. = Mose). Auf wundersame Weise wurde sein Leben einst gerettet, durch die Tochter des Unterdrückers seines Volkes. Sein Name war ein ägyptischer Name (vermutlich bedeutete er «Sohn») und hatte Ähnlichkeit mit einem hebräischen Wort, das «aus dem Wasser gezogen» bedeutet (2. Mose 2,10). Von Gott erwählt und vorherbestimmt, wurde der Säugling, der einst aus dem Wasser gezogen wurde, zu einem Mann, der eines Tages sein Volk aus der Knechtschaft und dem Schilfmeer retten würde.

Im Judentum steht Mose über allen anderen biblischen Figuren, *Mosche Rabbeinu,* «Moses unser Lehrer (oder Meister)» wird er genannt. Er war nicht nur der nationale Führer, der das Volk formte, er war nicht nur ein Prophet, sondern der Vater der Propheten, der religiöse Führer, der Israel die *Torah* gab und Gottes Wort in die Realität des Alltags umsetzte. Sein Leben, seine Lehre wurden die Grundlage des jüdischen Glaubens.

Seine Stellung in der Heilsgeschichte Gottes wird auch daran deutlich, dass er Petrus, Jakobus und Johannes während der Verklärung Jesu erschien (Matth. 17,1 ff.). *Mosche* wurde zu einem Bild des Messias, des Befreiers seines Volkes, des von Gott erwählten Vermittlers und Erlösers. Wie später *Jeschua,* wurde auch *Mosche* zunächst von seinem Volk abgelehnt und verworfen, der sich den Heiden zuwandte, um später wieder von seinem Volk angenommen zu werden und sie aus der Knechtschaft zu führen. *Mosche* war ein treuer Knecht des ihm Anvertrauten. *«Und Mose war zwar in seinem ganzen Hause als Diener treu – zum Zeugnis von dem, was verkündigt werden sollte – Christus aber als Sohn über sein Haus. Sein Haus sind wir, wenn wir die Freimütigkeit und den Ruhm der Hoffnung bis zum Ende standhaft festhalten»* (Hebr. 3,5–6). Dennoch war *Mosche* nur ein Mensch, ein Werkzeug Gottes, der geprüft wurde und auch Schwächen und Fehler hatte. Daher ist er nur ein Typus, ein Vorschatten des vollkommenen Erlösers.

Wir können für unser Glaubensleben viel von *Mosche* lernen. Er widerstand Versuchungen, aber er scheiterte auch. Er hatte Zweifel und musste die Konsequenzen seines einmaligen Versagens tragen. Dennoch war er treu, trat immer wieder fürbittend für die Gemeinde ein, war demütig, gottesfürchtig und setzte sein ganzes Vertrauen in den HERRN.

In seinem Abschiedslied in diesem *Torah*-Abschnitt bezeichnete er Gott fünfmal als «Fels», dessen Tun gerecht und gut ist, der die Rettung Seines Volkes ist, der die Feinde besiegt und der Zuflucht gewährt. Dies ist *Mosches* Botschaft, sein Vermächtnis für alle Generationen, die folgen. Im Vertrauen auf diesen «Felsen» konnte er in Frieden sterben.

Zwischen dem Alten und dem Neuen Bund besteht eine unauflösliche Verknüpfung, denn der *Tanach,* die *Torah*, weisen auf den kommenden Erlöser hin, wie es der Apostel Paulus bezeugt. *«... indem ich nichts sage ausser dem, was auch die Propheten und Mose geredet haben, dass es geschehen werde – dass der Christus leiden sollte, dass er als Erster durch Totenauferstehung Licht verkündigen sollte, sowohl dem Volk als auch den Nationen»* (Apg. 26,22–23).

«... Und er suchte sie zu überzeugen, von Jesus, sowohl aus dem Gesetz Moses als auch den Propheten, von frühmorgens bis zum Abend» (Apg. 28,23b).

Studieren wir das Leben *Mosches*, der uns zum Vorbild und zum Vorläufer des Messias *Jeschua* wurde. *«Denn das Gesetz wurde durch Mose gegeben; die Gnade und die Wahrheit ist durch Jesus Christus geworden»* (Joh. 1,17).

Ve'Sot Ha'Bracha –
«Und dies ist der Segen»
5. Mose 33–34

Haftarah-Abschnitt: Josua 1

Die letzten beiden Kapitel der *Torah* sind erreicht und der Jahreszyklus des *Torah*-Studiums schliesst sich. Dieser Abschnitt wird immer am 22. Tag des jüdischen Monats *Tischri* gelesen, einem Feiertag. Es ist der achte Tag von *Sukkot,* des Laubhüttenfestes, der auch *Simchat Torah* genannt wird, der «Tag der Freude über die *Torah*».

Da dies der einzige *Torah*-Abschnitt ist, der ein festes Datum im jüdischen Kalender hat, fällt er nicht notwendigerweise auf einen *Schabat,* sondern meist auf einen Wochentag. Am *Schabat* während des Laubhüttenfestes werden für das Fest spezifische Abschnitte aus dem *Tanach* gelesen.

An *Simchat Torah* wird nicht nur der letzte Abschnitt des fünften Buches Mose gelesen. Man beginnt auch unverzüglich wieder mit dem ersten Abschnitt des ersten Buches Mose und liest die sieben Tage der Schöpfung (1,1–2,1), wodurch zum Ausdruck gebracht werden soll, dass das Studium der *Torah* niemals endet. Der Rest von *Bereschit* wird dann am darauffolgenden *Schabat* gelesen.

Ve'Sot Ha'Bracha enthält Moses Segen für jeden Stamm des Volkes Israel in Kapitel 33 sowie seinen Blick in das verheissene Land und sein Tod in Kapitel 34. Es lag vermutlich eine besondere Stimmung über dem Volk, als Mose ansetzte, die Stämme zu segnen, bevor er sich auf seinen letzten Weg begab, von dem auch das Volk wusste, dass er nicht zurückkehren würde. Wie ein Vater auf dem Sterbebett die Hand auf seine Kinder legt, erhebt Mose zum letzten Mal die Hand zum Segen. *«Keiner ist wie der Gott Jeschuruns, der auf den Himmeln einherfährt zu deiner Hilfe, und in sei-*

ner Hoheit auf den Wolken. Eine Zuflucht ist der Gott der Urzeit, und unter dir sind ewige Arme» (33,26–27), sagt Mose am Ende des Segens.

Anschliessend beginnt er seinen einsamen Aufstieg auf den Berg Nebo, gegenüber Jericho, um einen Blick auf das verheissene Land zu werfen. Gott liess ihn das ganze Land sehen, bevor er starb und von Gott selbst begraben wurde. Bis auf den heutigen Tag hat niemand sein Grab entdeckt (34,1–6). *«Kein Reichtum dichterischer Vorstellungskraft hätte das fünfte Buch Mose harmonischer mit dem Gehalt des Buches abschliessen können»,* schrieb Rabbiner Dr. J. H. Hertz.

Nur schwerlich hätten geeignetere Worte für *Simchat Torah* gefunden werden können als diese beiden Kapitel voll Harmonie und geistlicher Tiefe. Wiederum kommen in diesen Versen Gottes Liebe und Güte, Seine Herrlichkeit und Treue zum Ausdruck.

Bewegend sind die Anfangsverse, in denen Mose Gottes Führung seit dem Auszug aus Ägypten in Erinnerung ruft, noch bevor er die Stämme segnet. *«Der HERR kam vom Sinai und leuchtete ihnen auf von Seir. Er strahlte hervor vom Berg Paran und kam von heiligen Myriaden. Zu seiner Rechten war feuriges Gesetz für sie»* (33,2). Diese Verse schliessen Gottes Offenbarung am Sinai ein. Die Manifestation der göttlichen Herrlichkeit an Israel und die *Torah* ist Sein Bundesschluss mit ihnen.

Er ist die Quelle, aus der aller Segen fliesst. Es heisst, dass Gott dem Volk leuchtete, dass Er ihnen strahlte, so dass sie in Seinem Licht wandeln konnten. Gleich der Sonne ging Er ihnen auf und erhellte sie.

Dann, in Vers 3, am Ende seines Lebens und seines Dienstes, sagt Mose die wunderbaren Worte: *«Ja, er liebt sein Volk!»* Gott zürnte mit dem Volk Israel und er strafte sie während der vergangenen vierzig Jahre. Er erlaubte Mose nicht, in das verheissene Land einzugehen, weil dieser einen Moment unbeherrscht war und Gottes Wort nicht befolgte. Doch Mose kann in diesem Moment zu der Gemeinde nur die Worte sagen: *«Gott liebt euch.»* In Vers 4 heisst es weiter: *«Ein Gesetz (Torah) hat uns Mose geboten, einen Besitz der Versammlung Jakobs.»* Weisung, Gottes Wort, dies ist das wahre Erbe Israels, nicht der irdische Besitz des Landes. Deswegen ist Israel erwählt, damit sie Träger des Lichtes Gottes sind, damit sie Sein Wort der Welt weitergeben. Das Wort, in dem das Licht für die Völker, der Erlöser der Welt, der Messias, angekündigt wird.

Wenn Gottes Weisung, Sein Wort, täglich unser geistliches Brot und die Lampe auf unserem Weg ist, durch den Glauben an Jesus den Messias, dann sind wir auf keinen irdischen Besitz als Lebensinhalt angewiesen, denn uns erwartet ein ewiges Erbe. Stellen Sie sich vor, Sie werden den wahren König sehen in all Seiner Herrlichkeit und Pracht, wenn Sie in das himmlische Erbe einziehen werden, denn Vers 5 sagt: *«Und er wurde König in Jeschurun ...» Jeschurun* ist ein poetischer oder ehrenvoller Beiname Israels, der neben der zitierten nur an drei weiteren Stellen in der Bibel vorkommt (5. Mose 32,15; 33,26 sowie in Jes. 44,2). Der Name bedeutet «der Aufrichtige» oder «der Rechtschaffene». Der HERR will eine Gemeinde von Gerechten und Rechtschaffenen. Die Septuaginta übersetzte *Jeschurun* mit «Geliebter». Es ist interessant, dass sich das griechische Wort für *Jeschurun* im NT zum Einen im Epheserbrief Kapitel 1, Vers 6 findet und dort auf Jesus verweist und zum anderen in Kolosser 3, Vers 12, wo die Nachfolger Jesu als «Geliebte Gottes» bezeichnet werden. So ist *Jeschurun* zwar eine alttestamentliche Bezeichnung für Israel, die aber auch auf den von Gott gesandten «Rechtschaffenen» oder «Aufrichtigen» hinweist, auf Christus. Hananias (Apg. 22,14) wie auch Stephanus (Apg. 7,52) bezeichneten Jesus als den «Gerechten».

Bei dem Segen, den Mose über den Stämmen spricht, ist in Vers 13 auffallend, dass es über Josef heisst: *«Gesegnet vom HERRN ist sein Land!»* Josefs Land, damit ist vor allem Samaria gemeint, der nördliche Bereich der sogenannten Westbank, der grösste Teil der sogenannten «besetzten Gebiete», in denen ein Palästinenserstaat entstehen soll. Gott sagt dies nicht über einen anderen Teil des *Landes Israel,* nur über den Teil, der als der Kern und das Herz des Landes anzusehen ist und der Josefs Nachkommen zufiel. Das Land ist dem HERRN wertvoll. Doch für die Verantwortlichen in Israel sowie einen Grossteil des Volkes scheint dies von untergeordneter

Bedeutung zu sein, denn sie sind bereit, den grössten Teil dieser Gebiete um eines zweifelhaften Friedens willen abzugeben.

Auch zur Zeit des Neuen Testaments, als das Land unter römischer Besatzung war, wurden die sog. «besetzten Gebiete» als jüdisches Land bezeichnet, als Judäa und Samaria (Matth. 2,1; Apg. 8,5 u. 14; 9,31). Man liest in der Weihnachtsgeschichte von Bethlehem im jüdischen Land, doch spricht im nächsten Satz von der Stadt Davids in Palästina!?

Beten wir darum, es möge dem jüdischen Volk in Israel bewusst werden, dass ihre einzige Sicherheit im vollkommenen Vertrauen auf den HERRN liegt. *«Eine Zuflucht ist der Gott der Urzeit, und unter dir sind ewige Arme. Und er vertrieb vor dir den Feind und sprach: Vernichte! Und Israel wohnt sicher, abgesondert der Quell Jakobs, in einem Land von Korn und Most, auch sein Himmel träufelt Tau. Glücklich bist du, Israel! Wer ist wie du, ein Volk, gerettet durch den HERRN, der der Schild deiner Hilfe und der das Schwert deiner Hoheit ist»* (5. Mose 33,27–29).

Torah

Der Abschluss der fünf Bücher Mose veranlasst noch einmal, über Bedeutung und Sinn von *Torah* nachzudenken.

In der Einleitung wurde bereits dargelegt, was *Torah* eigentlich meint, nämlich «Lehren, Unterweisen, Anleiten». Dies ist der Sinn von Gottes Wort. Es lehrt uns Seinen Willen, es unterweist uns in Seinen Geboten und leitet uns an zum ewigen Leben. Das Wort «Bibel» entstammt dem griechischen *(biblia)* und bedeutet «Bücher».

Zwar ist das Wort Gottes eine Zusammenstellung einer Vielzahl von Büchern, doch wäre vom Inhalt und Ziel der Heiligen Schrift her gesehen die Bezeichnung *Torah* für alle biblischen Bücher, einschl. des NT, sicher angebrachter. Im Judentum wird die *Torah* oft mit Feuer, Wasser, Wein, Öl, Milch, Honig,

Mannah, dem Baum des Lebens und manch anderen Dingen verglichen. Dies sind alles Begriffe, die uns auch im NT begegnen. Die *Torah* wird mit Weisheit und Liebe verglichen, wird als die Quelle der Freiheit, der Güte und des Lebens angesehen, Beschreibungen, die für die ganze Heilige Schrift kennzeichnend sind. Gott sagte zu Josua (Jos. 1,8): *«Dieses Buch des Gesetzes* (hebr. «Buch der *Torah*») *soll nicht von deinem Mund weichen, und du sollst Tag und Nacht darüber nachsinnen, damit du darauf achtest, nach alledem zu handeln, was darin geschrieben ist; denn dann wirst du auf deinen Wegen zum Ziel gelangen, und dann wirst du Erfolg haben.»*

Der HERR spricht durch König Salomo zu uns folgende Worte: *«Mein Sohn, meine Weisung* (hebr. «meine *Torah*») *vergiss nicht, und dein Herz bewahre meine Gebote. Denn Länge der Tage und Jahre des Lebens und Frieden mehren sie dir. Gnade und Treue sollen dich nicht verlassen. Binde sie um deinen Hals, schreibe sie auf deines Herzens Tafel! Und finde Gunst und feine Klugheit in den Augen Gottes und der Menschen! Vertraue auf den HERRN mit deinem ganzen Herzen und stütze dich nicht auf deinen Verstand! Auf all deinen Wegen erkenne nur ihn, dann ebnet er selbst deine Pfade! Sei nicht weise in deinen Augen, fürchte den HERRN und weiche vom Bösen! Das ist Heilung für deinen Leib, Labsal für deine Gebeine»* (Spr. 3,1–8).

Leben, Weisheit, Heil, Gottesfurcht, dies finden wir alles in der Heiligen Schrift, nicht nur in den fünf Büchern Mose, sondern in der ganzen Bibel, in Seinem Wort, in SEINER *Torah*.

Vor allem weist die *Torah* auf den verheissenen Erlöser hin, den Messias und Heiland der Welt, auf *Jeschua*.

«Jesus sprach nun zu den Juden, die ihm geglaubt hatten: Wenn ihr in meinem Wort (in meiner *Torah*, in meiner Lehre, in meiner Unterweisung) *bleibt, so seid ihr wahrhaft meine Jünger, und ihr werdet die Wahrheit erkennen, und die Wahrheit wird euch frei machen»* (Joh. 8,31–32).

Möge das Studium der *Torah*, der fünf Bücher Mose, unseren Glauben stärken, uns tiefer verwurzeln im Wort Gottes, unseren Blick weiten für die Grösse Gottes, uns ein tieferes Verständnis der Erlösung in Jesus Christus schenken und uns anregen, noch mehr Gottes Wort zu lesen und zu lernen.

AMEN

Anhang I. – Namensverzeichnis

Die in diesem Buch vorkommenden Personen- und Ortsnamen wurden in der deutschen Form wiedergegeben. In einigen Fällen wurden die hebräischen Namen bereits in Klammer zugefügt.

Nachfolgend eine Zusammenstellung der wichtigsten Namen der vorangegangenen Kapitel in ihrer ursprünglichen hebräischen Form sowie die deutsche Übersetzung.

Die Betonung der hebräischen Namen liegt auf der zweiten Silbe. Der für die hebräischen Namen verwendete Buchstabe «v» wird weich ausgesprochen, eine Art Kombination aus «v» und «w». Ein «ch» in der Schreibweise eines hebräischen Namens wird ausgesprochen wie z. B. in «lachen» oder «noch».

Deutsch	***Hebräisch***
Aaron	*Aharon*
Abel	*Häväl*
Abihu	*Avihu*
Abiram	*Aviram*
Abram	*Avram*
Abraham	*Avraham*
Adam	*Adam*
Ägypten	*Mizrajim*
Amos	*Amos*
Arad	*Arad*
Asser	*Ascher*
Babel	*Baväl*
Balak	*Balak*
Baschan / Basan	*Baschan*
Batseba	*Bat Scheva*
Beerscheba	*Ber Schava / Beerscheva*
Benjamin	*Binjamin*
Bileam	*Bileam*
Bilha	*Bilhah*
Boas	*Boass*

Deutsch	***Hebräisch***
Christus	*Maschiach*
Dan	*Dan*
Datan	*Datan*
David	*David*
Dina	*Dinah*
Ebal	*E'ival*
Eden	*Edän*
Edom	*Edom*
Efron	*Efron*
Eleasar	*Eleassar*
Ephraim	*Efraim*
Esau	*Esav*
Eva	*Chava*
Gad	*Gad*
Garizim	*Gerisim*
Gerschon	*Gerschon*
Hagar	*Hagar*
Ham	*Cham*
Haran	*Charan*
Hebräer	*Ivrim*
Hebron	*Chevron*
Henoch	*Chanoch*

Deutsch	Hebräisch
Hesekiel	*Jechesske'el*
Hetiter	*Chiti*
Hobab	*Chovav*
Horeb	*Chorevah*
Hosea	*Hoschea*
Isaak	*Izchak*
Ismael	*Ischmael*
Issaschar	*Isas'char*
Jafet	*Jafet*
Jakob	*Ja'akov*
Jeremia	*Jirmejahu*
Jerusalem	*Jeruschalajim*
Jesaja	*Jeschajahu*
Jesus	*Jeschua*
Jitro / Jethro	*Jitro*
Joel	*Joel*
Joschafat / Josaphat	*Jehoschafat*
Josef	*Josef*
Josua	*Jehoschua*
Juda	*Jehuda*
Judas	*Jehuda*
Kain	*Kain*
Kaleb	*Kalev*
Kanaaniter	*Kanaani*
Kehat	*Kehat*
Korach	*Korach*
Laban	*Lavan*
Lea	*Leah*
Levi	*Levi*
Lot	*Lot*
Machpela	*Machpelah*
Manasse	*Menascheh*
Merari	*Merari*
Midian	*Midian*
Mirjam	*Mirjam*
Moab	*Moav*
More	*Moreh*
Morija	*Morijah*
Mose	*Mosche*
Nadab	*Nadav*
Naftali	*Naftali*
Nebo	*Nevo*
Noah	*Noach*
Perez	*Parez*
Philister	*Philischtim*
Potifar	*Potifar*
Rahel	*Rachel*
Rebekka	*Rivka*
Reguel	*Re'uel*
Ruben	*Ruven*
Rut	*Rut*
Sacharja	*Secharjah*
Salomo	*Schlomo*
Samson / Samson	*Schimschon*
Samuel	*Schmu'el*
Sara	*Sarah*
Sarai	*Sarai*
Sebulon	*Sevulun*
Sem	*Schem*
Set	*Schet*
Sichem	*Schchem*
Silpa	*Silpah*
Simeon / Simon	*Schimon*
Sinai	*Sinai*
Tamar	*Tamar*
Zippora	*Ziporah*

Anhang II. – Kalender der wöchentlichen *Torah*-Lesungen

Wie in der Einleitung bereits erläutert, werden anlässlich der jüdischen Feste für den jeweiligen Feiertag besondere Bibelabschnitte gelesen. Fällt dieser Feiertag auf einen *Schabat,* entfällt deshalb die vorgesehene *Torah*-Lesung und wird am darauffolgenden *Schabat* fortgesetzt. Dadurch erklärt sich, dass es vorkommt, dass zwischen einzelnen Abschnitten ein Zeitraum von zwei Wochen liegen kann und bestimmte Abschnitte zusammengefasst und an einem Tag gelesen werden. In einem Schaltjahr, in dem gemäss dem jüdischen Mondkalender ein dreizehnter Monat hinzugefügt wird, liest man Abschnitte, die meist zusammen gelesen werden, getrennt, da in diesem Jahr mehr *Schabatot* vorhanden sind. Da in den jüdischen Gemeinden ausserhalb Israels einige Feiertage an zwei Tagen begangen werden, kann die Lesung der Abschnitte zwischen Israel und der Diaspora zeitweise abweichen (dies hängt davon ab, ob dieser zweite Feiertag ggf. auf einen *Schabat* fällt). Beginn und Ende des Jahreszyklus ist aber identisch und fällt immer auf den 22. Tag des jüdischen Monats *Tischri,* auf den achten Tag des Laubhüttenfestes, auf Simchat *Torah.* Ein Stichtag zur Angleichung des Jahreszyklus ist auch der Fastentag *Tischa be Av,* der 9. Tag des jüdischen Monats *Av* (Juli / August). An dem *Schabat,* der *Tischa be Av* vorausgeht, wird immer und überall (in Israel und der Diaspora) der Abschnitt *Dvarim* gelesen. Dies ist ein weiterer Grund dafür, dass in den *Tischa be Av* vorangehenden Wochen und Monaten Abschnitte zusammengefasst werden können bzw. zwei kleinere Abschnitte, die normalerweise als ein Abschnitt gelesen werden, getrennt gelesen werden können, je nachdem, wie viele *Schabatot* bis zum Fastentag zur Verfügung stehen.

Das jüdische Jahr beginnt am 1. Tag des Monats *Tischri.* In den kommenden Jahren fällt das jüdische Neujahrsfest auf folgende Daten des gregorianischen Kalenders:

11. Sept. 1999	Beg. des jüd. Jahres 5760	27. Sept. 2003	Beg. des jüd. Jahres 5764
30. Sept. 2000	Beg. des jüd. Jahres 5761	16. Sept. 2004	Beg. des jüd. Jahres 5765
18. Sept. 2001	Beg. des jüd. Jahres 5762	04. Okt. 2005	Beg. des jüd. Jahres 5766
07. Sept. 2002	Beg. des jüd. Jahres 5763	23. Sept. 2006	Beg. des jüd. Jahres 5767

1. Buch Mose

Abschnitt	1999/2000	2000/01	2001/02	2002/03	2003/04	2004/05	2005/06
Bereschit	09.10.99	28.10.00	13.10.01	05.10.02	25.10.03	09.10.04	29.10.05
Noach	16.10.99	04.11.00	20.10.01	12.10.02	01.11.03	16.10.99	05.11.05
Lech Lecha	23.10.99	11.11.00	27.10.01	19.10.02	08.11.03	23.10.04	12.11.05
Va'Jera	30.10.99	18.11.00	03.11.01	26.10.02	15.11.03	30.10.04	19.11.05
Chayei Sarah	06.11.99	25.11.00	10.11.01	02.11.02	22.11.03	06.11.04	26.11.05
Toledot	13.11.99	02.12.00	17.11.01	09.11.02	29.11.03	13.11.04	03.12.05
Va'Jetze	20.11.99	09.12.00	24.11.01	16.11.02	06.12.03	20.11.04	10.12.05
Va'Jischlach	27.11.99	16.12.00	01.12.01	23.11.02	13.12.03	27.11.04	17.12.05
Va'Jeschev	04.12.99	23.12.00	08.12.01	30.11.02	20.12.03	04.12.04	24.12.05
Miketz	11.12.99	30.12.00	15.12.01	07.12.02	27.12.03	11.12.04	31.12.05
Va'Jigasch	18.12.99	06.01.01	22.12.01	14.12.02	03.01.04	18.12.04	07.01.06
Va'Jechi	25.12.99	13.01.01	29.12.01	21.12.02	10.01.04	25.12.04	14.01.06

2. Buch Mose

Abschnitt	1999/2000	2000/01	2001/02	2002/03	2003/04	2004/05	2005/06
Schemot	01.01.00	20.01.01	05.01.02	28.12.02	17.01.04	01.01.05	21.01.06
Va'Era	08.01.00	27.01.01	12.01.02	04.01.03	24.01.04	08.01.05	28.01.06
Bo	15.01.00	03.02.01	19.01.02	11.01.03	31.01.04	15.01.05	04.02.06
Be'Schalach	22.01.00	10.02.01	26.01.02	18.01.03	07.02.04	22.01.05	11.02.06
Jitro	29.01.00	17.02.01	02.02.02	25.01.03	14.02.04	29.01.05	18.02.06
Mischpatim	05.02.00	24.02.01	09.02.02	01.02.03	21.02.04	05.02.05	25.02.06
Trumah	12.02.00	03.03.01	16.02.02	08.02.03	28.02.04	12.02.05	04.03.06
Tetzaveh	19.02.00	10.03.01	23.02.02	15.02.03	06.03.04	19.02.05	11.03.06
Ki Tisa	26.02.00	17.03.01	02.03.02	22.02.03	13.03.04	26.02.05	18.03.06
Va'Jakhel	04.03.00	24.03.01	09.03.02	01.03.03	20.03.04	05.03.05	25.03.06
Pekudei	11.03.00	24.03.01	09.03.02	08.03.03	20.03.04	12.03.05	25.03.06

3. Buch Mose

Abschnitt	1999/2000	2000/01	2001/02	2002/03	2003/04	2004/05	2005/06
Va'Jikra	18.03.00	31.03.01	16.03.02	15.03.03	27.03.04	19.03.05	01.04.06
Tzav	25.03.00	07.04.01	23.03.02	22.03.03	03.04.04	26.03.05	08.04.06
Schmini	01.04.00	21.04.01	06.04.02	29.03.03	17.04.04	02.04.05	22.04.06
Tazri'a	08.04.00	28.04.01	13.04.02	05.04.03	24.04.04	09.04.05	29.04.06
Metzora	15.04.00	28.04.01	13.04.02	12.04.03	24.04.04	16.04.05	29.04.06
Acherei Mot	29.04.00	05.05.01	20.04.02	26.04.03	01.05.04	23.04.05	06.05.06
Kedoschim	06.05.00	05.05.01	20.04.02	03.05.03	01.05.04	07.05.05	06.05.06
Emor	13.05.00	12.05.01	27.04.02	10.05.03	08.05.04	14.05.05	13.05.06
Be'Har	20.05.00	19.05.01	04.05.02	17.05.03	15.05.04	21.05.05	20.05.06
Be'Chukotai	27.05.00	19.05.01	04.05.02	24.05.03	15.05.04	28.05.05	20.05.06

4. Buch Mose

Abschnitt	1999/2000	2000/01	2001/02	2002/03	2003/04	2004/05	2005/06
Be'Midbar	03.06.00	26.05.01	11.05.02	31.05.03	22.05.04	04.06.05	27.05.06
Naso	17.06.00	02.06.01	25.05.02	14.06.03	29.05.04	11.06.05	10.06.06
Be'Ha'Alotecha	24.06.00	09.06.01	01.06.02	21.06.03	05.06.04	18.06.05	17.06.06
Schelach Lecha	01.07.00	16.06.01	08.06.02	28.06.03	12.06.04	25.06.05	24.06.06
Korach	08.07.00	23.06.01	15.06.02	05.07.03	19.06.04	02.07.05	01.07.06
Chukat	15.07.00	30.06.01	22.06.02	12.07.03	26.06.04	09.07.05	08.07.06
Balak	15.07.00	07.07.01	22.06.02	12.07.03	03.07.04	16.07.05	08.07.06
Pinchas	22.07.00	14.07.01	29.06.02	19.07.03	10.07.04	23.07.05	15.07.06
Matot	29.07.00	21.07.01	06.07.02	26.07.03	17.07.04	30.07.05	22.07.06
Massai	29.07.00	21.07.01	06.07.02	26.07.03	17.07.04	06.08.05	22.07.06

5. Buch Mose

Abschnitt	1999/2000	2000/01	2001/02	2002/03	2003/04	2004/05	2005/06
Dvarim	05.08.00	28.07.01	13.07.02	02.08.03	24.07.04	13.08.05	29.07.06
Va'Ätchanan	12.08.00	04.08.01	20.07.02	09.08.03	31.07.04	20.08.05	05.08.06
Ekev	19.08.00	11.08.01	27.07.02	16.08.03	07.08.04	27.08.05	12.08.06
Re'eh	26.08.00	18.08.01	03.08.02	23.08.03	14.08.04	03.09.05	19.08.06
Schoftim	02.09.00	25.08.01	10.08.02	30.08.03	21.08.04	10.09.05	26.08.06
Ki Tetze	09.09.00	01.09.01	17.08.02	06.09.03	28.08.04	17.09.05	02.09.06
Ki Tavo	16.09.00	08.09.01	24.08.02	13.09.03	04.09.04	24.09.05	09.09.06
Nitzavim	23.09.00	15.09.01	31.08.02	20.09.03	11.09.04	01.10.05	16.09.06
Va'Jelech	23.09.00	22.09.01	31.08.02	20.09.03	11.09.04	08.10.05	16.09.06
Ha'azinu	07.10.00	29.09.01	14.09.02	04.10.03	18.09.04	15.10.05	30.09.06
Ve Sot Ha'Bracha	21.10.00	09.10.01	28.09.02	18.10.03	07.10.04	25.10.05	14.10.06